TRAITÉ

DES

ACTIONS POSSESSOIRES.

PAR F. X. P. GARNIER,

AVOCAT AUX CONSEILS DU ROI ET A LA COUR DE CASSATION.

À PARIS,

CHEZ L'ÉDITEUR, RUE DES BEAUX-ARTS, N° 4.

1833.

TRAITÉ

DES

ACTIONS POSSESSOIRES.

OUVRAGES DU MÊME AUTEUR.

RÉGIME ou TRAITÉ DES COURS D'EAU DE TOUTES ESPÈCES, salines et ateliers insalubres. Deuxième édition. Deux volumes in-8°. Prix : 10 fr., et 12 fr. par la poste.

SUPPLÉMENT AU RÉGIME DES EAUX. (1832.) Un volume in-8°. Prix : 4 fr., et 5 fr. 50 cent. par la poste.

COMMENTAIRE DE LA LOI DU 28 JUILLET 1824 sur les chemins vicinaux, avec l'Instruction ministérielle du mois d'octobre suivant. Prix : 3 fr., et 4 fr. 50 cent. par la poste.

TRAITÉ DES CHEMINS DE TOUTES ESPÈCES. Troisième édition, 1827. Un fort volume in-8°. Prix : 8 fr., et 10 fr. par la poste.

TRAITÉ DE L'USURE. Un volume. Prix : 3 fr.

PARIS, DE L'IMPRIMERIE DE FILLET AÎNÉ,
rue des Grands-Augustins, n° 7.

TRAITÉ

ACTIONS POSSESSOIRES.

PAR F. X. P. GARNIER,

AVOCAT AUX CONSEILS DU ROI ET A LA COUR DE CASSATION.

A PARIS,

CHEZ L'ÉDITEUR, RUE DES BEAUX-ARTS, N° 4.

—

1833.

TABLE

DE LA DIVISION DE L'OUVRAGE.

PREMIÈRE PARTIE.

DES ACTIONS POSSESSOIRES EN GÉNÉRAL, DE LA POSSESSION REQUISE
POUR POUVOIR LES INTENTER.

TROISIÈME PARTIE.

DE LA PROCÉDURE RELATIVE AUX ACTIONS POSSESSOIRES

FAUTES A CORRIGER.

Page 3, ligne 5, au lieu du mot *ferons*, lisez *dirons*.

Page 142, ligne 19, au lieu de *jactationes*, lisez *jactationés*.

Page 182, ligne 18, au lieu de *possession*, lisez *prescription*.

Page 211, ligne 12, au lieu de *N° 1er*, lisez *Art. 1er*.

Page 236, ligne 4, après le mot *planche*, ajoutez ceux : *les grilles, portes, barrières, en fer ou*.

Page 252, ligne 3, au lieu de l'art. 238, lisez 558.

Même page, ligne 4, au lieu de l'art. 266 *de ce même projet*, lisez *du second projet de Code rural*.

Page 288, ligne 10, au lieu des mots *de la concession*, lisez *de cette concession*; et lignes 11 et 12, au lieu des mots *a le droit d'interpréter et d'appliquer la concession*, lisez *a le droit de l'interpréter et de l'appliquer*.

TRAITÉ

DES

ACTIONS POSSESSOIRES.

PREMIÈRE PARTIE.

DES ACTIONS POSSESSOIRES EN GÉNÉRAL, DE LA POSSESSION REQUISE POUR POUVOIR LES INTENTER.

CHAPITRE PREMIER.

Principes du droit romain et du droit français, ancien et actuel sur les actions possessoires en général, et sur trois d'entre elles en particulier. — Définition de ces actions et de la possession qui y donne lieu; de leur but.

§ Ier.

Actions possessoires en général.

La matière des actions possessoires, considérée de tout tems comme une des plus importantes et des plus épineuses de notre droit, a néanmoins médiocrement excité la sollicitude de nos législateurs modernes. A peine le Code de procédure y consacre-t-il quelques articles, dont la rédaction, négligée et fort incomplète, augmente encore les difficultés. Aussi serons-nous souvent contraints, pour la traiter avec quelque utilité, d'appeler à notre aide les dispositions des lois romaines et de l'ancien droit français, dont nous userons toutefois avec discrétion, parce qu'un bon nombre d'entre elles sont incompatibles avec la législation qui nous régit aujourd'hui.

L'action possessoire est, comme les mots l'indiquent, celle qui a uniquement la possession pour objet, à la différence de l'action pétitoire qui tend à faire prononcer sur la propriété. Il ne faut donc pas confondre l'une et l'autre : *nihil commune habet possessio cum proprietate*, ainsi que le dit la loi 12, § 1er, *ff. de acq. vel. amitt. possess.*

Si l'on remonte à l'origine des sociétés, on reconnaît que la possession ou occupation fut d'abord le seul mode d'acquérir la propriété ; aujourd'hui elle est encore le premier et le plus naturel.

On ne devient propriétaire que pour avoir la possession des choses ; car c'est par cette possession, par l'usage des choses qui en sont l'objet, que l'homme peut subvenir à ses besoins. On conçoit dès lors l'importance qu'on attache à l'acquérir et à la conserver.

« La possession, dit l'article 2228 du Code civil, est la détention ou la jouissance d'une chose, ou d'un droit que nous tenons ou que nous exerçons par nous mêmes, ou par un autre qui la tient ou l'exerce en notre nom. »

Suivant Pothier, possession vient de *pedum positio*, position des pieds, ou selon la leçon florentine, d'une sorte de *position* sur un siége (*L.* 1re, *ff. de acquir. poss.*), parce que celui qui possède, *rei insidet*, est assis sur la chose, *insistit* s'y arrête.

Nous ne remonterons pas à l'origine de l'action possessoire ; nous ne rechercherons pas, avec M. le président Henrion de Pansey, si elle est une pure création de notre droit, ou si elle nous est venue des Romains ; car ces excursions dans le domaine de l'histoire seraient sans utilité et sans influence sur la décision des difficultés de notre sujet. Nous ferons seulement qu'elle a été admise depuis très-long-tems dans les deux législations, avec quelques différences que nous aurons soin de signaler.

Les actions dont nous traitons ici étaient connues chez les Romains sous le nom d'interdits : *Interdicta*.

Dans le droit *ante* Justinien, l'interdit n'était pas considéré comme une action ni comme un jugement ; c'était simplement un décret du préteur, rendu principalement en matière possessoire, et conçu en termes spéciaux, par lequel il ordonnait ou prohibait quelque chose.

Erant autem Interdicta, formæ atque conceptiones verborum quibus prætor aut jubebat aliquid fieri, aut fieri prohibebat, quod tunc maximè fiebat, cum de possessione aut quasi possessione, inter aliquos contendebatur (Inst. de interd. in principio.)

Suivant Vinnius, l'interdit pouvait être défini, dans l'ancien droit romain : *decretum prætoris, certis verbis conceptum, quo in causis possessionum vel quasi possessionum jubebat aliquid fieri, aut fieri vetabat, prout id rei de quâ agebatur, conveniebat.*

Le même commentateur ajoute que le préteur n'observait pas les formes judiciaires, et ne rendait pas de jugement, *prætor ad postulationem interdictum petentis, adversario ad se vocato, sine formâ judicii interdictum reddebat, certâ verborum formulâ jubens aut vetans aliquid fieri.* Et si l'on n'obéissait pas à ce décret, ou il le faisait exécuter par la force, ou, par suite de son interdit, il donnait la faculté d'intenter une action et de faire rendre un jugement. Mais Justinien ayant reconnu l'importance des interdits et la nécessité de simplifier les formes, comme d'abréger les délais, autorisa à porter l'action directement devant le juge compétent (*Iust. §° ult. de Interd.*).

Aussi dans le § 1ᵉʳ il dit : *nunc dispiciamus de interdictis, seu actionibus quæ pro his exercentur*, et dans le tit. 1ᵉʳ du livre *43 ff.* on lit : *de interdictis seu extraordinariis actionibus.*

La dénomination d'interdit semblait ne devoir s'appliquer qu'au cas où il y avait interdiction ou défense d'agir, et non à celui où il était prescrit de faire quelque chose. *Sed tamen*, dit Justinien, *obtinuit omnia interdicta appellari*, et la raison qu'il en donne est bien peu décisive, ainsi que le remarque Vinnius : *Quia inter duos dicuntur.* Aussi cet auteur substitue aux expressions *inter duos*, le mot *interim*, et dit qu'ils ont été appelés interdits parce qu'ils disposent de la possession pendant le litige sur la question de propriété.

Le 1ᵉʳ §, déjà cité, porte que les interdits ont lieu principalement en matière de possession et de quasi-possession. Ils avaient quelquefois pour objet le fond même du droit, et c'est en quoi notre législation diffère de celle des Romains ; car chez nous la possession a toujours été l'unique objet de la complainte.

Justinien divise les interdits en deux classes principales.

La première comprend les interdits prohibitoires, restitutoires et exhibitoires.

Summa autem divisio interdictorum hæc est, quod aut prohibitoria sunt, aut restitutoria, aut exhibitoria.

Il explique ensuite la nature de chacun de ces interdits.

1° *Prohibitoria sunt quibus prætor vetat aliquid fieri* ; il en donne plusieurs exemples.

2° *Restitutoria sunt quibus restitui aliquid jubet*, et il en donne encore des exemples.

3° *Exhibitoria sunt per quæ jubet exhiberi*. Il en donne pour exemple le cas d'un homme libre, d'un affranchi ou d'enfans recélés. Ces interdits avaient pour effet de forcer le recéleur à les représenter. Heinneccius, dans ses *recitationes*, y ajoute le cas d'un testament qu'on cachait. Il y avait lieu à l'interdit *de tabulis exhibendis*.

La seconde division comprenait aussi trois sortes d'interdits.

1° Celui qui avait lieu pour acquérir la possession, *adipiscendæ possessionis*, ou *quorum bonorum*.

2° Celui qui avait pour but de la conserver, *retinendæ possessionis*, ou *uti possidetis*.

3° Et le dernier qui tendait à la recouvrer, *recuperandæ possessionis*, ou *unde vi*.

Le premier avait lieu en faveur de celui que le préteur avait mis en possession de certains objets, par exemple, d'une succession; comme le jugement du préteur ne lui donnait qu'un droit à la chose, *jus persequendi*, il en obtenait la possession réelle par l'effet de cet interdit.

Le second avait lieu en faveur de celui qui était en possession et qui demandait à y être maintenu provisoirement pendant toute la durée du débat sur la propriété.

Comme cet interdit existe encore dans notre droit, que Justinien explique assez clairement en quoi il consiste et les avantages qui en résultent, nous croyons devoir transcrire le texte des Institutes.

Retinendæ possessionis causa comparata sunt interdicta, uti possidetis et utrubi : cum ab utraque parte de proprietate alicujus rei controversia sit et antè quæratur uter ex litigato-

*ribus possideat et uter petere debeat. Namque, nisi antè ex-
ploratum fuerit, utrius eorum possessio sit, non potest peti-
toria actio institui : quæ et civilis et naturalis ratio facit ut
alius possideat et alius à possidente petat. Et quia longè com-
modius est et potius possidere quam petere, ideo plerumque
et fere semper ingens existit contentio de ipsa possessione.
Commodum autem possidenti in eo est quod etiamsi ejus res
non sit qui possidet, si modo actor non possit suam esse
probare, remanet in suo loco possessio; propter quam causam
cum obscura sunt utriusque jura, contra petitorem judicari
solet.*

Vient ensuite la différence entre l'interdit *uti possidetis*
et celui *utrubi*. Le premier avait lieu pour les immeubles, et
n'était pas fondé sur une possession ancienne; il suffisait de
l'avoir au moment du trouble. Le second concernait les meubles. Dans l'ancien droit, celui-ci exigeait une possession
pendant la majeure partie de l'année, ou, comme disent
les interprètes, que la possession du demandeur eût duré
plus long-tems que celle du défendeur; mais Justinien a
fait disparaître ces différences, en établissant que la possession au moment du trouble suffirait pour ces deux interdits.

Ainsi, les lois romaines n'exigeaient pas, comme les
nôtres, une possession annale.

Nous examinerons ultérieurement si l'interdit *utrubi* est
encore admis parmi nous, soit pour universalité de meubles, soit pour quelques meubles isolés.

L'interdit *recuperandæ possessionis* ou *unde vi*, appartenait à celui qui avait été dépouillé de sa possession par
violence.

Recuperandæ possessionis causa solet interdici si quis ex

possessione fundi, vel ædium vi dejectus fuerit; nam ei propo-
nitur interdictum unde vi; per quod is qui dejecit cogitur ei
restituere possessionem, licet is ab eo qui vi dejecit, vi, clam,
vel precario possideat.

Toutefois cet interdit n'avait lieu que pour les immeubles, et l'action *furti* était la seule qui appartînt à celui que
la violence avait dépouillé d'un objet mobilier.

Les Romains divisaient encore les interdits en simples et
doubles, *simplicia et duplicia.*

Les simples étaient ceux dans lesquels l'un était demandeur, et l'autre défendeur; les doubles, ceux dans lesquels
chacun était demandeur et défendeur.

Tertia divisio interdictorum est quod aut simplicia sunt
aut duplicia. Simplicia sunt, veluti in quibus alter actor, alter
reus est, qualia sunt omnia restitutoria aut exhibitoria.

Duplicia sunt veluti uti possidetis interdictum et utrubi.
Ideo autem duplicia vocantur quia par utriusque litigatoris in
his conditio est, nec quisquam præcipuè reus, vel actor intelli-
gitur: sed unusquisque tam rei quam actoris partes sustinet.

Enfin, le *Digeste*, livre 43, titre 1er, *de interdictis sive*
extraordinariis actionibus quæ pro his competunt, ajoute une
division des interdits, en *annalia et perpetua;* les premiers
devaient avoir lieu dans l'année du trouble, les autres n'é-
taient limités par aucun délai.

Cujas, *ad titulum codicis unde vi,* remarque que des trois
interdits *adipiscendæ, retinendæ et recuperandæ possessio-*
nis, les deux derniers sont seuls admis dans nos tribunaux.
Adipiscendæ possessionis interdicta non sunt in usu, sed reti-
nendæ tantum et recuperandæ. Quod optimè notavit Imbertus,
in Institutionibus forensibus, quo ad trituram forensem nullus
melior.

C'est encore ce qu'exprime Boutaric, en termes plus généraux. Il y comprend l'interdit *utrubi*, ce qui fait dire à M. le président Henrion de Pansey qu'il va trop loin, parce que, suivant ce grand magistrat, la complainte ne peut plus avoir lieu que pour universalité de meubles, ce que nous examinerons par la suite.

Duplessis, *des Actions*, Domat et Pothier, s'en expliquent dans le même sens.

M. Dupin aîné, dans ses notes sur les *recitationes Heinneccii*, tome 2, pages 396, 399 et 400, enseigne aussi que nous avons seulement conservé la complainte et la réintégrande, et que les autres interdits, même celui *utrubi*, ne sont pas en usage.

C'est ce qui a été plus tard érigé en règle légale dans notre jurisprudence française.

En effet, la coutume de Paris contient les trois articles suivans :

« ARTICLE 96.

» Quand on peut intenter la complainte.

» Quand le possesseur d'aucun héritage ou droit réel réputé immeuble, est troublé et empêché en la possession et jouissance, il peut et luy loist soy complaindre et intenter poursuite en cas de saisine et de nouvelleté dedans l'an et jour du trouble à lui fait et donné audit héritage ou droit réel, contre celui qui l'a troublé.

» ARTICLE 97.

» Complainte n'a lieu pour meubles, si ce n'est pour université mobilière.

» Aucun n'est recevable de soi complaindre et intenter le

cas de nouvelleté pour une chose mobilière particulière ; mais bien pour université de meubles, comme en succession mobilière. »

Remarquons, en passant, que la raison donnée par Ferrière, de l'exception que renferme cet article, est qu'une université de meubles est réputée un corps et un immeuble : nous apprécierons cette raison plus tard.

« ARTICLE 98.

» De la simple saisine.

» Quand aucun a joui et possédé aucune rente, et icelle prise et perçue sur aucun héritage auparavant et depuis dix ans, et par plus grande partie d'icelui temps, s'il est troublé et empêché en la possession et jouissance d'icelle, il peut intenter et poursuivre le cas de simple saisine personnelle, contre celui ou ceux qui l'ont ainsi troublé, et requérir être remis en la même possession en laquelle il était auparavant ladite cessation. »

L'ordonnance de 1667, titre 18, des complaintes et réintégrandes, contenait les dispositions suivantes :

« ART. 1er. Si aucun est troublé en la possession et jouissance d'un héritage ou droit réel, ou universalité de meubles qu'il possédait publiquement, sans violence, à autre titre que de fermier ou possesseur précaire, il peut, dans l'année du trouble, former complainte en cas de saisine et nouvelleté contre celui qui lui a fait le trouble.

» ART. 2. Celui qui aura été dépossédé par violence ou voies de fait, pourra demander la réintégrande par action civile et ordinaire, ou extraordinairement, par action criminelle ; et, s'il a choisi l'une de ces deux actions, il ne pourra se servir de l'autre, si ce n'est qu'en prononçant sur l'extraordinaire on lui eût réservé l'action civile. »

Les autres dispositions sont relatives à la forme de procéder ; nous en parlerons ailleurs.

Ajoutons que la jurisprudence avait admis la dénonciation de nouvel œuvre, également connue des Romains, et la récréance.

Tel a été l'état de notre législation jusqu'à la révolution. Une loi du 24 août 1790, tit. 3, art. 9, s'exprime ainsi :

» Le juge de paix connaîtra de même, sans appel, jusqu'à la valeur de 50 fr. , et, à charge d'appel, à quelque valeur que la demande puisse monter :

» 1°.... 2° Des déplacemens de bornes , des usurpations de terres, arbres , haies , fossés et autres clôtures commises dans l'année ; des entreprises sur les cours d'eau servant à l'arrosement des prés , commises pareillement dans l'année , et de toutes autres actions possessoires. »

La loi du 26 octobre 1790, contenant règlement pour la procédure de la justice de paix , après avoir dit , dans les deux premiers articles du titre 1ᵉʳ, que la citation devant ce tribunal sera faite en vertu d'une cédule , ajoute :

» Art. 3. En matières purement personnelles ou mobilières , la cédule de citation sera demandée au juge du domicile du défendeur.

» Art. 4. Elle sera demandée au juge de la situation de l'objet litigieux lorsqu'il s'agira 1°.... 2° des déplacemens de bornes , des usurpations de terres , arbres , haies , fossés et autres clôtures commises dans l'année ; des entreprises sur les cours d'eau , servant à l'arrosement des prés , commises pareillement dans l'année, et de toutes autres actions possessoires. »

Le Code de procédure contient aussi, à cet égard, quelques dispositions que voici :

« Art. 2. En matière purement personnelle ou mobilière, la citation sera donnée devant le juge du domicile du défendeur ; s'il n'a pas de domicile, devant le juge de sa résidence.

» Art. 3. Elle le sera devant le juge de la situation de l'objet litigieux, lorsqu'il s'agira 1°.... 2° des déplacemens de bornes, des usurpations de terres, arbres, haies, fossés et autres clôtures commises dans l'année ; des entreprises sur les cours d'eau, commises pareillement dans l'année, et de toutes autres actions possessoires.

» Art. 23. Les actions possessoires ne seront recevables qu'autant qu'elles auront été formées dans l'année du trouble par ceux qui, depuis une année au moins, étaient en possession paisible par eux ou les leurs, à titre non précaire. »

Enfin, pour terminer la série des dispositions sur la matière, nous reproduisons le texte de l'art. 2060 du Code civil. Il est ainsi conçu :

« La contrainte par corps a lieu, en cas de réintégrande, pour le délaissement ordonné par justice, d'un fonds dont le propriétaire a été dépouillé par voie de fait ; pour la restitution des fruits qui en ont été perçus pendant l'indue possession et pour le paiement des dommages-intérêts adjugés au propriétaire. »

M. le président Henrion de Pansey définit l'action possessoire, une action qui appartient à celui qui a la possession civile d'un héritage, d'un droit réel ou d'une universalité de meubles pour s'y faire maintenir lorsqu'il est troublé.

Mais nous croyons cette définition inexacte et incomplète.

Inexacte, en ce qu'elle suppose que l'action possessoire est admise aujourd'hui pour universalité de meubles ; or cette supposition est une grave erreur, ainsi que nous le démontrerons en traitant des choses qui peuvent être la matière de cette action.

Incomplète, en ce qu'elle ne comprend que la complainte fondée sur un *simple trouble*, et non la réintégrande fondée sur la dépossession violente.

Nous croyons donc devoir définir l'action possessoire, une action appartenant au possesseur d'un immeuble, d'un droit réel immobilier pour se faire maintenir ou réintégrer dans sa possession, en cas de trouble ou d'éviction.

§ II.

De la dénonciation de nouvel œuvre, de la réintégrande et de la récréance, en particulier.

Après avoir exposé les notions les plus générales sur les actions qui font la matière de ce traité, nous devons nous occuper spécialement de ce qui concerne trois d'entre elles : la dénonciation de nouvel œuvre, la réintégrande et la récréance.

ART. 1er. Dénonciation de nouvel œuvre.

Nous prouverons que cette action n'existe plus aujourd'hui ; que le nom doit même en être proscrit de la langue du droit ; nous aurons beaucoup d'erreurs et de préjugés à combattre. Pour établir notre démonstration, nous rechercherons :

1° Quels étaient les principes du droit romain sur cette matière ;

2° Quels étaient ceux de l'ancien droit français ;

3° Et quels sont ceux du droit actuel.

N° I. Droit romain.

Le Digeste renferme un titre consacré à expliquer la dénonciation de nouvel œuvre, c'est le 1ᵉʳ du livre 39 : *de operis novi nuntiatione.*

Le mot *nuntiatio*, abrégé de *denuntiatio*, veut dire ici défense, empêchement, interdiction déclarée à quelqu'un. *Hoc edicto promittitur ut sive jure, sive injuria opus fieret, per nuntiationem inhiberetur.* (Loi 1ʳᵉ.) Les *Institutes* disent de même : *Interdicere est denuntiare, prohibere.*

La manière la plus générale, la plus usitée, de faire la dénonciation de nouvel œuvre, était par simples paroles proférées à ceux qui exécutaient les travaux : *Nuntiatio ex hoc edicto non habet necessariam prætoris aditionem : potest enim nuntiare quis, etiamsi cum non adierit.* Ce sont les termes de la loi 1, § 2, *D. de operis novi nuntiatione.*

Mais il y en avait encore deux autres.

Celui à qui nuisait le nouvel œuvre pouvait requérir le préteur d'en défendre la continuation.

Et, suivant la loi 5, § 10 du même titre, la loi 6, § 1, *D. si servitus vindicetur*, et la loi 1, § 6, *D. quod vi aut clam*, il pouvait, au lieu de s'opposer verbalement à ce que l'ouvrage fût continué, ou de s'adresser au préteur pour obtenir des défenses, jeter une petite pierre sur le terrain de l'innovateur, et par là, mettre celui-ci hors d'état de continuer ses travaux, jusqu'à ce qu'il en eût été autrement ordonné en justice.

La dénonciation de nouvel œuvre avait lieu, ou pour conserver un droit privé, ou pour éviter le dommage dont on était menacé, ou pour la conservation d'un droit qui appartenait au public. *Aut juris nostri conservandi causâ, aut damni infecti, aut publici juris tuendi gratiâ. Nunciamus autem quia jus aliquod prohibendi habemus, vel ut damni infecti caveatur nobis ab eo qui forte in publico vel in privato quid molitur.* (D. *de op. nov. Nunt.*, loi 1re, § 16.)

Il n'y avait même aucune distinction à faire entre les villes et les campagnes : *Sive intra oppida sive extra oppida, in villis vel agris, opus novum fiat, nunciatio ex hoc edicto locum habet* (§ 14).

Elle pouvait être intentée toutes les fois que l'ancien état des choses éprouvait quelque changement. *Opus novum facere videtur qui aut œdificando, aut detrahendo aliquid, pristinam faciem operis mutat* (§ 11); mais non contre celui qui ne faisait qu'étayer ou réparer sa maison : *Si quis œdificium vetus fulciat, an opus novum nuntiare ei possumus, videamus ? et magis est ne possimus, hic enim non opus novum facit, sed veteri sustinendo remedium adhibet* (§ 13).

L'action pouvait être intentée non-seulement contre le voisin immédiat, mais même contre l'arrière voisin : *Non solum proximo vicino, sed etiam superioriopus facienti nunciare opus novum potero.* (Loi 8.)

Ce qu'il importe de remarquer c'est que, suivant le § 1er de la loi 1, la dénonciation ne pouvait avoir lieu qu'avant l'achèvement des travaux : *Hoc autem edictum remediumque operis novi nuntiationis, adversus futura opera inductum est, non adversus præterita : hoc est adversus ea quæ nundum facta sunt, ne fiant.*

Il ne s'ensuivait pourtant pas que celui qui avait laissé

achever les travaux fût sans action ou n'eût plus que l'action pétitoire ; le même paragraphe ajoute qu'il devait se pourvoir par l'interdit *vi aut clam : Nam si quid operis fuerit factum quod fieri non debuit, cessat edictum de operis novi nunciatione et erit transeundum ad interdictum quod vi aut clam factum erit, ut restituatur, quod et in loco sacro religiosove et quod in flumine publico, ripâve publicâ factum erit : nam his interdictis restituetur, si quid illicitè factum est.*

Il avait encore l'interdit *ubi possidetis*, ainsi que cela résulte de la loi 8, § 5. *D. si servitus vindicetur*, et du Commentaire de Voët sur *les Pandectes*, livre 43, titre 18, n° 1.

La dénonciation pouvait avoir lieu même les jours fériés. § 4.

Il n'était pas nécessaire que la dénonciation fût faite au propriétaire en personne ; il suffisait qu'elle le fût à celui qui dirigeait les travaux, à l'un de ses ouvriers ou à tout autre qui, étant sur les lieux, était à portée d'en faire part au propriétaire. *Nunciare autem non utique domino oportet : sufficit enim, in re præsenti, nunciari ei qui in re præsenti fuerit, usque adeo ut etiam fabris vel opificibus qui eo loci operantur, opus novum nunciari possit ; et generaliter ei nunciari novum opus potest qui in re præsenti fuit domini operisve nomine. Neque refert quis sit iste, vel cujus conditionis qui in re præsenti fuit. Nam et si servo nuncietur, vel mulieri, vel puero, vel puellæ, tenet nunciatio : Sufficit enim in re præsenti operis novi nunciationem factam sic, ut domino possit renunciari.* (Loi 5, § 3.) Et la raison en est que la dénonciation de nouvel œuvre ne se faisait pas à la personne, mais à la chose : *operis novi nunciatio in rem fit non in personam.* (Loi 10.)

Cette dénonciation était de plein droit suspensive des

travaux commencés. Celui qui les exécutait était tenu de cesser, lors même qu'il prétendait être bien fondé à les continuer. La loi 1re déjà citée est positive : *Sive jure, sive injuria….* Et si malgré la défense il les continuait, son adversaire pouvait se pourvoir par l'interdit *quod vi aut clam*, pour faire détruire ce qui avait été fait depuis la dénonciation. S'il voulait, après cette continuation, se pourvoir devant le préteur pour prouver qu'il avait eu le droit de le faire, le juge ne devait pas l'entendre jusqu'à ce qu'il eût remis les choses dans leur premier état.

Si is cui opus novum denunciatum est, ante remissionem ædificaverit, deindè cæperit agere jus sibi esse ita ædificatum habere, prætor actionem ei denegare debet et interdictum in eum de opere restituendo reddere. (L. 1 , §. 7.)

Ait prætor : quod factum est restituas. Quod factum est jubet restitui : neque enim interest jure factum sit nec ne. Sive jure factum est, sive non jure factum, interdictum locum habebit. (L. 20 , §. 3.)

Cependant, celui à qui était dénoncé le nouvel œuvre, pouvait être admis à le continuer, en donnant caution de réparer le dommage qu'en pourrait souffrir le plaignant : *Si is cui renunciatum erit ex operis novi nunciatione satisdederit repromiseritve, aut per eum non fiet quo minus boni viri arbitratu satisdet repromittatve, perinde est ac si operis novi nunciatio omissa esset* (loi 5 , § 17); mais c'était le seul moyen qu'il eût pour pouvoir légalement continuer ses travaux; et, à défaut de caution, il fallait absolument qu'il les interrompît : *Si cùm possem te jure prohibere, nunciavero tibi opus novum, non alias ædificandi jus habebis, quam si satisdederis.*

La dénonciation du nouvel œuvre avait lieu non seulement lorsque le propriétaire bâtissait sur son fonds, mais même lorsqu'il construisait sur le fonds voisin ; c'est donc par une erreur évidente que M. le président Henrion de Pansey, dans son *Traité de la Compétence des Juges de paix*, affirme qu'elle était restreinte au premier cas ; le texte des lois romaines est positivement contraire à l'opinion de cet auteur. Sans doute ce premier cas était le plus ordinaire ; les lois romaines conseillaient même d'employer de préférence alors, la dénonciation de nouvel œuvre verbale ; mais rien n'empêchait que celui sur le fonds duquel un tiers construisait, au lieu de se pourvoir par l'interdit *uti possidetis* qui avait pour effet la destruction des travaux, ne se bornât à une défense de les continuer.

Sed et si in ædes nostras quis immittat, aut in loco nostro ædificet, æquum est nos operis novi nuntiatione jus nostrum nobis conservare. (Loi 5, § 8.)

Et bellè Sextus Pedius definit triplicem esse causam operis novi nuntiationis : aut naturalem, aut publicam, aut imposititiam. Naturalem, cum in nostras ædes quid immittitur aut ædificatur in nostro. Publicam causam, quotiens leges aut senatusconsulta constitutionesque principum per operis novi nuntiationem tuemur. Imposititiam, eum quis posteaquam jus suum deminuit, alterius auxit : hoc est posteaquam servitutem ædibus suis imposuit, contra servitutem fecit (§ 9.)

Meminisse autem oportebit, quotiens quis in nostro ædificare vel in nostrum immittere, vel projicere vult, melius esse eum per prætorem vel per manum (id est lapilli ictum) prohibere quam operis novi nuntiatione. Cæterum, operis novi nuntiatione possessorem eum faciemus, cui nuntiaverimus. Aut si in suo quid faciat quod nobis noceat, tunc operis novi denuntiatio erit necessaria. Et si forte in nostro aliquid facere quis perseverat, æquissimum erit interdicto adversus eum quod vi aut clam aut uti possidetis uti.

Ces lois, nous le répétons, ne laissent aucun doute, et M. Merlin, *Questions de droit*, 4ᵉ édition, Vᵒ *Dénonciation de nouvel œuvre*, est complètement de notre avis.

La dénonciation avait lieu en général pour les servitudes.

Si celui qui était grevé d'une servitude faisait sur son fonds des travaux susceptibles d'en empêcher l'exercice, le créancier pouvait s'opposer, par la dénonciation du nouvel œuvre, à ce qu'ils fussent continués.

Jus habet opus novum nunciandi qui aut dominium aut servitutem habet. (Loi 3, D. *de Remissionibus.*)

La loi 15, *ff. de servitut. prædiorum urbanorum* n'est pas moins positive pour le cas où celui qui doit la servitude *ne luminibus officiatur*, élève le bâtiment qu'il construit sur son fonds à une hauteur qui obstrue les jours de son voisin : *inter servitutes ne luminibus officiatur et ne prospectui offendatur aliud et aliud observatur : quod in prospectu plus quis habet, ne quid ei officiatur ad gratiorem prospectum et liberum, in luminibus autem non officere ne lumina cujusquam obscuriora fiant. Quodcumque igitur faciat ad luminis impedimentum prohiberi potest, si servitus debeatur, opusque et novum nunciari potest, si modo sic fiat ut lumini noceat.*

La loi 6, § 7 du même titre, les lois 2, 5, § 9, *ff. de operis novi nunciat.*, consacrent les mêmes principes. Mais la loi 14 nous semble faire exception pour le cas où l'on bâtit sur son terrain assujetti à un droit de passage : alors c'est, suivant cette loi, par la voie pétitoire que le prétendant à la servitude doit réclamer. *Qui viam habet, si opus novum nunciaverit adversus eum qui in eâ ædificat, nihil agit : sed servitutem vindicare non prohibetur.*

Voët essaie de concilier ces lois par une distinction. Il dit d'abord que la dénonciation de nouvel œuvre a lieu pour toutes les servitudes, lorsque les travaux en empêchent absolument l'exercice, ce qui s'applique à celle de passage, quand il n'y a pas possibilité de passer ailleurs qu'à l'endroit couvert de nouvelles constructions ; mais il ajoute que comme ordinairement la servitude de passage est due par tout le fonds et non pas seulement par la partie sur laquelle la construction a eu lieu, le prétendant à la servitude n'a que l'action pétitoire pour se faire désigner une autre partie par laquelle il pourra passer.

La première partie de cette opinion nous paraît un peu arbitraire, et nous croyons que le sens des lois romaines est que la dénonciation de nouvel œuvre est admise pour toutes les servitudes autres que celles de passage.

Tels étaient, en substance, les principes du droit romain sur la matière.

N° II. Ancien droit français.

Nous ne trouvons, dans les anciennes coutumes ou ordonnances, aucune disposition relative à la dénonciation de nouvel œuvre : celle de 1667, qui parle avec précision de la complainte et de la réintégrande, garde le silence sur cette action. Les commentateurs Bornier, Roddier, Jousse, Pothier, *Traité de la possession*, Pigeau, *Procédure du Châtelet*, n'en parlent pas davantage. Ce n'est guères que dans les livres d'auteurs qui ont écrit avant cette ordonnance de 1667, qu'on découvre quelques idées à cet égard ; d'où il est assez raisonnable de conclure qu'elle a par le fait aboli les usages antérieurs et assimilé la dénonciation de nouvel œuvre à toutes les autres actions possessoires, en la soumettant aux conditions dont dépendait le droit d'intenter celles-ci, et à l'effet qui pouvait en résulter.

Boutillier, qui écrivait dans le 14ᵉ siècle, et qui est mort conseiller au parlement de Paris, dans les premières années du 15ᵉ, nous retrace ainsi, dans sa *Somme rurale*, livre 2, titre 32, les usages de son tems sur cette matière :

« Si, sçachez que dénonciation de nouvel œuvre a lieu sitôt que quelqu'un fait ou fait faire nouvel œuvre au préjudice d'autrui. Celui qui sent que c'est en son préjudice, le peut défendre et dénoncer... Si, sçachez que cette dénonciation est de tel effet, sitôt que celui qui se sent troublé s'en aperçoit, il peut venir sur le lieu où on fait et commence cette nouvelle œuvre, et dire à ceux qu'il trouvera là, soit qu'ils soient gens de celui qui fait faire ou non, soit que celui y soit sur l'ouvrage fait ou non, et doit ainsi aux ouvriers et assistans qui là seront trouvés : *Vous faites ci nouvel œuvre à mon préjudice, je vous dénonce que vous cessiez de faire et désistiez entièrement et de ce que fait avez, je fais protestation que tout soit démoli et réparé, et que amendé soit si avant que juge esgardera qu'il appartiendra,* et ne le convient jà autrement faire dénoncer à celui qui la nouvelle œuvre fait faire, si présent n'y est trouvé, mais bien les ouvriers lui fassent savoir si bon lui semble ; car si depuis il y était œuvré, ce serait attenté, et tomberait en peine et amende d'attentat ; et de fait convient que l'ouvrage soit cessé du tout jusqu'à ce que celui qui l'ouvrage fait faire, fait convenir et dénoncer par devant le juge à savoir pourquoi il a fait cette nouvelle dénonciation ; et sera le faiseur de l'ouvrage demandeur ce cas, et le dénonçant possessionnaire ou possesseur de la dénonciation qui est grande dignité en procès. Alors, le dénonçant comme défendeur et possesseur soutiendra la dénonciation et les causes qu'il a de ce faire. Mais, selon aucuns, il est de nécessité que cette dénonciation soit faite dans l'an que cette nouvelle œuvre est commencée; et la cause mise en cour, le procès doit être fait en trois mois; sinon, le faiseur de la nouvelle œuvre requiert, disant que le procès est apparent de durer longuement, et, par ainsi, l'œuvre qui est nécessaire et profitable...., pouvoir aller à perdition.... le juge d'office peut et doit pourvoir à ce que l'ouvrage se parfasse, en baillant suffisante caution. »

Ainsi, d'après Boutillier, la dénonciation de nouvel œuvre, ou la défense de continuer les travaux pouvait se faire verbalement; mais il est contredit par Charondas, comme on le voit dans la note suivante :

« Nonciation de nouvel œuvre est une prohibition de ne bâtir et édifier nouvel œuvre. Elle se faisait.... ou par paroles du dénonciateur, ou par autorité du préteur.... On ne pratique en France que la dernière manière, par autorité du juge, et les parties étant ouïes par devant lui, il ordonne si la dénonciation tiendra, ou si celui qui a commencé de bâtir continuera en baillant caution. »

Il résulte en outre de ces derniers termes que le juge n'était pas absolument tenu d'admettre l'auteur du nouvel œuvre à le continuer, moyennant caution de remettre les choses dans leur premier état; et, en effet, si d'une part on trouve un arrêt du parlement de Paris, du 26 septembre 1439, qui « a permis sous caution d'achever les moulins d'Amiens, commencés à bâtir, sur le pont desquels le passage était rendu plus étroit, » de l'autre aussi on trouve deux arrêts de la même cour, « l'un du 26 novembre 1513, par lequel la requête de provision de bâtir en lieu contentieux, en baillant caution de démolir, fut rejetée ; l'autre du 27 novembre 1514, qui débouta Gabriel de la Châtre des lettres par lui présentées, tendant à fin d'être reçu pendant le procès de complainte, à suivre et continuer de bâtir, en baillant caution de démolir s'il était dit. » (Papon, liv. 8, tit. 4, n° 8, 9 et 10; Boucheul, *Bibliothèque civile*, au mot *Complainte*.) C'était donc par les circonstances de chaque affaire que le juge devait se déterminer sur ce point.

Voici, au surplus, comment Henrys, liv. 4, chap. 6, question 84, nous apprend qu'il s'est expliqué à cet égard, en concluant comme avocat du roi, dans une affaire entre le seigneur de Rostaing, demandeur en dénonciation de nouvel œuvre, et le seigneur de la Baume, défendeur. « Nous dîmes qu'il semblait que le demandeur avait trop attendu d'arrêter une nouvelle œuvre, non seulement avancée, mais presque achevée ; que, par ce moyen, les défenses requises pouvaient avoir plus d'envie et de chaleur que de raison, puisque la caution faisait cesser tout intérêt : *cum sit securus is qui opus novum nunciavit, postquam ei cautum est*, comme dit la loi 20, § 11, *ff. de operis novi nunciatione*; qu'au surplus la loi du même titre au code ne devrait pas être suivie à la rigueur, et que, sur la dispute des interprètes, si elle avait dérogé ou non aux lois précédentes, il y avait apparence de suivre la distinction faite par le sénat de Turin, dans une espèce rapportée par *Thesaurus*, *decis* 204, savoir s'il y a du péril ou non au retardement de l'édifice, et si, pour le suspendre de trois mois, celui qui l'a entrepris peut en recevoir un préjudice notable ; et, quoique entre les modernes, *Fachinæus*, livre 8, *controv. cap.* 48, rejette cette distinction, nous l'estimons pourtant d'autant plus recevable que la décision d'un sénat est préférable à l'opinion d'un particulier, et qu'elle est d'ailleurs fondée, non seulement sur la loi, mais encore sur une équité manifeste, *quis enim dubitat multo meliùs omitti operis novi nunciationem, quam impediri operis necessarii urgentem extructionem*, comme dit la loi 5, §. 12, au titre préallégué du *Digeste*. Il veut que cela ait lieu *generaliter et quoties dilatio periculum allatura est.* »

Henrys ajoute que, conformément à ses conclusions, il intervint sentence qui, avant faire droit sur la demande du sieur de la Baume, en permission provisoire de continuer ses travaux moyennant caution, ordonna que les lieux seraient visités, et, qu'en conséquence, ayant été reconnu que l'œuvre était fort avancée, que tous les matériaux étaient prêts et à pied d'œuvre; qu'ils se pouvaient gâter par le retardement; qu'il y avait du péril de différer davantage à cause de l'hiver prochain, et parce qu'aussi il était aisé de juger que le procès principal prendrait un long cours, il fût ordonné que, sans avoir égard à la requête du sieur de Rostaing, et aux défenses par lui requises, il serait permis au seigneur de la Baume d'achever l'œuvre, en baillant par lui bonne et suffisante caution de la démolir, et de payer les dommages-intérêts, s'il était dit enfin de cause. Cette sentence fut sanctionnée par l'acquiescement des parties.

« Nous tenons, dit encore Henrys, à la distinction que nous avons rapportée, et nous croyons qu'elle doit servir de règle. Si, d'abord que l'œuvre est commencée, les intéressés s'en plaignent, et qu'il n'y ait rien qui presse, le juge ne doit pas lever ses défenses, ni permettre qu'on continue ce qu'on a entrepris de faire; il doit plutôt entrer

dans la connaissance du fond, et tâcher de juger le diffé-
rend; mais si les intéressés ont attendu d'en réclamer, s'ils
ont souffert qu'on avance l'œuvre, et qu'ayant préparé les
matériaux, elle soit en état d'être achevée, ils ne peuvent
pas empêcher qu'elle ne soit continuée en baillant caution;
c'est parce qu'ils se doivent imputer la faute de n'en avoir
réclamé plus tôt; autrement, il serait au choix d'un mauvais voisin d'attendre que l'œuvre soit bien avancée, à
dessein d'engager l'entrepreneur dans une dépense inutile. »
Et cela est fort juste, ajoute Bretonnier, dans ses observations sur ce passage d'Henrys.

C'est par une erreur manifeste qu'il est dit dans la
nouvelle édition de Denizart, V° *dénonciation de nouvel
œuvre*, que l'effet de cette dénonciation est d'obliger le
voisin à surseoir jusqu'à ce qu'il ait obtenu un jugement
qui lui permette de continuer; à la vérité, les auteurs de
cette collection ajoutent que « la dénonciation contient
le plus souvent assignation devant le juge des lieux pour
voir dire que le voisin ait à faire cesser l'ouvrage jusqu'à ce que, par justice, il en ait été ordonné; » mais ils
n'en décident pas moins que la sommation de cesser entraîne la suspension; c'est-à-dire, qu'induits en erreur par
les lois romaines et par le sentiment de Boutillier, ils
maintiennent les deux modes de dénonciation, ou par défense faite à ceux qui exécutent les travaux, ou par autorité
du juge, quoique Charondas atteste que le dernier fût seul
usité.

En effet, la dénonciation par simple sommation, ou verbale
ou écrite, n'a réellement jamais été reçue en France. Sans
doute le voisin pouvait faire une sommation de disconti-
nuer les travaux, mais celui à qui elle était adressée n'était

pas tenu d'y satisfaire'; il agissait comme la prudence le lui conseillait ; par conséquent il ne pouvait être condamné à détruire les travaux exécutés depuis, par cela seul qu'il n'y avait pas obéi, et le juge ne pouvait lui refuser audience jusqu'à ce qu'il eût rétabli les choses dans l'état où elles étaient lors de cet acte. Il continuait à ses périls et risques, et ne pouvait être contraint à suspendre que par jugement. Il était seulement passible de dommages-intérêts à partir de la dénonciation, qui était une mise en demeure de cesser, si le juge, appréciant le fond, reconnaissait qu'il n'avait aucun droit de bâtir.

Nous trouvons, dans un arrêt de la Cour de cassation, du 11 juillet 1820, une preuve bien positive de la vérité de ce que nous venons de dire.

Le sieur Calvet est propriétaire d'une maison située à Escoussens, et d'un terrain qui en dépend. Le sieur Pradet possède une maison qui prend son jour et son passage sur ce terrain, à titre de servitude, suivant la prétention de ce dernier.

Calvet, voulant clore sa propriété, a fait, au mois de juillet 1817, commencer la construction d'un mur dans toute l'étendue de la façade de la maison du sieur Pradet.

Le 24 du même mois, celui-ci lui a fait signifier un acte extrajudiciaire, contenant sommation de cesser les constructions commencées.

Calvet, sans avoir aucun égard à cette sommation, a poursuivi la construction de son mur. Alors, le sieur Pradet, sans appeler le sieur Calvet, s'est adressé au juge de paix, qui a nommé des experts pour procéder à la vérification des lieux.

L'ordonnance portant nomination des experts n'a pas été

non plus notifiée au sieur Calvet; de sorte que c'est encore en son absence que ces experts ont opéré. Leur procès verbal ayant été dressé, le sieur Pradet a, le 28 juillet 1827, fait citer le sieur Calvet devant le juge de paix du canton de la Bruguière, pour voir dire qu'il serait condamné à démolir les constructions qu'il avait commencées.

Le sieur Calvet s'est présenté sur cette citation, et a soutenu que le sieur Pradet n'avait aucun droit de servitude sur son terrain, qu'ainsi sa prétention était dénuée de fondement; mais le juge de paix a refusé d'entendre cette défense, tant que le sieur Calvet n'aurait pas détruit les ouvrages qu'il avait continués depuis la sommation extra-judiciaire que le sieur Pradet lui avait faite le 24 juillet, et qu'il n'aurait pas rétabli les lieux dans l'état où ils se trouvaient au moment de cette sommation.

Sur l'appel, jugement du tribunal de Castres, qui confirme, en se fondant sur les dispositions des lois romaines, qui, suivant lui, dans le silence du Code de procédure et l'incertitude de la jurisprudence des arrêts, doivent encore servir de règle aujourd'hui.

Pourvoi en cassation : les juges seuls, disait le demandeur, ont droit de se faire obéir. Une simple sommation n'emporte jamais, de la part de celui à qui elle est adressée, obligation d'y satisfaire. Son effet est seulement d'assujettir à des dommages-intérêts celui qui, par suite, est déclaré avoir agi sans droit. Les lois romaines, qui consacraient un système contraire, n'ont jamais été reçues en France : et, en supposant qu'elles eussent été admises, elles n'ont pu survivre au Code de procédure, dont l'article 23 établit que le juge du possessoire ne peut faire détruire que ce qui aura été fait contre le droit et la possession de celui qui s'en plaint ; au juge seul , en appréciant le fond du droit , appartient donc le pouvoir d'ordonner la discontinuation ou destruction de travaux , qui sont une atteinte à la possession du demandeur. Ces moyens ont été accueillis par l'arrêt ci-dessus daté , ainsi conçu :

« Vu l'article 1041 du Code de procédure civile, attendu que les juges seuls ont le droit de commander et de se faire obéir ; que les parties intéressées ont bien le droit de forcer leurs adversaires , par actes extrajudiciaires , de faire ce qu'elles prétendent exiger d'eux ; mais que de pareils actes ne peuvent produire d'autres effets que de constituer en demeure , et de rendre passibles de dommages-intérêts ceux qui n'y ont pas déféré , lorsque la demande se trouve juste et bien vérifiée ; que ce principe général ne souffre pas d'exception au cas de dénonciation de nouvel œuvre ; que les lois romaines , qui en disposaient autrement , *n'ont jamais été observées en France* , et qu'elles n'ont pu surtout être invoquées depuis la mise en activité du Code de procédure , qui , par son art. 1041 , a déclaré abrogés toutes les lois , coutumes , usages et règlemens antérieurs relatifs à la procédure civile ; que , cependant , c'est par application des lois romaines que le tribunal de Castres s'est décidé à dénier justice au demandeur , tant qu'il n'aurait pas remis les choses au même état qu'elles l'étaient lors de la défense qui lui avait été faite par acte extrajudiciaire de continuer ses constructions ; que la forme de procéder en pareille matière était indiquée au titre 1ᵉʳ du Code de procédure , qui s'occupe des actions possessoires , et , par suite , de celle en dénonciation de nouvel œuvre , qui en a le véritable caractère ; par ces motifs , la Cour casse. »

Nous avons vu que , dans le droit romain , tout particulier était admis à la dénonciation du nouvel œuvre qui se faisait dans des lieux publics. Brillon, aux mots *Nouvel œuvre*, dit que « cela ne se pratique plus en France, où il serait nécessaire, en pareil cas, de prévenir les personnes chargées de l'inspection générale ou du détail des édifices publics. »

Cette décision était fort juste en général; mais quand un voisin éprouvait un préjudice d'ouvrages qui s'exécutaient dans un lieu public, dans un chemin, dans une place, rue ou fleuve, il avait incontestablement le droit, pour la conservation de ses intérêts privés, d'intenter la dénonciation.

Ainsi, lorsqu'un particulier faisait, sur la voie publique, une excavation qui pouvait compromettre la solidité des édifices, ou exécutait des travaux qui privaient les propriétaires de l'usage de leurs jours, de leurs portes, leur causaient des infiltrations, dans ce cas et autres semblables, il y avait certainement lieu à cette action, et il en serait encore de même aujourd'hui, ainsi que nous l'avons démontré, page 563 de la 3ᵐᵉ édition de notre *Traité des chemins*, auquel nous renvoyons pour éviter des répétitions inutiles.

Nᵒ III. Droit français actuel.

C'est une question vivement débattue que celle de savoir si la dénonciation de nouvel œuvre, telle que l'entendaient les lois romaines et notre ancien droit français, est maintenue par notre droit actuel.

Il y a, sur ce point, division parmi les jurisconsultes, et contradiction complète dans la jurisprudence. MM. Henrion de Pansey, Guichard, Favard de Langlade enseignent l'affirmative. M. Carré, après avoir, dans ses *Questions de Procédure*, embrassé la thèse contraire, a un peu modifié son sentiment dans sa *Juridiction civile des Juges de Paix*. M. Merlin, 4ᵉ édition des *Questions de droit*, Vᵒ *Dénonciation de nouvel œuvre*, discute à fond la matière, et démontre jusqu'à l'évidence l'erreur de ceux qui prétendent que l'ancienne dénonciation de nouvel œuvre subsiste encore parmi nous. Pour notre compte, nous sommes d'avis qu'il reste bien peu de chose de cette vieille action. Nous croyons que le vénérable auteur de *la Compétence des Juges de Paix*, s'est, en ce point comme en beaucoup d'autres, laissé influencer par le souvenir des doctrines de l'ancien droit, sans faire assez attention qu'elles étaient incompatibles avec les principes de notre droit nouveau.

La loi de 1790, ni le Code de procédure, ne renferment aucune disposition sur la dénonciation de nouvel œuvre, parce qu'ils ont voulu proscrire les distinctions qui jadis jetaient la confusion dans une matière déjà si difficile, et ramener tout le système à des principes uniformes.

Nous ne voyons pas que la distinction entre la dénonciation et les autres actions possessoires ait un objet réel. Les lois les assujettissant toutes à la possession annale à titre non précaire antérieure au trouble, l'action à laquelle un nouvel œuvre donnera ouverture sera aussi soumise à cette condition; mais il importera peu que les ouvrages soient terminés ou seulement commencés; qu'ils soient exécutés sur le fonds du propriétaire ou sur celui du réclamant.

Sans doute celui sur le fonds duquel un tiers vient construire, ou qui éprouve, par les travaux du propriétaire voisin, quelque préjudice dans l'exercice de ses droits, peut se pourvoir pour faire seulement suspendre ces travaux, s'il a une possession annale, s'il réunit les conditions exigées pour intenter la complainte ; car il pourrait les faire détruire comme contraires à sa possession ; mais il n'est pas tenu de prendre cette voie ; on ne peut l'y astreindre lors même que le propriétaire a bâti sur son fonds, et l'obliger ensuite à se pourvoir au pétitoire pour faire prononcer la destruction des travaux commencés.

Une autre question qui ne serait pas sans quelque difficulté, est celle de savoir si, en cas de travaux exécutés sur le fonds voisin, celui qui craint qu'il n'en résulte un dommage, peut en demander, dans tous les cas, la suspension par la voie possessoire.

La loi veut qu'il y ait *trouble*, trouble actuel, puisque c'est le point de départ de l'année dans laquelle on doit agir.

Nous répondons que ce cas, comme tous ceux qui donnent lieu à la complainte, est abandonné à la sagesse du juge de paix, qui se détermine par l'appréciation des circonstances.

La loi en effet n'ayant pas défini le trouble ni précisé les circonstances susceptibles de le constituer, le juge peut très-bien en trouver l'existence dans la *crainte* du dommage ; car il est possible que cette crainte paralyse l'exercice des droits du propriétaire voisin, rende sa possession moins sûre et moins commode, l'empêche de se livrer à des réparations ou constructions nécessaires, ou de vendre aussi avantageusement sa propriété.

Quant à la discontinuation des travaux qui nuisent déjà ou seraient plus tard susceptibles de faire obstacle à l'exercice d'une servitude, évidemment elle ne peut être requise qu'à la charge par le demandeur de se conformer en tous points aux principes et aux conditions établis pour la complainte ordinaire ; et par conséquent, s'il s'agit d'une servitude discontinue, le demandeur sera obligé de produire un titre que le juge de paix examinera, et il ne pourra ordonner la discontinuation qu'autant que ce demandeur joindra à une possession annale, des énonciations assez positivement écrites dans son titre pour que l'on puisse reconnaître qu'il a joui avec droit et non précairement. Il ne pourrait pas invoquer les lois romaines et prétendre que le juge de paix doit accueillir son action, sans examiner s'il a ou non le droit d'empêcher la construction *sive jure*, *sive injuriâ*. C'est aussi ce qu'a décidé la Cour de cassation par arrêt du 28 février 1814, rendu sur le pourvoi du sieur Kellerman dans l'espèce suivante :

Le sieur Kellerman ayant commencé sur son terrain la construction d'un hangard, le sieur Vacgmann le fit citer devant le juge de paix pour voir dire que défenses lui seraient faites de continuer cette construction, attendu qu'elle lui enlevait la vue et le soleil.

Jugement contradictoire qui prononce ces défenses.

Appel tant comme de juge incompétent qu'autrement.

Jugement qui confirme.

Kellerman se pourvoit en cassation, et soutient que la matière n'était pas susceptible d'une action possessoire.

Arrêt. — « Vu l'art. 691 du Code civil,... considérant que l'inhibition de construire ou la dénonciation de nouvel œuvre est une action possessoire ; que la prétention du défendeur d'empêcher le demandeur de bâtir sur son propre terrain, est celle d'une servitude non apparente, sur quelque titre qu'on puisse la présenter ; que, suivant l'art. 691 du Code civil, semblable servitude ne peut s'acquérir par la possession ; d'où il résulte nécessairement que la possession ne donne aucun droit, qu'elle ne peut fonder une action possessoire, et que toute action pour servitudes non apparentes, est hors de la compétence de la justice de paix ; la Cour casse et annule. »

Nous avons déjà parlé de la contrariété des arrêts. M. Merlin la signale aussi, mais il la fait plus grande qu'elle n'est réellement. Plusieurs des arrêts qu'il cite comme ayant repoussé la dénonciation de nouvel œuvre n'ont pas décidé la question. Ainsi, ceux des 13 juin 1814, 23 août 1819, 23 juin 1827, ne renferment aucun motif sur la dénonciation de nouvel œuvre, soit parce que le moyen résultant de cette action n'avait pas été proposé, soit parce que la Cour n'a pas considéré comme établis les faits qui doivent servir de base à une action de cette nature ; ce serait donc beaucoup trop hasarder que d'y voir la solution de notre question.

Il en faut dire autant de l'arrêt du 28 février 1814, par nous précédemment reproduit, et de celui du 11 juillet 1820, rendu entre les sieurs Calvet et Pradet ; le premier, sans s'occuper de la question de savoir si la dénonciation de nouvel œuvre était ou non maintenue dans notre droit, s'est borné à décider qu'elle ne pouvait être intentée sans titre pour les servitudes discontinues, seul point qui fût soumis à la Cour ; le second a jugé qu'une sommation ne pouvait contraindre le constructeur à suspendre ses travaux ; qu'une ordonnance du juge était indispensable.

Il n'y a de bien positifs que trois arrêts de la chambre des requêtes des 13 avril 1819, 15 mars 1826 et 14 mars 1827 ; le 1er, contraire à la dénonciation de nouvel œuvre, les deux derniers favorables ; un 4e de la même chambre, du 5 mars 1828, paraît être fondé sur le même principe que ceux-ci ; mais des circonstances particulières ont pu influer sur la solution ; il n'en existe pas de très-positifs de la chambre civile ; seulement nous trouvons au *Recueil de Sirey*, an 1829, p. 183, un arrêt de cette chambre du 28 avril 1829, rendu entre les sieurs Petit et Alluaud, qui semble avoir repoussé la dénonciation de nouvel œuvre.

L'importance de la question nous détermine à reproduire ces diverses décisions.

1re espèce. Le sieur Guérin est propriétaire d'un jardin qui touche à un étang appartenant à la dame Carbonnel.

A la distance d'environ un mètre de cet étang, le sieur Guérin a creusé un canal ou ruisseau qui traverse son jardin et va arroser un autre de ses héritages.

La dame Carbonnel a prétendu que les eaux de son étang filtraient dans ce canal à travers le terrain intermédiaire, et qu'une telle entreprise de la part du sieur Guérin constituait un trouble apporté à sa jouissance, à raison duquel elle pouvait diriger contre le sieur Guérin une action en complainte possessoire.

En conséquence, elle l'a fait assigner devant le juge de paix pour le faire condamner à des dommages-intérêts et à rétablir les lieux dans leur état primitif.

Le sieur Guérin a soutenu que les travaux ayant été exécutés sur son terrain et étant achevés lorsque la dame Carbonnel avait agi, elle était non recevable dans son action en complainte et ne pouvait agir qu'au pétitoire. Ce système fut repoussé par le juge de paix, le tribunal d'appel et la Cour de cassation. Voici l'arrêt de cette cour :

« Vu l'art. 3 du Code de procédure ; attendu que l'action intentée par la dame Carbonnel pour faire cesser le trouble apporté à la jouissance des eaux de son étang, par le sieur

Guérin, au moyen d'une tranchée que celui-ci a pratiquée sur son propre fonds, a tous les caractères d'une action possessoire et qu'elle a été exercée dans l'année du trouble ; attendu dès lors que le juge de paix était compétent pour en connaître ; et qu'en reconnaissant cette compétence, le tribunal civil d'Avranches n'a fait, dans le jugement attaqué, que se conformer aux dispositions de la loi. »

2.me espèce. Marin possède une maison sous laquelle est une grange, à dix-sept mètres de celle du sieur Saulneret. Celui-ci a creusé le sol de sa grange et en a fait un cloaque dans lequel il attire les eaux sales de la ville, qui bientôt ont filtré dans la cave du sieur Marin. Ce dernier intenta une action en complainte contre Saulneret, pour le faire condamner à combler l'excavation qu'il avait faite et à 5o francs de dommages-intérêts, attendu qu'il était troublé dans sa jouissance par l'infiltration des eaux. Jugement qui accueille l'action ; mais, sur l'appel, infirmation par jugement motivé sur les anciens principes relatifs à la dénonciation du nouvel œuvre.

Pourvoi en cassation, et, le 15 mars, arrêt de rejet dans lequel on lit :

« Attendu 1° que l'interdit *de novi operis nunciatione* ne peut plus être exercé après qu'on a laissé achever le nouvel ouvrage sans s'en plaindre ; 2° que si l'interdit a été exercé avant la fin des travaux, son effet se borne à en faire défendre la continuation, jusqu'à ce que le juge du pétitoire ait décidé si le propriétaire qui a commencé l'ouvrage sur son propre fonds, a le droit de l'achever, ou s'il doit le détruire ; question qui tient essentiellement à la propriété et ne peut devenir l'objet d'une complainte.

» Attendu qu'autoriser dans ce cas un juge de paix à faire

détruire des ouvrages commencés, et, à plus forte raison, des ouvrages terminés, ce serait l'investir d'une juridiction exorbitante, qui n'est ni dans la lettre ni dans l'esprit des lois nouvelles. »

3me espèce. Les veuve et héritiers Mignon ont l'usage d'une digue servant à l'irrigation de leurs propriétés. Le sieur Lenclud, qui possède une cave voisine du canal sur lequel la digue est construite, se plaint de ce que cette cave est actuellement inondée par l'exhaussement de la digue. Il assigne en conséquence les veuve et héritiers Mignon, devant le juge de paix, en réduction ou destruction de la digue. Le juge se déclare incompétent; sur l'appel, le jugement est confirmé.

Pourvoi en cassation. M. de Vatimesnil, avocat général, a conclu au rejet; il a dit qu'il était indifférent que la suppression demandée portât sur partie ou sur la totalité des ouvrages; qu'en tous cas, il s'agissait d'une demande en destruction d'ouvrages terminés; qu'une pareille demande n'appartient point à la classe des actions possessoires; qu'elle avait le caractère de l'action connue en droit romain sous le nom de *nunciatio novi operis*, qui, d'après la jurisprudence, sort de la juridiction des juges de paix lorsqu'elle tend, comme dans l'espèce, à la suppression d'ouvrages terminés, et que de plus ces ouvrages sont exécutés sur le propre fonds du défendeur; que le seul cas où le juge de paix ait juridiction en cette matière, est celui où il ne s'agit que d'ordonner la suspension des travaux commencés et non encore achevés, ce qui n'est pas le cas dans lequel se trouvait Lenclud.

Arrêt. — « Attendu que s'agissant d'une digue établie par les défendeurs éventuels sur leur propre terrain, nullement d'une entreprise sur un cours d'eau appartenant au demandeur, il ne pouvait être formé d'autre demande qu'une action en dénonciation de nouvel œuvre ; et que la digue étant terminée avant la demande, il ne pouvait plus être formé d'action possessoire, d'où il suit que cette demande a été justement déclarée inadmissible. »

Voilà, nous le répétons, les trois seules décisions bien expresses, une dans un sens, deux dans l'autre. Voici maintenant les deux dernières qui peuvent être considérées comme ayant trait à la question :

1re espèce, Robart tenait, à titre de bail, un pré contigu à un autre pré appartenant au sieur Catrice. Ces deux héritages étaient séparés par une barrière établie sur le terrain de Catrice, et qui fermait un passage dont Robart avait usé pendant long-tems pour conduire ses bestiaux sur la pièce de pré qu'il avait louée.

Catrice enlève la barrière et la remplace par une haie ; Robart, privé par là de son passage, cite Catrice à fin d'être réintégré ; il conclut à ce que la haie soit enlevée, la barrière originaire rétablie dans l'état où elle était primitivement, et enfin à ce que Catrice soit condamné à 50 fr. de dommages-intérêts.

Jugement du juge de paix qui admet l'action en réintégrande, et condamne Catrice en 40 francs de dommages-intérêts.

Appel. Catrice soutient que Robart doit être déclaré non recevable dans sa demande par un défaut de qualité pris de ce que le fermier ne peut agir en réintégrande.

16 juin 1826, jugement de Dunkerque qui accueille la fin de non recevoir et infirme la sentence du juge de paix, par le motif que le fermier, qui ne possède que précaire-

ment, ne peut jamais être admis à intenter ni l'action en réintégrande ni l'action possessoire ordinaire.

Pourvoi en cassation. Le demandeur soutient que s'agissant d'une simple action en réintégrande, différente de la complainte, le fermier peut l'intenter valablement, bien qu'il n'ait pas la possession *animo domini* et qu'il s'agisse d'une servitude discontinue, parce qu'elle est fondée sur cette grande maxime conservatrice de la paix publique, qui veut que les voies de fait et les violences soient réprimées avant tout, *spoliatus anté omnia restituendus est*; qu'il ne s'agit que de remettre les choses dans l'état où elles étaient, sans examiner le droit ni la possession des parties. M. l'avocat-général Laplagne-Barris a soulevé une nouvelle question; il a conclu au rejet, en se fondant sur ce qu'il était constant et reconnu dans la cause que la barrière enlevée par Catrice et remplacée par une haie, existait sur son propre terrain, et que, dès-lors, Rohart ne pouvait pas dire qu'il eût été dépouillé d'une chose dont il n'avait jamais été ni dû être en possession.

Sur ce, la chambre des requêtes prononça un arrêt de rejet, ainsi motivé :

« Attendu que, s'il est vrai, en droit, ainsi qu'il a été jugé par l'arrêt du 28 décembre 1826, que nul ne peut se faire justice à soi-même (l. 13, § 3, *ff. de Usuf.*); et que l'action en réintégrande, fondée sur ce principe conservateur de la paix publique, n'a point été abrogée par la législation nouvelle, il est certain aussi, en droit, que l'action en réintégrande suppose nécessairement une possession réelle et actuelle, et une dépossession par violence et voie de fait; attendu qu'il est impossible de trouver ce double caractère dans une servitude de passage, servitude discontinue non apparente et dans l'œuvre quelconque pratiqué par le défendeur sur son propre terrain ;

« Attendu qu'aux termes de l'art. 691 du Code civil, les servitudes discontinues ne peuvent s'établir que par titres, et que, dès lors, les actions relatives à des servitudes discontinues ne peuvent être exercées par un fermier ; qu'ainsi, en déclarant le demandeur non recevable dans son action en rétablissement et en maintenue d'un droit de passage, le tribunal de Dunkerque a fait une juste application des lois et des principes de la matière. »

Comme on le voit, il n'y a que le deuxième motif qui puisse s'appliquer à la question, encore est-il vague. Les circonstances particulières de la cause, celle surtout que la poursuite avait été intentée par un fermier, ont pu influer sur la rédaction de l'arrêt qui a été déterminé par d'autres motifs encore indépendans de celui-là.

Le deuxième arrêt est émané de la chambre civile, et a été rendu dans l'espèce suivante :

Le ruisseau d'Aigueperse traverse successivement les prairies du sieur Petit, du sieur Bonnabry, du sieur Alluaud et autres. Il paraît que de tems immémorial, et notamment depuis l'année, chacun de ces propriétaires riverains était dans l'usage de prendre successivement, au moyen d'une rigole pratiquée sur son fonds, les eaux du ruisseau, et de les rendre ensuite à leur cours naturel. Ces prises d'eau s'étaient toujours pratiquées de telle sorte que les eaux arrivaient en assez grande quantité aux sieurs Alluaud et autres propriétaires inférieurs, nonobstant la déperdition qu'elles éprouvaient dans leur passage sur les prairies des sieurs Petit et Bonnabry. En 1826, le sieur Petit ajouta à ses prairies une terre labourable qu'il convertit en nature de pré, et, pour l'arroser en même tems que ses anciennes prairies, il substitua à la rigole qui lui avait servi jusqu'alors, une nouvelle rigole placée plus haut au moyen de laquelle il pratiqua ses prises d'eau accoutumées. Ces faits diminuèrent la quantité d'eau que les sieurs Alluaud et autres pouvaient prendre, et prenaient en effet dans le ruisseau. En conséquence, ces riverains intentèrent devant le juge de paix des lieux une action tendant à se faire maintenir ou en tout cas réintégrer dans la possession du ruisseau d'Aigueperse, telle qu'ils l'avaient avant l'entreprise du sieur Petit, et à faire décider que celui-ci serait contraint de remettre les lieux dans leur premier état. Le sieur Petit répond que les propriétés étant traversées par le ruisseau d'Aigueperse, il a le droit de prendre les eaux de ce ruisseau à leur passage, et même en totalité, sauf à les rendre à leur cours naturel, après s'en être servi ; que ce droit ne peut recevoir aucune atteinte de ce qu'il ne l'aurait pas du tout exercé, ou ne l'aurait exercé qu'en partie pendant longues années, et de ce que les propriétaires inférieurs seraient dans l'usage, depuis un tems plus ou moins considérable, de prendre les eaux du ruisseau pour les conduire dans leurs propriétés; qu'un tel usage ou possession, de la part des propriétaires inférieurs, ne serait pas utile à la prescription, et que, dès lors, il ne pourrait autoriser l'action possessoire.

30 mars 1826, jugement du juge de paix, qui accueille ce système de défense du sieur Petit.

Sur l'appel, jugement du 7 août 1826 du tribunal civil de Limoges qui infirme, accueille l'action, attendu qu'il y a eu des innovations dont le résultat a été de distraire du ruisseau une plus grande quantité d'eau que par le passé, et d'en priver les appelans qui en jouissaient au moyen de travaux apparens.

Pourvoi par le sieur Petit : il présente alors un moyen d'incompétence et d'excès de pouvoir qui paraît n'avoir pas été proposé devant le juge de paix ni devant le tribunal d'appel, du moins à en juger par les termes des décisions. Voici comment il le développe :

« Lorsqu'il s'agit de travaux faits par un propriétaire sur son propre fonds et que le voisin prétend lui être ou pouvoir lui devenir nuisibles, l'action que les lois lui donnent est appelée dénonciation de nouvel œuvre. C'est aussi une action possessoire de la compétence du juge de paix, mais qui a des caractères et des effets particuliers. On ne peut l'intenter que toutes les fois que, par l'établissement d'un nouvel œuvre, il s'opère un changement dans l'ancien état des choses (L. 1re, § 11, *ff. de op. nov. nunciat.*), et il faut la former avant que l'ouvrage soit achevé, autrement elle ne serait plus recevable (l. 14, *ibid.* ; arrêt de la Cour de cassation du 15 mars 1826). Or, l'action intentée par les sieurs Alluaud et consorts était assurément une action en dénonciation de nouvel œuvre, puisqu'elle avait pour objet la destruction ou suppression d'ouvrages que le sieur Petit avait nouvellement établis sur son propre fonds pour arroser ses propriétés. Elle devait donc être formée avant l'achèvement des travaux; or, elle ne le fut qu'après; donc elle était irrecevable : le juge de paix n'était plus compétent pour connaître du litige. »

Le sieur Petit reproduisait en outre au fond le système qui avait été accueilli par le juge de paix et repoussé par le tribunal de Limoges.

Le pourvoi fut d'abord admis par la chambre des requêles, probablement par suite de la doctrine consacrée par ses deux arrêts de 1826 et de 1827 ; mais, après une discussion contradictoire, il fut définitivement rejeté le 28 avril 1829.

L'arrêt de la chambre civile est ainsi conçu :

« Attendu que les sieurs Alluaud et consorts avaient intenté, dans l'année du trouble, une action en complainte, à l'effet d'être maintenus dans la possession où ils étaient, *animo domini*, publiquement et paisiblement, et depuis plus d'un an et jour, du droit qui leur appartient sur les eaux du ruisseau d'Aigueperse, en vertu de l'art. 644 du Code civil.

» Attendu que cette action avait été régulièrement portée devant le juge de paix, en exécution de l'art. 10, titre 3 de la loi du 24 août 1790, qui attribue aux juges de paix la connaissance des actions possessoires relatives aux cours d'eau ; qu'elle était recevable, puisque la possession du sieur Alluaud et consorts réunissait toutes les conditions exigées par l'art. 23 du Code de procédure civile, et que le sieur Petit, n'étant pas propriétaire de la source du ruisseau d'Aigueperse, ne pouvait pas exciper des dispositions de l'art. 642 du Code civil. »

Comme on le voit, la cour se fonde pour rejeter le moyen sur ce que, d'après les termes mêmes de la demande, c'était une action de complainte qui avait été intentée ; elle ne s'explique pas positivement sur la dénonciation de nouvel œuvre, ne dit pas si elle est ou n'est pas maintenue dans notre droit.

D'un autre côté, elle ne déclare pas le demandeur non recevable à proposer ce moyen pour la première fois devant elle ; il eût été difficile, nous en convenons, qu'elle se déterminât par cette considération ; car si la dénonciation de nouvel œuvre existe encore, comme elle a pour effet de faire suspendre les travaux, et que, dès qu'ils sont achevés, il n'y a plus lieu, d'après la jurisprudence, qu'à l'action pétitoire, l'incompétence du juge de paix eût été *ratione materiæ* et aurait pu être proposée pour la première fois en cassation.

Il est donc assez naturel d'envisager cet arrêt comme contraire à la dénonciation de nouvel œuvre, et alors il serait exact de dire qu'il y a autant d'arrêts de la cour de cassation dans un sens que dans l'autre.

Dans tous les cas, la jurisprudence ne peut être considérée comme certaine, et les raisons que nous avons données contre la dénonciation de nouvel œuvre nous paraissent si décisives, que nous n'hésitons pas à prédire qu'elle se fixera dans le sens qui assimile cette demande à toutes les autres actions possessoires, qu'ainsi il y aura lieu à complainte même après l'achèvement des travaux exécutés par le propriétaire sur son fonds, sans que le juge puisse renvoyer les parties au pétitoire.

Art. 11. De la réintégrande.

La réintégrande donne journellement lieu à de très-graves difficultés : il existe une grande divergence d'opinions entre les auteurs, soit sur la question de savoir si elle subsiste encore dans notre droit, soit sur les conditions auxquelles son exercice est subordonné, notamment sur la nécessité d'une possession annale.

Nous essaierons de dissiper les doutes dont cette action a été l'objet, et, pour atteindre plus efficacement notre but, nous rappellerons les anciens principes qui la régissaient.

Comme nous l'avons vu précédemment, la réintégrande

était connue des Romains sous la dénomination d'interdit *recuperandæ possessionis* ou *undè vi*. Elle était accordée à celui qui avait été dépouillé par violence, quoiqu'il possédât seulement au moment de la dépossession et que sa détention fût vicieuse.

Nous lisons au § 6 des *Inst. de Interdictis* :

Recuperandæ possessionis causa solet interdici, si quis ex possessione fundi vel ædium vi dejectus fuerit. Nam ei proponitur interdictum undè vi, per quod is qui dejecit cogitur ei restituere possessionem, licet is ab eo qui vi dejecit, vi, clam, vel precariò possideat.

Vinnius fait, sur ce texte, l'observation suivante : *In interdicto uti possidetis succumbit qui ab adversario vel vi, vel clam, vel precario possidet; in interdicto autem unde vi etiam ille vincit. Nimirùm in hoc interdicto visum est dejectum statim et sine exceptione restituendum esse, ne occasio detur tumultus.*

Ampliatè (dit Schneidewin, *Inst. de interdict.*) *sivè possidet civiliter et naturaliter, sivè naturaliter vel civiliter tantum; sive possidet justè, sive injustè, puta vi, vel clam; sive possidet per se vel per alium.... Prædoni seu spoliatori qui alium possessione dejecit, si et ipse posteà ex eadem possessione dejiciatur, hoc interdicto succurritur, càm etiam prædo restituendus.... multo magis impropriis possessoribus uti commodatario, depositario et similibus.... colono, conductori, mandatario.*

La réintégrande était aussi admise dans notre ancien droit.

« Jusqu'à des tems qui ne sont pas encore très-éloignés, dit M. Henrion de Pansey, *Compétence des Juges de Paix*, jusque vers la fin du 13ᵉ siècle, un usage qui avait force de loi autorisait celui que la violence avait dépouillé, à opposer la force à la force, et à se faire justice à lui-même en reconquérant l'objet qui lui était enlevé; ou s'il craignait une résistance trop forte, il était autorisé à s'emparer de celle des propriétés du spoliateur qu'il croirait pouvoir lui enlever avec plus de facilité. »

« Mais, dit Beaumanoir, qui rend compte de cet usage (*Coutume de Beauvoisis*, ch. 3, p. 171), « pour ce que c'était droitement mouvement de haine et de mortelle guerre, tiex contre engagemens furent défendus du pouvoir de notre seigneur le roi de France, et si est l'établissement tel que si je me dueille de chose que l'on m'a tollue et je le requerre par force de celui qui ce mal a fait, je suis tenu à le ressaisir par la raison de la contreprise, et lui rendre son dommage que je lui aurais fait en contreprenant et en l'amende, le roi (parce que je suis allé contre son établisse-ment), de 60 liv. si je suis gentilhomme, et de 60 sols si je suis homme de poôte, et même plus forte si je suis baron ou noble puissant. Car de tout comme l'homme est plus fort et plus puissant, de tout fait il plus grand dépit au Roi quand il va contre son établissement qu'il fit pour le quemun profit de son royaume. »

Beaumanoir rapporte un jugement rendu dans le 14e siè-cle qui a consacré ces principes.

Pierre avait fait labourer et ensemencer une terre, et à l'époque de la moisson, y avait mis des ouvriers. Jean ar-rive, les chasse, et fait transporter la récolte dans ses granges.

Pierre traduit Jean devant le juge, et demande que les fruits qu'il a semés lui soient rendus.

Jean répond qu'il est propriétaire de l'héritage, et par conséquent des fruits; il ajoute que Pierre n'a pas la pos-session annale, qu'il ne la prétend même pas.

Par jugement intervenu sur débats, les fruits ont été rendus à Pierre : *Par ce jugement, on peut voir que de quelque manière que je sois en saisine, soit bonne ou mauvaise, et de quelque tems qu'elle soit, grand ou petit, qui m'ôte de celle saisine, sans jugement, doit me la rendre ; d'où, s'il advenait qu'un larron eût emblé une chose, et que celui à qui la chose serait, la ressaisît sans justice, et le larron requérait être ressaisi, il le serait, et puis il serait fait justice d'où méfait.*

Après avoir exécuté ce jugement, Jean intenta complainte contre Pierre sur le motif qu'il l'avait troublé dans sa possession d'an et jour, possession que Pierre n'avait pu acquérir, puisqu'il n'avait joui de l'héritage par lui ensemencé que pendant quelques mois.

Pierre répondit que c'était remettre en question ce qui avait été jugé, et que tenant sa saisine de la justice, il ne pouvait plus être attaqué qu'au pétitoire.

Il fut jugé « que Pierre n'ayant pas été maintenu dans une saisine d'an et jour, Jean, qui maintenait sa saisine d'an et jour, pouvait se plaindre de nouvelle désaisine ;

« Que comme il faut intenter complainte de nouvelle désaisine dans l'an et jour du trouble, de même celui qui se prétend dépouillé par la force, doit agir en réintégrande dans l'an et jour que la force lui a été faite. Ce tems passé, il faut qu'il prouve sa propriété. »

L'ordonnance de 1667, dans une disposition que nous avons précédemment rapportée, autorisait la réintégrande en cas de dépossession par violence ou voie de fait, sans exiger de possession à titre non précaire, quoiqu'elle la prescrivît en cas de simple trouble.

« On appelle action en réintégrande, dit Pothier, *Traité de la Possession*, n° 106, l'action de complainte lorsqu'elle se donne pour le cas de force et de désaisine, c'est-à-dire, dans lequel le possesseur n'est pas seulement troublé, mais a été entièrement dépossédé par violence ; on peut la définir une action que celui qui a été dépossédé par violence de quelqu'héritage, a contre celui qui l'en a dépossédé pour être rétabli dans sa possession. »

Il ajoute, n° 114 : « Tous ceux qui ont été dépossédés d'un héritage par violence, ont droit d'intenter cette action de réintégrande pour en recouvrer la possession.

« Il n'est pas nécessaire, pour que quelqu'un soit reçu à intenter l'action de réintégrande, que la chose dont il a été dépossédé fût une chose qui lui appartînt et dont il fût propriétaire. Il suffit qu'il la possédât : *Fulcinius dicebat vi possideri, quoties vel non dominus, quumtamen possideret, vi dejectus est*, l. 8. ff. *de vi et vi arm.*

« Il n'importe aussi que la possession dont celui qui intente la réintégrande a été dépossédé, fût une possession civile procédant d'un juste titre, ou qu'elle fût une possession seulement naturelle destituée de titre ou procédant d'un titre nul : *Dejicitur is qui possidet, sive civiliter sive naturaliter possideat ; nam et naturalis possessio ad hoc interdictum pertinet* (Loi 1, § 9, *ff. de Tit.*). . . . .
. . . .

« En un mot, quelque vicieuse que soit la possession dont quelqu'un a été dépossédé par violence, fût-ce une possession qu'il eût lui-même acquise par violence, il est reçu à intenter l'action de réintégrande contre un tiers qui l'en a dépossédé : *qui a me vi possidebat, si ab alio dejiciatur, habet interdictum.* »

Et n° 123 : « Au reste, celui qui a dépossédé quelqu'un par violence d'un héritage, ne peut se défendre de cette action de réintégrande, quand même il offrirait de justifier qu'il en est le véritable propriétaire, et que celui qu'il en a dépossédé le possédait indûment. On n'examine sur l'action en réintégrande que le seul fait de la dépossession par violence, et quelque puisse être le spoliateur, il suffit qu'il soit établi qu'il a dépossédé par violence le demandeur en réintégrande pour qu'il doive être condamné à le rétablir dans la possession de l'héritage dont il l'a dépossédé. Jusqu'à ce qu'il l'ait rétabli en possession, et même jusqu'à ce qu'il ait entièrement satisfait à la sentence par le paiement des dommages et intérêts auxquels il a été condamné envers le demandeur spolié, il ne doit être écouté à alléguer le droit de propriété qu'il prétend avoir de l'héritage, ni admis à former la demande au pétitoire : *Spoliatus ante omnia restituendus est.*

Les auteurs du nouveau *Denisart*, V° *Complainte*, disent : « Quelques auteurs ont mal à propos confondu la complainte et la réintégrande. Ces deux actions diffèrent l'une de l'autre, principalement en ce qu'elles n'ont point été introduites pour la même circonstance. La complainte est accordée au possesseur qui éprouve seulement un trouble dans sa possession. La réintégrande, au contraire, est introduite en faveur de celui à qui on a enlevé l'objet de sa possession. »

Tels étaient les principes constamment appliqués lorsque la loi du 24 août 1790 fut promulguée ; elle attribue au juge de paix la connaissance de toutes les actions possessoires, sans exiger de ceux qui les intentent une possession annale à titre non précaire ; elle se contente de fixer le délai dans lequel ces actions doivent être formées ; *dans l'année, à partir du fait qui y donne lieu.*

Mais le Code de procédure a-t-il changé ces principes? C'est ici que les opinions sont divisées; MM. Henrion de Pansey, Merlin, Favard de Langlade, Dalloz, Durauton, Pardessus, sont pour la négative;

MM. Toullier, Carré, Proudhon, Aulanier, Adolphe Chauveau, sont pour l'affirmative; ils conviennent bien que la réintégrande peut encore être intentée devant le juge de paix, mais par le possesseur annal et non précaire seul, c'est-à-dire qu'ils l'assimilent à toutes les autres actions possessoires en se fondant sur la généralité des termes de l'art. 23 du Code de procédure.

Nous partageons l'opinion des premiers auteurs, qui, comme on le verra, a été consacrée par plusieurs arrêts de la Cour de cassation.

« Pour être autorisé à intenter l'action en réintégrande, dit M. Henrion de Pansey, il faut avoir été réellement dépouillé; au lieu qu'il suffit d'être troublé dans sa possession pour former une demande en complainte : première différence entre ces deux actions.

« Une autre différence c'est que, pour être admis à la complainte, il faut avoir saisine, c'est-à-dire avoir possédé pendant tout le cours de l'année qui a précédé le trouble, et que, pour la réintégrande, il suffit de prouver que l'on possédait au moment de la spoliation.

« La complainte et la réintégrande diffèrent encore en ce que la première ne peut être intentée que par action civile, et que le demandeur en réintégrande a le choix entre l'action civile et l'action criminelle. »

4e différence. Celui qui succombe sur une demande en complainte ne peut plus agir qu'au pétitoire; la voie possessoire, au contraire, est encore ouverte à celui qui, sur une demande en réintégrande, a été condamné à restituer l'objet dont il s'était emparé par violence.

» On peut encore remarquer comme une cinquième différence entre ces deux actions, que l'une tend à se faire maintenir dans la possession où l'on est, et l'autre, à recouvrer la possession que l'on a perdue. »

Au nombre des auteurs qui ont combattu le maintien de l'ancienne réintégrande, nous distinguons MM. Toullier et Aulanier, dont les opinions sont développées avec beaucoup de soin et d'étendue.

Le premier va même jusqu'à prétendre qu'il n'y avait autrefois aucune différence entre la complainte et la réintégrande ; que toutes deux exigeaient la possession annale à titre non précaire ; il ne cite pourtant aucun auteur qui ait nettement discuté ou établi cette thèse, et M. Aulanier avoue que les principes anciens étaient contraires en ce point à l'opinion de M. Toullier. Nous avons en effet rappelé des autorités qui ne laissent là-dessus aucun doute.

Au reste, le savant professeur insiste principalement sur la généralité des termes de l'art. 23 du Code de procédure. Il pousse si loin la rigueur de sa doctrine, qu'il refuse l'action en réintégrande au possesseur de bonne foi, mais non annal, contre celui qui, n'ayant aucun droit de propriété, pas même un instant de possession, aurait commis une spoliation violente.

Il ajoute encore que « l'action possessoire est fondée sur le droit de possession qui n'est acquis que par l'espace d'une année. Celui qui forme l'action est demandeur ; c'est donc à lui de prouver qu'il a le droit de possession, autrement qu'il est possesseur annal, sans quoi son action n'est pas recevable, dit notre art. 23. Il ne peut changer les rôles et dire à celui qui l'a dépossédé : J'étais en possession avant vous ; donc j'y dois être réintégré ; car vous ne possédez pas depuis un an. Le défendeur lui répondrait avec avantage : Je suis possesseur actuel. Vous reconnaissez vous-même ma possession en agissant contre moi pour m'en faire déposséder. Il me suffit que ma possession actuelle soit reconnue ; vous n'avez rien à me demander de plus. Vous ne pouvez me demander ni de quel droit je possède, ni depuis quand. C'est ce que je vous dirai lorsque vous aurez prouvé que votre action est fondée sur une possession annale antérieure à la mienne ; mais, loin de prouver cette possession, vous ne l'alléguez même pas ; votre action n'est donc pas recevable ; vous ne pouvez être écouté. Quant à moi, je n'ai rien à prouver : *actore non probante reus absolvi debet, licet ipse nihil præstet.* »

Nous avons déjà dit que la loi de 1790, loi générale d'organisation judiciaire, destinée à fixer les attributions des divers tribunaux, confère aux juges de paix la connaissance de toutes les actions possessoires, sans exiger de possession annale à titre non précaire, et sans parler de trouble ni de dépossession. Or, toutes les actions qui ont pour objet de faire maintenir ou réintégrer dans la possession, sont par là même possessoires. Le Code civil n'a rien changé aux règles de compétence établies par cette loi, qui a voulu maintenir les anciens principes. Le Code de procédure n'a innové qu'en ce qui concerne la complainte, c'est-à-dire l'action possessoire pour simple trouble, qu'il a subordonnée à une possession annale antérieure, à titre non précaire ; il laisse donc subsister pour tout autre cas la disposition gérale de la loi précédente. Le premier Code, article 2230, établit qu'on est toujours présumé posséder pour soi, et à titre de propriétaire, si le contraire n'est prouvé. La possession actuelle donne donc un droit. Tout droit engendre une action pour le faire valoir; et, comme la violence au moyen de laquelle on s'empare d'une chose détenue par un tiers n'est pas assurément la preuve contraire qu'exige la loi, il en résulte que le détenteur, qui est violemment dépouillé, peut se faire réintégrer dans la chose dont il jouissait. Cela est si vrai que l'article 2060 fait mention de la réintégrande, et que le suivant la distingue du jugement rendu au pétitoire, qui condamne à désemparer un fonds; si l'on prétendait que l'art. 2060 suppose que la réintégrande est prononcée en faveur du *propriétaire*, nous répondrions que le possesseur est réputé tel jusqu'à la preuve contraire aux termes de l'art. 2230 déjà cité.

Le Code de procédure, qui n'est pas destiné à régler le fond du droit, ni la compétence générale des tribunaux, mais seulement le mode d'exercice des actions, ne parle dans l'article 23, comme nous l'avons déjà dit, que du simple *trouble* qui a toujours été bien distinct de la dépossession. L'unique but de cet article a été de faire cesser les difficultés qui s'étaient élevées entre les docteurs, sur la question de savoir si le demandeur en complainte devait justifier, dans tous les cas, d'une possession annale antérieure au trouble : question que ne décidait pas expressément l'ordonnance de 1667; mais l'article cité ne porte pas une semblable disposition pour le cas où le possesseur a été entièrement dépouillé par voie de fait. Que le Code de procédure ait exigé la preuve d'une possession annale et non précaire pour le premier cas, cela s'explique par la différence qu'il y a entre les deux. Dans le premier, le possesseur n'est point privé de l'immeuble; il est seulement gêné dans la jouissance qu'il en avait et qu'il conserve ; s'il prétend au droit de n'éprouver aucune espèce d'entrave, il doit prouver que sa jouissance a été paisible et non précaire pendant un an ; mais lorsqu'il en a été totalement et violemment dépouillé, il peut faire réprimer la voie de fait, et demander le rétablissement des choses dans l'état où elles étaient précédemment ; s'il n'avait pas ce droit, sa possession ne lui serait d'aucune utilité ; et il arriverait que celui qui s'en serait emparé violemment, aurait acquis, par un délit, un droit ou un titre que n'avait pas celui qui possédait paisiblement ; un tel résultat est intolérable.

M. Toullier trouve ces principes étranges : « Punissez, dit-il, tous les actes de violence, tous les excès ; mais ne donnez pas à la société le scandale de voir la justice remettre provisoirement l'usurpateur en possession d'un bien dont il ne s'était emparé que par une voie de fait punissable, tandis que le propriétaire n'en a commis qu'une très-innocente, en rentrant *paisiblement* dans la possession de son bien. »

Mais on peut répondre d'abord que le célèbre professeur se place évidemment dans une hypothèse imaginaire. L'ordonnance de 1667 et le Code civil parlent d'une action intentée pour dépossession violente, et notre adversaire suppose au contraire qu'il s'agit de faire condamner celui qui, étant ou propriétaire ou possesseur annal, s'est remis tranquillement en possession.

Il ne suffit pas d'ailleurs, pour combattre une opinion, de signaler ses inconvéniens, puisqu'il n'en est guère qui en soit exempte ; mais il faut établir qu'elle en présente de plus graves que celle qu'on veut faire prévaloir. Or, s'il peut arriver qu'un usurpateur, un larron, un homme qui se sera

lui-même violemment emparé d'un bien, s'y fasse réintégrer au préjudice du propriétaire ou possesseur annal,
ce qui aura lieu rarement, si celui-ci est soigneux ; il pourrait arriver aussi que celui qui n'a ni possession, ni propriété, s'en empare avec violence, et qu'ainsi, comme
nous l'avons déjà fait observer, il puise dans cette voie de
fait un droit que la justice lui aurait refusé. Ce résultat en-
couragerait les violences ; les gens de mauvaise foi ne manqueraient jamais d'y avoir recours. Vainement objecterait-
on que le possesseur dépouillé pourrait intenter la complainte ; car d'une part une pareille action peut entraîner
des délais préjudiciables ; d'autre part il est possible que le
détenteur n'ait pas encore une possession annale, et il n'en
a pas moins le droit d'y être maintenu ou réintégré, tant
que le véritable propriétaire ou possesseur ne l'attaque pas.
Il est bien fondé à dire : Si je n'ai pas de possession annale,
j'en ai du moins une actuelle, et vous n'en avez aucune ;
le défaut de possession annale que vous m'opposez, n'est
pas une preuve que vous l'ayez vous-même. Vous n'avez
donc pas le droit de me dépouiller. Si ce raisonnement
était repoussé, il n'y aurait plus que désordre et confusion ;
celui qui aurait été dépouillé par voie de fait emploierait la
même voie et ainsi de suite ; la possession des biens serait
au premier occupant, à celui qui serait le plus audacieux
ou le plus fort. Il est donc impossible d'admettre que celui
qui s'est emparé violemment d'une chose possédée par un
autre, puisse repousser son action en la soutenant non recevable jusqu'à la preuve de sa possession annale.

Quant au spoliateur qui prétendrait avoir été lui-même
dépouillé par violence d'une possession annale, nous disons que rien n'établit qu'il avait cette possession au mo-

ment de sa voie de fait ; qu'il devait s'adresser aux tribunaux par action de complainte ou de réintégrande ; que ces
voies lui seront toujours ouvertes dans l'année.

Nos adversaires trouvent étrange aussi que l'on puisse
être rétabli en possession d'une chose dont on a été violemment dépouillé, et que, sur une nouvelle action possessoire, on soit exposé à la restituer à celui là même qu'on
a d'abord fait condamner. Mais, outre qu'il en était ainsi
sous l'empire de l'ordonnance de 1667, un pareil résultat
n'a rien que de très-naturel et légitime. Les tribunaux
n'ont d'autre but dans ce cas que de condamner le moyen
employé pour se rendre justice à soi-même, d'empêcher la
substitution des voies de fait aux voies de droit, d'obliger
le spoliateur à agir avec régularité, et de respecter la possession de sa partie adverse jusqu'à ce que les magistrats
aient reconnu la défectuosité et la validité de la possession
antérieure qu'il allègue. C'est, en effet, un principe
d'ordre et de justice rigoureuse que, quels que soient les
prétentions et les droits d'un citoyen à la propriété ou à la
possession d'un objet litigieux, cet objet doit rester à celui
qui le détient à tort ou à raison, jusqu'à ce que les tribunaux en aient autrement disposé ; car, jusque là, les droits
du réclamant ne sont point établis.

Sans doute on distingue les voies de fait en licites et il-
licites, et nous admettons cette division en avertissant toutefois qu'elle est assez difficile à faire, et qu'il ne faut s'y
abandonner qu'avec une grande réserve ; mais la tolérance
que l'on doit avoir pour les voies de fait dans le seul cas,
suivant nous, où un propriétaire exécute, sur son fonds,
des ouvrages pour s'affranchir d'une servitude qu'il ne doit
pas, ou supprime ceux qu'un tiers a fait pour s'arroger un

pareil droit, ne détruit point la règle générale; au contraire, elle la confirme et la fortifie, ainsi que nous l'établirons plus positivement encore, en traitant des divers genres de troubles, de ceux qui sont permis ou défendus.

Sans doute encore il ne sera pas toujours aisé de distinguer la spoliation du simple trouble; et c'est là, nous le croyons, la véritable, la seule difficulté de l'action en réintégrande; mais sa solution dépendra des faits de la cause. La loi ne pouvait prévoir tous les cas qui donnent lieu à cette action. Il lui a suffi d'établir une règle générale. Le juge devra donc rechercher s'il y a eu *dépossession*, privation de la chose, et si ce résultat a été obtenu par violence ou voie de fait; il est l'appréciateur des circonstances qui peuvent présenter l'un et l'autre caractères, comme dans le cas où il ne s'agit que de trouble, la loi lui donne un pouvoir discrétionnaire pour déclarer que les faits articulés le constituent ou ne le constituent pas.

Nous reviendrons sur ce sujet.

M. Toullier essaie ensuite de prouver que l'arrêt du 10 novembre 1819, rendu entre la veuve Dea et le sieur Dauphinot, n'a pas jugé la question de réintégrande, mais une simple action en dommages-intérêts. Nous ne suivrons pas l'auteur dans ses développemens. On pourra lire l'espèce et les conclusions des parties dans le *Journal des audiences*, an 1820, page 189; on y verra que Dauphinot avait demandé à être réintégré dans une portion de terrain usurpée par la veuve Dea, qui avait supprimé des bornes pour les replacer à trois mètres plus loin, et, en outre, 20 fr. de dommages-intérêts pour le tort qu'il avait éprouvé pendant la dépossession. La défenderesse opposa que le demandeur n'étant que fermier, et n'ayant pas de possession annale, ne pouvait agir contre elle; mais le juge de paix rejeta cette exception, parce qu'il s'agissait d'une action en réintégrande qui n'exigeait pas la possession annale, et pouvait être intentée par un fermier; ainsi, la question fut nettement décidée. La veuve Dea ayant appelé, fut déclarée non recevable, attendu que Dauphinot n'ayant conclu qu'à 20 fr. de dommages-intérêts, le juge de paix avait prononcé en dernier ressort.

La veuve Dea se pourvut en cassation, et soutint que le tribunal d'appel aurait dû annuler, pour cause d'incompétence, le jugement du juge de paix, parce qu'il ne s'agissait point d'une action possessoire. Pour l'établir, elle opposa l'art. 23 du Code de procédure; d'après cet article, disait-elle, les actions possessoires ne sont recevables qu'autant qu'elles sont formées par ceux qui, depuis *un an au moins*, sont en possession *à titre non précaire*. Or, d'une part, le sieur Dauphinot n'avait point de possession annale; d'une autre part, il ne possédait pas à titre non précaire, puisqu'il n'était que fermier de l'hôpital.

Vainement, ajouta-t-elle, le juge de paix a-t-il considéré, dans son premier jugement, qu'il s'agissait d'une demande en réintégrande, et non d'une action en complainte possessoire, puisque ces deux actions ne diffèrent que par leur objet; l'une tend à recouvrer la possession perdue; l'autre à se maintenir dans la possession, quand on y est seulement troublé; mais toutes deux sont assujetties aux mêmes conditions par l'art. 23 du Code de procédure, qui ne fait entre elles aucune distinction. Il faut donc, pour l'une comme pour l'autre, possession annale et à titre non précaire, ce qui ne se rencontrait pas dans l'espèce.

Comment la cour a-t-elle prononcé?

« Attendu en droit, 1° que l'action en réintégrande, à la suite d'une entreprise ou voie de fait, appartenant à la classe des actions possessoires, est incontestablement de la compétence des juges de paix; attendu 2° que cette action, comme toutes celles qui ont pour objet la répression d'un délit, ou d'un quasi-délit, est particulièrement introduite en faveur de l'ordre et de la tranquillité publique, et que, sans influence sur les droits respectifs, les parties demeurent libres de les exercer comme auparavant, soit au possessoire, soit au pétitoire; d'où il résulte que, pour décider si le jugement qui a statué sur une action de cette espèce, est sujet ou non à l'appel, il faut uniquement considérer la somme demandée pour dommages-intérêts; et, attendu, en fait, qu'il s'agit dans l'espèce d'une action en réintégrande intentée à la suite d'une entreprise ou voie de fait, que Dauphinot a demandé pour dommages-intérêts la somme de 20 fr., et que le jugement ne lui a accordé pour tous dommages-intérêts que le remboursement des dépens liquidés à 26 fr.; que, dans ces circonstances, en décidant que l'appel interjeté du jugement du juge de paix n'était point recevable, le jugement attaqué a fait une juste application des lois de la matière, la cour rejette le pourvoi. «

» A l'exception de ce qui touche le dernier ressort, dit M. Favard, V° *complainte*, cet arrêt consacre les anciens, les vrais principes; il exprime les sentimens dont la cour est animée pour le maintien du bon ordre, qui serait incessamment troublé si l'on rejetait la réintégrande, et si, par suite, on laissait le champ libre aux hommes violens, toujours disposés à se faire justice eux-mêmes, sans respect pour les lois, et sans égard pour les droits d'autrui. »

L'année suivante, la même cour a eu occasion de proclamer les mêmes principes.

Par acte sous seings privés, du 23 août 1813, enregistré le 13 juillet 1818 seulement, les frères Dumas, pour s'acquitter d'une somme de 2789 fr., qu'ils devaient au sieur Raymond Dupuy, lui donnent, à antichrèse, une pièce de vigne dépendant du domaine de Clérac, dont ils avaient l'usufruit, et lui abandonnent la jouissance de cette vigne jusqu'à parfait paiement. Le sieur Dupuy, et ensuite ses héritiers, en sont entrés en jouissance dès le mois d'août 1813. Le 25 janvier 1818, acte notarié par lequel les frères Dumas cèdent leur usufruit de la terre de Clérac au sieur Giraud, qui en avait la nue propriété. Celui-ci s'étant dès lors opposé, par violence, à ce que les héritiers Dupuy continuassent d'exercer leur droit de jouissance sur la pièce de vigne qu'ils tenaient à titre d'antichrèse, ils l'actionnent en réintégrande devant le juge de paix, et demandent à être maintenus dans leur possession. Giraud les a soutenus non recevables dans leur demande, parce que, ne jouissant qu'à titre d'antichrèse, ils n'avaient pas la possession annale, à titre non précaire, exigée par l'art. 23 du Code de procédure civile, pour former une action possessoire, et, le 31 juillet 1818, un jugement du juge de paix de Blaye accueille cette défense, et les déclare non recevables dans leur demande. Mais, sur l'appel, ce jugement a été infirmé par le tribunal civil de Blaye, le 29 août suivant, qui, faisant droit à la demande des héritiers Dupuy, les a réintégrés dans la possession de la vigne en question.

Pourvoi en cassation de la part du sieur Giraud, pour prétendue fausse application de l'art. 23 du Code de procédure civile.

Mais le 19 mai 1820, arrêt rendu après délibéré sur les conclusions conformes de M. Lebeau, avocat-général, par lequel :

« Vu l'art. 23 du Code de procédure civile;

» Considérant que les héritiers du sieur Raimond-Dupuy n'avaient exercé, devant le juge de paix, qu'une simple action en réintégrande de la vigne dont ils jouissaient, à titre d'antichrèse, par eux ou leurs auteurs, depuis l'abandon qui en avait été fait au sieur Dupuy, par acte sous seing privé du 23 août 1813;

» Considérant que celui qui a été violemment dépouillé de sa possession, doit y être réintégré, et que les héritiers Dupuy se trouvant dans ce cas, le jugement attaqué, en les réintégrant, a fait une juste application de la loi; la cour rejette…. »

« Après une jurisprudence ainsi établie, dit M. Favard, on ne peut plus, sans témérité, soutenir que la réintégrande a été abrogée par le Code de procédure. »

Ce n'est pas tout, et, depuis, la cour a rendu, entre Chauffier et la veuve Guyouvard, sous la date du 28 décembre 1826, un arrêt bien plus positif encore, qui donne une nouvelle sanction à notre doctrine. L'importance de la question nous détermine à en rapporter en entier l'espèce et le texte.

Le sieur Chauffier et la veuve Guyouvard jouissaient simultanément, et chacun pendant certains jours, des eaux d'un ruisseau qui parcourait leurs propriétés. Cette jouissance avait lieu, à ce qu'il paraît, au moyen d'un barrage mobile. En 1824, la veuve Guyouvard établit une digue ou chaussée fixe dans le lieu où était le barrage mobile. Le fermier de Chauffier fit une ouverture à cette digue; sur ce, action en réintégrande. Chauffier intervint, et soutint l'action non recevable, attendu que la veuve Guyouvard n'avait pas la possession annale : il offrit de prouver ce fait. Jugement qui réintègre la veuve Guyouvard dans la possession de cette digue; appel, et le 2 juin 1825, jugement confirmatif du tribunal de Vannes.

Pourvoi de la part de Chauffier pour violation de l'article 23 du Code de procédure, en ce que l'action de la veuve Guyouvard était non recevable, par le motif qu'elle n'avait pas la jouissance annale des eaux ni de la digue. Il insistait particulièrement sur ce qu'il y aurait injustice à obliger un propriétaire à attendre les lenteurs et les suites d'un procès contre un individu peut-être insolvable pour obtenir la destruction de l'ouvrage que cet individu aurait clandestinement établi sur la propriété d'autrui.

Voici l'arrêt : — « La cour, attendu en droit que nul ne peut se faire justice à soi-même, *cur enim ad arma, ad rixam procedere patiatur prætor quos potest juridictione sua componere?* (L. 13, § 3, *ff. de usuf.*); que celui qui a été dépossédé par violence ou voie de fait doit, avant tout, rentrer dans sa possession, *spoliatus antè omnia restituendus.* Que c'est sur ces principes conservateurs de l'ordre social et de la paix publique que repose l'action en réintégrande; que cette action, généralement admise dans l'ancienne législation française, loin d'avoir été abrogée par la nouvelle, est reconnue comme étant encore en pleine vigueur, par une disposition formelle de l'art. 2060 du Code civil; que l'art. 23 du Code de procédure, sainement entendu, ne doit être appliqué qu'aux actions possessoires ordinaires, à l'égard desquelles c'est le droit ou la qualité, et non pas le fait de la possession qu'on considère; que ces actions ont toujours été bien distinctes de l'action en réintégrande , et par leur nature et par leurs effets : *par leur nature*, car les actions possessoires ordinaires, naissant *d'un trouble quelconque* , et fondées sur une jouissance civile et légitime, doivent présenter une possesssion annale, publique , paisible et à titre non précaire ; tandis que l'action en réintégrande, naissant d'une *dépossession* , par violence ou voie de fait , et fondée sur une jouissance matérielle , ne doit présenter qu'une simple détention naturelle au moment de la violence ou voie de fait. *Par leurs effets* , car à l'égard des premières, le jugement assure au possesseur une possession civile , légale , définitive , et qui ne peut être renversée qu'au pétitoire , tandis que , à l'égard de la seconde, le jugement ne rend au détenteur que sa jouissance momentanée, matérielle , provisoire , et qui peut être anéantie , même au possessoire.

» Attendu que si la violence a ses caractères particuliers , il n'est pas nécessaire du tout qu'il y ait eu des combats et du sang répandu , et que , pour l'établir , notamment dans l'action civile, en réintégrande , il suffit que l'acte par lequel une partie usurpe de sa propre autorité sur l'autre , l'objet contesté renferme une voie de fait grave , positive , telle qu'on ne pouvait la commettre sans blesser la sécurité et la protection que chaque individu, en société , a droit d'attendre de la force des lois , *vim putas esse solum si homines vulnerentur ? vis est quotiens quis id quod deberi sibi putat, non per judicem reposcit* (loi 7, *ff. ad legem Jul. de vi priv.*), et attendu qu'il a été reconnu en fait que c'est par violence et voie de fait que Breaugat, en coupant et détruisant, contre la volonté de la veuve Guyouvard, la digue en question, l'avait dépossédée de la jouissance de cette digue , et des eaux dont il s'agit au

procès ; que même cette violence et voie de fait rentraient
dans la classe de celles nominativement prévues par l'article 437 du Code pénal ; que, dans ces circonstances, en
réintégrant la veuve Guyouvard dans la possession où elle
était au moment de la violence ou de la voie de fait, sans
la contraindre à prouver que cette possession avait toutes
les qualités exigées par l'art. 23 du Code de procédure, le
jugement attaqué, loin de se mettre en contradiction avec
aucune loi, a fait au contraire une juste application des
principes de la matière ; rejette le pourvoi. »

A la vérité, M. Aulanier et M. Julhe de Foulan pensent que la cour de cassation est elle-même revenue sur
cette jurisprudence. Pour le prouver, le premier cite un
arrêt du 16 mai 1827, et, le second, trois arrêts des
5 mars, 11 juin 1828, et 10 mars 1829. M. de Foulan
ajoute, en se fondant sur cette prétendue contrariété de
jurisprudence, que la question est encore indécise ; mais
nous ne partageons pas cette opinion ; nous croyons que
les arrêts cités n'ont, avec la difficulté qui nous occupe,
qu'un rapport bien indirect, et, qu'appréciés sainement,
ils sont plus favorables qu'opposés à notre sentiment.

Dans l'espèce du premier, le sieur Bignon-Beauséjour
demandait bien à être *réintégré* dans la possession d'un
terrain dont il prétendait avoir été dépouillé par violence ;
mais au lieu de s'en tenir à invoquer la possession au moment de la violence et la maxime : *spoliatus antè omnia restituendus est*, il allègue une possession annale, demande à en
faire la preuve en cas de dénégation. Cette dénégation ayant
eu lieu, la preuve de la possession annale ayant été prescrite, enfin le sieur Bignon-Beauséjour ayant exécuté ce jugement en faisant procéder à l'enquête, mais sans pouvoir

établir sa possession annale, le juge de paix rejeta sa demande par ce dernier motif.

En appel, le sieur Beauséjour change de système; il soutient que, s'agissant d'une dépossession violente, il n'avait pas besoin de prouver une jouissance annale; mais le jugement est confirmé par le motif principal qu'il n'avait pas établi sa possession annale comme il s'y était soumis devant le juge de paix.

Sur le pourvoi en cassation il reproduisit son système, qui fut rejeté avec beaucoup de raison, « attendu, porte l'arrêt, que la demande introductive de l'instance devant le juge de paix, telle qu'elle était énoncée dans sa sentence, en même tems qu'elle tendait à ce que le demandeur fût réintégré dans la possession du terrain litigieux, contenait l'offre dudit demandeur, de prouver, en cas de déni, sa possession annale avant le trouble; attendu que sur la dénégation de cette possession annale, le juge de paix avait ordonné son transport et une enquête sur les lieux, et que ladite sentence constate que, ni la visite, ni l'enquête, ne justifient suffisamment la possession dudit terrain pendant l'année qui a précédé l'entreprise; que ces motifs, adoptés par les juges d'appel, et sur lesquels le jugement attaqué est fondé, ainsi que les faits constatés prouvent que l'objet du procès était une complainte possessoire; qu'en conséquence, ledit jugement a fait une juste application de l'article 23. »

Ainsi, le pourvoi n'a été rejeté que parce que le demandeur avait offert de prouver une possession annale, et qu'il avait acquiescé à la sentence qui ordonnait cette preuve. La cour a donc donné à entendre qu'elle eût décidé autrement, si le sieur Beauséjour n'avait articulé et demandé à prouver que la possession au moment de la voie de fait dont il se plaignait.

Et, en effet, chacun peut renoncer à l'avantage que la loi lui accorde; quelquefois même, la réintégrande est moins avantageuse que la complainte. Car après la réintégrande, l'adversaire peut intenter complainte. Comme les faits qui autorisent la réintégrande donnent aussi lieu à la complainte, quand celui qui en a souffert a une possession annale antérieure, ce dernier peut préférer celle-ci. Deux actions ayant leurs conditions d'exercice et leurs objets différens, lui sont ouvertes, il peut choisir; mais quand son option est faite, il ne peut plus varier.

L'arrêt du 5 mars 1828 décide que, dans l'espèce particulière où il a été rendu, il ne pouvait y avoir lieu à action de la part d'un fermier pour trouble dans l'exercice d'un passage (servitude discontinue) sur le fonds voisin, et que la sentence du juge de paix n'était pas rendue en dernier ressort; mais loin de proscrire la réintégrande, dans les matières qui en sont susceptibles, il proclame au contraire nettement son existence sans nécessité de possession annale: c'est ce dont il est impossible de douter quand on fait attention qu'il reconnaît en droit, ainsi que l'a jugé l'arrêt du 28 décembre 1826, que nul ne peut se faire justice à soi-même (loi 13, § 3, *ff., de usuf.*), que l'action en réintégrande, fondée sur ce principe conservateur de la paix publique, n'a point été abrogée par la législation nouvelle, et qu'il est certain aussi en droit que l'action en réintégrande suppose nécessairement une possession *réelle et actuelle*, et une dépossession par violence et voie de fait.

Dans l'espèce du troisième arrêt (11 juin 1828), le sieur

Lafond, ou le sieur Saint-André, son successeur, possédait un pilier, reste d'un ancien bâtiment qu'il avait démoli. La dame Garrigou avait posé au pied de ce pilier un
butte-roue, et l'avait arrangé à sa sommité, de manière à
faciliter l'écoulement des eaux.

En 1822, le sieur Saint-André fit détruire ce pilier
jusqu'à sa base.

La dame Garrigou le cita en justice de paix pour se faire
réintégrer *dans la possession de ce pilier*, et pour qu'il fût
rétabli dans son ancien état.

Cette action, repoussée par le juge de paix, le fut aussi
en appel par le tribunal de Foix, qui, reconnaissant qu'en
démolissant sa maison, même la sommité du pilier, Lafond
ne peut pas être réputé avoir abandonné la possession dudit
pilier, ou de ce qui restait, et reconnaissant aussi par là
que la dame Garrigou n'avait pas la possession de l'objet
litigieux, confirma la sentence du premier juge.

Sur le pourvoi, la dame Garrigou soutint que, s'agissant d'une dépossession par voie de fait, elle avait dû être
réintégrée dans sa *possession actuelle*. Cela est vrai, répondait le défendeur; mais il aurait fallu que vous eussiez *une
possession quelconque*, au moins de fait et apparente; or,
le tribunal a reconnu que vous n'aviez aucune possession.
La cour, attendu qu'ayant reconnu que Lafond avait toujours eu, et avait encore la possession du pilier dont il
s'agit, à l'époque où il l'a fait démolir, le tribunal civil a
pu, sans violer les lois invoquées à l'appui du pourvoi,
déclarer la dame Garrigou non recevable à exercer une
action en réintégrande, qui ne peut être régulièrement
formée par celui qui n'a pas la possession de l'objet litigieux, a rejeté le pourvoi.

Comme on le voit, cet arrêt se garde bien de dire que, pour intenter la réintégrande, il faut avoir une possession *annale* ; il déclare au contraire que la *possession* suffit, sans en préciser la durée ; il juge avec raison que cette possession est nécessaire, et que la dame Garrigou ne l'ayant pas, n'a pu s'y faire réintégrer. Elle demandait en effet à être réintégrée dans la possession du pilier, parce qu'elle avait fait sur cet objet quelques actes de jouissance ; mais il fallait bien examiner si ces actes constituaient une possession du pilier, et la faisaient perdre au sieur Lafond : cette recherche et cette appréciation appartenaient aux premiers juges ; la cour de cassation n'avait rien à y voir. Une fois décidé en fait que la dame Garrigou n'avait pas même la possession au moment de la voie de fait dont elle se plaignait, la cour devait rejeter son pourvoi ; car, ainsi que nous l'avons constamment dit, si la possession annale n'est pas exigée, la possession à l'instant du fait qui donne lieu à l'action est du moins indispensable.

Dans l'espèce du quatrième arrêt, plusieurs particuliers se prétendaient fermiers d'une pièce de terre appartenant à la veuve Muret. Oudard, l'un d'eux, fit labourer cette terre, déjà semée en trèfle par Verrier. Alors, celui-ci assigne le premier en justice de paix pour qu'il lui soit fait défenses de récidiver, sous telle peine qu'il appartiendrait, avec 300 fr. de dommages-intérêts. La qualité de fermier, en laquelle Verrier agissait, fut méconnue par Oudard et par la veuve Muret, propriétaire. D'une part, il ne s'agissait que d'une action en indemnité pour dommage à un champ, et non d'une action possessoire ; de l'autre, le droit à l'indemnité, l'existence du bail étaient contestés ; le juge de paix n'était donc pas compétent. Dans le cours de l'instance

Verrier a bien changé de système, en prétendant qu'il s'agissait d'une action en réintégrande, ce qui a conduit le tribunal d'appel et la cour à décider que, simple fermier, il ne pouvait, dans l'espèce particulière, l'intenter surtout au préjudice de son propriétaire, car il a été reconnu qu'il n'y avait que *trouble*, et par conséquent que l'action aurait été une pure complainte. Mais bien évidemment on ne peut en aucune manière inférer de cet arrêt ni que la possession annale est nécessaire, ni qu'un fermier n'a pas qualité pour intenter l'action en réintégrande. Nous reviendrons sur ce dernier point, en examinant à quelles personnes appartient l'exercice des actions possessoires.

ART. III. De la récréance.

La récréance, généralement admise dans l'ancien droit, était la possession provisionnelle de la chose en litige que le juge accordait à l'une des parties pendant toute la durée du procès au pétitoire.

Quelques vieux auteurs ont assimilé la récréance au séquestre; ce n'est pourtant pas la même chose.

La récréance différait du séquestre dont nous allons aussi nous occuper en ce que, par cette dernière mesure, la chose litigieuse était remise à un tiers étranger à la contestation, tandis que la première consistait à accorder la possession à l'une des parties contendantes.

« Il y a lieu à cette récréance et au renvoi au pétitoire, dit M. Henrion de Pansey, *Compétence des juges de paix*, lorsque les deux parties se prétendent également en possession d'an et jour, que les actes qu'elles produisent, et les faits qu'elles articulent respectivement, sont de nalure à exiger une discussion longue et difficile, et que, cependant, il y a en faveur de l'une d'elles, ou une notoriété plus imposante, ou des faits plus vraisemblables. Au surplus, la loi s'en rapporte à cet égard à la prudence des juges. »

« Lorsque les enquêtes sont contraires, dit Pothier, *de la possession*, chap. 6, n° 105, de manière que le juge ne puisse connaître laquelle des parties qui se disputent la possession de l'héritage a cette possession, le juge, en ce cas, sans rien statuer sur la possession, ordonne que les parties instruiront au pétitoire, et l'héritage sera déclaré appartenir à celle des parties qui, sur l'instance au pétitoire, aura le mieux établi son droit de propriété. *Quelquefois le juge ordonne que la possession sera séquestrée pendant le procès sur le pétitoire.*

» Quelquefois aussi, continue Pothier, le juge accorde la récréance, c'est-à-dire une possession provisionnelle pendant le procès au pétitoire.

» Cette récréance, ajoute-t-il, n'a d'autre effet que de donner à la partie à laquelle elle a été accordée, le droit de jouir de l'héritage contentieux pendant le procès au pétitoire, à la charge d'en rendre compte à l'autre partie, dans le cas auquel elle obtiendrait sa demande au pétitoire: mais elle n'a pas l'effet qu'a la sentence de pleine maintenue, de déclarer possesseur celui qui l'a obtenu, et de le faire présumer propriétaire sans qu'il ait besoin de prouver son droit de propriété, tant que l'autre partie n'aura pas pleinement justifié le sien. Au contraire, la sentence de simple récréance laisse la possession *in incerto*; elle ne déclare point possesseur celui qui l'a obtenue, et ne le dispense pas par conséquent d'établir, sur l'instance au pétitoire, le

droit de propriété, qu'il prétend avoir sur l'héritage contentieux. »

Poullain-Duparc ne s'explique que sur le séquestre,
tom. 10, pag. 693. « Il me paraît bien difficile, dit-il,
qu'un juge puisse être autorisé à ordonner le séquestre sur
une action possessoire, faute de preuves de part et d'autre,
soit que la contestation ait pour objet le fait de la possession
du demandeur ou le fait du trouble. Le demandeur doit
prouver, et le défendeur n'est assujetti à aucune preuve,
suivant la maxime *actore non probante, reus absolvitur.*
Ainsi, faute de preuve de la possession déniée, le demandeur en complainte ou réintégrande doit être débouté. Si sa
possession est reconnue, et si le trouble étant seulement
contesté, il ne le prouve pas, le déboutement est également nécessaire. Dans ces deux cas, il n'y a aucun motif
pour ordonner le séquestre en attendant le jugement du
pétitoire, dont l'action n'est pas formée, et ne peut l'être
qu'après que le juge aura prononcé par adjudication ou
déboutement des conclusions du demandeur sur le possessoire. Cette action au simple possessoire n'annonce pas
même que l'une ou l'autre des parties doive, dans la suite,
procéder au pétitoire. Pourquoi donc un juge ordonnerait-
il d'office le séquestre sur l'action possessoire ? Le seul cas
où le jugement de séquestre pourrait être régulier serait si
les deux parties soutenaient réciproquement qu'elles ont
une possession annale, en sorte qu'il y eût une demande de
reconvention de la part du défendeur pour être maintenu
dans la possession contre l'action possessoire du demandeur.
Alors, si les enquêtes respectives ne prouvent la possession
ni pour le demandeur originaire, ni pour le défendeur de-
venu lui-même demandeur au possessoire par sa demande

de reconvention, il paraît que le juge doit ordonner le séquestre, et renvoyer les parties procéder au pétitoire. »

L'exception que fait Duparc, avec hésitation, à la règle générale qu'il a posée nous paraît d'autant moins fondée que le défendeur à la complainte n'a pas besoin de se constituer reconventionnellement demandeur en maintenue; il lui suffit de nier la possession de son adversaire, ou d'articuler possession contraire. Le jugement qui reconnaît que le demandeur n'a pas la possession est pour le défendeur une confirmation de la sienne, déjà avouée d'ailleurs par le fait seul de l'action.

L'art 1961 du Code civil autorise la justice à « ordonner le séquestre d'un immeuble dont la propriété ou la possession est litigieuse entre deux ou plusieurs personnes. »

Deux arrêts de la cour de cassation des 28 avril 1813 (Sirey, 1813, page 392) et 17 mars 1819 (Sirey, 1819, page 395), décident, l'un, que lorsque le juge trouve que la possession est égale de part et d'autre, il peut maintenir les deux parties dans cette possession commune, sans être tenu d'ordonner le séquestre, qui est facultatif; l'autre, que lorsque ce juge se trouve hors d'état de prononcer sur le mérite de la possession, il peut renvoyer les parties au pétitoire.

Mais si quelques auteurs avaient pensé autrefois que les juges saisis d'une action possessoire pouvaient, en cas d'incertitude de la possession, par insuffisance des preuves, prononcer le séquestre de la chose litigieuse en attendant le jugement du pétitoire, c'est qu'alors les actions possessoires, loin d'être déférées à la décision de juges spéciaux, dont les attributions fussent limitées, étaient au contraire de la compétence des magistrats qui prononçaient sur toutes

sortes de contestations, notamment sur les actions pétitoires; il en est autrement de nos justices de paix qui ne sont
que des juridictions spéciales. La loi ne place pas dans leurs
attributions le pouvoir de prononcer le séquestre, même
accessoirement à une action possessoire. Le Code civil, art.
1961, en statuant sur le cas où la possession est litigieuse,
n'entend pas par là régler la compétence. La possession
peut très bien être litigieuse devant un tribunal de première instance qui seul a le pouvoir d'ordonner le séquestre.

Mais la récréance proprement dite, telle qu'on l'enten-
dait dans l'ancienne jurisprudence, est-elle maintenue par
le droit nouveau, ou du moins compatible avec ses dispo-
tions?

Avant d'examiner cette question, nous reproduirons
l'espèce et les motifs d'un arrêt tout récent de la cour de
cassation, le seul qui, à notre connaissance, l'ait nettement
décidée.

En 1827, le maire de la commune d'Ecouis fit ébrancher cinq rangées d'ormes et de tilleuls plantés sur une
place non close. Le sieur Mélissent cita la commune pour
trouble apporté à sa possession. Jugement qui accueille sa
demande.

Appel de la part de la commune.

16 août 1831, jugement du tribunal des Andelys, qui
statue ainsi :

« Considérant 1º que le sieur Mélissent, depuis son acquisition jusqu'à la date de son action du 1ᵉʳ octobre 1827,
a presque toujours fait ébrancher les arbres, en a fait ar-
racher et replanter, et a profité des tontes ; qu'il a fait
faire une chaussée pour aller à l'église ; enfin un nombre
d'actes qui lui ont donné évidemment une possession an-

nale ; 2° que la commune, depuis 1767, a joui de cette place comme place publique ; que les foires et marchés y sont tenus ; que les divertissemens publics y ont lieu , et qu'en 1826 une exposition de criminels eut lieu sous ces arbres mêmes ; considérant que la possession a été ainsi commune de part et d'autre, et qu'il y a lieu à renvoyer les parties procéder au pétitoire sans attribution exclusive de la possession ; mais considérant qu'il convient d'accorder la récréance ou possession provisionnelle pendant le procès à l'une d'elles ; que la commune étant un être moral qui ne peut périr , il est plus convenable de lui accorder la préférence ; le tribunal donne à la commune le droit de jouir de l'héritage contentieux pendant le procès au pétitoire. »

Le sieur Mélissent se pourvut en cassation pour violation des art. 23 du Code de procédure, et 1961 du Code civil. Il prétendit que le tribunal pouvait ordonner le séquestre aux termes de l'art. 1961, mais qu'il devait s'abstenir d'accorder la récréance que notre droit ne reconnaît point.

Voici l'arrêt :

« Attendu que l'art. 23 du Code de procédure n'a pour objet que de régler *le délai* dans lequel l'action possessoire doit être intentée ;

» Attendu que sous l'empire de l'ancienne législation, lorsque sur l'action en complainte les deux parties justifiaient qu'elles étaient simultanément en possession de l'objet en litige, les tribunaux, dans le silence de la loi, usaient d'un pouvoir discrétionnaire , soit en renvoyant les parties à se pourvoir sur le pétitoire, soit en ordonnant le séquestre de l'objet litigieux, soit en ordonnant la récréance à celle des parties qui avait le droit le plus apparent, ou qui lui paraissait offrir le plus de garantie ; que ni le Code civil ni le Code de procédure ne contiennent aucune disposition contraire à cette jurisprudence.

» Attendu que l'art. 1961 du Code civil, qui permet aux juges d'ordonner le séquestre, est purement facultatif, et que son application est subordonnée à l'importance de l'objet litigieux et aux considérations de fait dont l'appréciation est confiée aux tribunaux ;

» Attendu enfin que le tribunal des Andelys a constaté en fait que Mélissent et la commune d'Ecouis étaient l'un et l'autre en possession réelle du terrain ou place dont il s'agit ; que par des considérations de fait qu'il lui appartenait d'apprécier, il a accordé la récréance à la commune d'Ecouis, à la charge par la commune de rendre compte des fruits, dans le cas où Mélissent obtiendrait gain de cause sur le pétitoire, et sans que la commune pût se considérer comme possesseur en vertu de cette possession provisoire ;

» Attendu que cette décision, conforme aux règles de l'équité et de l'ancienne jurisprudence, n'a violé ni l'art. 23 du Code de procédure, ni l'art. 1961 du Code civil, par ces motifs, la cour rejette le pourvoi (14 novembre 1832). »

Nous allons maintenant exposer les raisons de notre opinion personnelle.

Nous ne croyons pas cet arrêt conforme aux principes du Code de procédure. Ce code ne maintient pas l'ancienne récréance. Loin de là, l'art. 1041 l'abolit formellement, puisqu'il abroge toutes les *coutumes, usages et règlemens* relatifs à la *procédure civile*. Or, l'arrêt de la cour de cassation constate que la récréance avait été introduite dans les tribunaux par l'usage, la loi ayant gardé le silence.

Ajoutons qu'on ne fait pas assez d'attention à la nature de la juridiction des juges de paix ; elle est toute d'exception ; ces magistrats n'en peuvent sortir sans abuser de leurs pouvoirs ; ce qui ne leur est pas expressément permis leur est défendu ; car, en matière de compétence, tout est de rigueur.

Que disent la loi de 1790 et le Code de procédure ? qu'ils statueront sur les actions possessoires ; que ces actions ne seront recevables que de la part de ceux qui étaient en possession paisible un an avant le trouble ou au moment de la spoliation, lorsqu'il s'agit d'une réintégrande. Que doit faire le juge ? ou déclarer l'existence de cette possession lorsque la preuve lui en est fournie, y maintenir ou réintégrer le demandeur, ou bien maintenir les deux parties en possession lorsqu'elles ont joui de la chose en commun, ou enfin débouter le demandeur lorsque sa possession annale ou instantanée n'est pas suffisamment établie ; mais il n'est pas loisible au juge de lui accorder même une possession provisionnelle ; la loi ne lui en donne pas le pouvoir. S'il est en possession depuis un an, il doit y être maintenu ; mais si elle n'a pas cette durée, il doit succomber quand même il aurait une possession de six mois, et que son adversaire n'aurait joui que pendant trois mois ; celui-ci doit alors conserver sa jouissance, à l'exception du cas de violence.

C'est une erreur de dire, comme le fait l'arrêt du 14 novembre, que l'art. 23 ne fait que régler le délai dans lequel l'action possessoire doit être intentée ; il détermine bien aussi les conditions auxquelles l'exercice de cette action est subordonné, et par conséquent la compétence du juge.

Il faut enfin abandonner ces anciens usages qui répandaient la confusion dans la matière des actions possessoires, pour s'en tenir aux règles beaucoup plus simples que nos législateurs modernes ont établies.

§ III.

Objet et but de l'action possessoire.

Le but de l'action possessoire est d'assurer provisoirement, jusqu'au jugement des prétentions respectives à la propriété, la paisible jouissance de la chose à celle des parties qui en est déjà investie, et d'éviter ainsi les querelles et les voies de fait qui peuvent entraîner des malheurs, quelquefois même des crimes. Comme cette action suppose toujours la possession dans celui qui l'intente, et au moins un trouble à cette même possession de la part de son adversaire, il est évident que la décision qui maintient l'état des choses tel qu'il était avant ce trouble, est fondé sur la justice, l'ordre public et la saine raison. Une solution contraire serait une provocation au désordre. Si la possession demeurait à celui qui s'en serait emparé, jusqu'à ce que la propriété fût jugée, les hommes violens et de mauvaise foi ne manqueraient jamais d'user de voies de fait pour avoir la jouissance de la chose pendant le débat sur le pétitoire. Rien n'empêcherait que celui qu'a dépouillé la violence n'usât du même moyen pour se remettre en possession. Un tel résultat prouve seul toute l'utilité de cette action.

Celui qui possède ainsi que celui qui trouble se prétendant ordinairement propriétaires, et le jugement de cette question de propriété entraînant toujours de longues discussions, des appréciations de titres, souvent des visites de lieux, des enquêtes pour établir une possession capable de constituer la prescription, il était impossible que, pendant tout ce tems, la chose fût délaissée sans être administrée par personne. Une terre labourable, une vigne, une maison perdraient considérablement de leur valeur, si elles demeuraient incultes ou inhabitées pendant plusieurs années. Ce ne serait pas seulement l'intérêt privé qui en souffrirait, mais l'intérêt public y perdrait également; car il importe à tous qu'un champ qui peut produire des objets nécessaires à la subsistance des hommes, des maisons qui pourraient recéler des malfaiteurs ou être incendiées, amener la destruction des propriétés voisines ou entraîner des accidens de nature à compromettre la vie et la fortune des citoyens, ne soient pas laissées à l'abandon. Le séquestre, qui est la tradition de la chose à la garde d'un tiers, serait une mauvaise mesure. L'expérience a prouvé avec quelle négligence une pareille mission est toujours remplie. Celui à qui elle est confiée n'ayant pas d'intérêt à la chose, ne pouvant d'ailleurs y faire des réparations sans craindre d'en voir contester la légitimité et la nécessité par le propriétaire, la laisse ordinairement dépérir. Au contraire, celui qui a déjà une possession annale et qui a la confiance de son droit de propriété, est bien plus soigneux et bien plus diligent. Il importait donc, nous le répétons, qu'une décision provisoire, prompte et peu coûteuse, rendue par le juge des lieux, maintînt la possession ou en ordonnât le rétablissement.

D'un autre côté, la chose devait être adjugée à celui qui avait le plus de présomption de droit en sa faveur. Entre celui qui l'a possédée un an de la manière la plus entière, la plus absolue, et celui qui ne s'en est emparé que par

voie de fait, l'alternative n'est pas douteuse, et la loi devait
se prononcer pour le premier.

Vainement, dira-t-on que cette conséquence sera quelquefois injuste, parce qu'un propriétaire ne se trouve pas
toujours sur sa propriété, et que son adversaire peut agir
avec tant d'adresse que son usurpation ne sera point aper-
çue; que, par exemple, un voisin peut anticiper successivement avec sa charrue quelques pouces de terrain, et finir,
après plusieurs années, par former un sillon; car, si le propriétaire est absent, il a ou doit avoir des fermiers ou des
agens qui le représentent, et qui veillent à la conservation de ses biens. Il est presque toujours possible de s'a-
percevoir de l'usurpation, quand elle existe réellement;
que, si elle est imperceptible la première année, elle est
visible la seconde, et que d'ailleurs elle ne date jamais que du moment où elle peut être connue, et ne fait
courir le délai pour agir qu'à partir de cette époque; qu'il
n'y aurait injustice que dans la supposition où celui qui
se plaindrait serait réellement propriétaire; que c'est précisément ce qui est en question et doit être décidé par
un juge autre que celui du possessoire; qu'il peut arriver
que celui qui a pris quelques pouces de terre soit réellement propriétaire, et n'ait agi que dans la conviction que ce
qu'il a pris lui appartenait; que nul n'étant censé abandonner ses droits, il est probable que celui qui a laissé son
voisin jouir pendant un an, a reconnu tacitement que celui-ci était propriétaire; que c'est là une présomption de
droit établie par l'art. 2230 du Code civil, d'après lequel on
est toujours présumé posséder pour soi et à titre de propriétaire, s'il n'est prouvé qu'on a commencé à posséder
pour un autre.

CHAPITRE II.

Durée de la possession requise pour pouvoir intenter l'action possessoire. — Délais dans lesquels elle doit être formée. — De ceux contre
lesquels ils courent.

§ I.

*Durée de la possession et délais dans lesquels l'action doit être
formée.*

Les dispositions de la législation antérieure au Code de
procédure civile doivent être encore ici consultées comme
pouvant servir à faire mieux saisir l'esprit et la portée des
termes de ce Code.

Le droit romain exigeait seulement, comme on l'a vu,
que le demandeur eût la possession au moment du trouble.

La coutume de Paris, ni l'ordonnance de 1667, ne dé-
terminaient pas la durée de la possession, elles se bor-
naient à prescrire au possesseur d'intenter son action dans
un délai fixe ; la coutume disait : *dans l'an et jour* du trouble, et l'ordonnance dans *l'année* ; mais comme la coutume
parlait de *saisine* et l'ordonnance de possession publique
sans violence, à titre non précaire ; que, d'un autre côté,
l'action n'était plus recevable après l'année du trouble, beaucoup d'auteurs avaient conclu du rapprochement et de la
combinaison de ces diverses dispositions, que le demandeur
devait avoir une possession *annale*. On peut voir à cet égard
l'auteur du *Grand Coutumier de France*, liv. 2, ch. 21
et 32, de Laurière et Brodeau, sur l'art. 96 de la Cout.

de Paris : Bourjon , *Droit commun de la France*, t. 2 , ch. *de la Compl.* , sect. 1.

Mais aucun de ces motifs ne nous paraît devoir conduire à la solution qu'ont donnée ces auteurs.

Aucun espace de tems n'était requis par les ordonnances ou coutumes pour constituer la saisine , puisqu'elle n'était autre chose que la mise en possession par celui qui avait le droit de la transférer. Cette saisine ou tradition s'opérait donc à l'instant et par ce seul fait. Loisel, livre 5 , titre 4, règle 6, dit même qu'appréhension de fait équivaut à saisine. Une possession peut être publique , et à titre non précaire, quoiqu'elle n'ait duré que quelques heures; il ne faut pas confondre la qualité avec la durée de la possession ; enfin, la nécessité d'intenter l'action dans l'année du trouble n'emporte pas celle d'une possession annale, antérieure à ce même trouble. Le législateur a pu vouloir que l'action fût prescrite après un court délai, sans qu'on puisse en conclure qu'il a eu aussi l'intention d'exiger une possession antérieure; et ce n'est pas par de simples inductions qu'on peut ajouter à la loi des conditions qu'elle n'a point prescrites, pour créer des fins de non recevoir contre l'exercice d'un droit ; cela est si vrai, que le Code de procédure a eu soin de cumuler l'exigence, et de la possession annale et de l'exercice de l'action dans l'année du trouble. Du reste, l'opinion des auteurs que nous avons cités, était combattue par d'autres auteurs, non moins graves. « Il est, dit l'auteur du *Traité des injures*, page 81, une chose essentielle à remarquer, et à laquelle on ne fait pas toujours assez d'attention, c'est que l'ordonnance ne dit pas qu'il faille être possesseur d'an et jour pour se plaindre, mais seulement que l'on doit se pourvoir dans l'année. » M. Merlin adopte cette opinion dans ses *Questions de droit*. (V° *complainte*, § 2.)

« Ainsi, dit-il, dans des conclusions prononcées à la chambre des requêtes, le 12 fructidor an 10, le possesseur public et actuel d'un héritage peut agir en complainte contre celui qui le trouble dans sa possession, quand même sa possession n'aurait pas encore une année de date. »

Ensuite il fait une distinction : » si cependant l'auteur du trouble avait une possession antérieure à celle de son adversaire, et qu'il ne l'eût pas perdue depuis un an, il pourrait la lui opposer aux termes de l'ordonnance, qui autorise à articuler possession contraire.

« En deux mots, ajoute-t-il en terminant, l'ordonnance accordant la complainte à tout possesseur public et actuel, pourvu qu'il agisse dans l'année du trouble, il en résulte évidemment que la possession annale n'est pas nécessaire pour intenter cette action contre un tiers qui n'avait pas la possession de la chose, et que la possession non annale n'est insuffisante que contre le possesseur d'an et jour, qui vient troubler le possesseur du moment. » M. Merlin cite, à l'appui de cette distinction, Boucheul, sur la *coutume de Poitou*, art. 399, n° 19; Poullain-Duparc dans ses *Principes du Droit français*, tome 10, page 704 et 705, et M. Lanjuinais, dans son article *Voie de fait*, au *Répertoire de jurisprudence*.

Le principe général que la possession annale n'est pas nécessaire, et l'exception que peut y opposer le défendeur qui prétend avoir une possession antérieure, étaient également vrais sous l'empire des lois des 24 août et 6 octobre 1790, conçues dans les mêmes termes que l'ordonnance de 1667.

Nous croyons que ce sont là les meilleurs principes : ils

s'appuient tout à la fois sur le droit romain, l'ancien droit français et la stricte équité; cependant l'article 23 du Code de procédure exige la possession annale. A la vérité, quelques auteurs ont voulu, malgré la précision et la généralité de ses termes, reproduire la distinction qu'on faisait antérieurement; ils disent que cet article n'est impératif que dans sa première partie, pour l'obligation d'agir dans l'année du trouble; qu'il est démonstratif dans la deuxième, qui fait mention de la possession annale, que si le législateur avait voulu être aussi rigoureux dans les deux cas, il aurait répété que l'action ne serait recevable qu'autant que le demandeur aurait une possession annale. M. Carré, après avoir adopté la distinction de Duparc dans son *Traité des lois de la procédure*, l'avait abandonnée dans son *Traité de la compétence*; il y est revenu dans le *Droit français appliqué aux justices de paix*, et il résume ainsi sa dernière opinion : « Il faut entendre ces mots, de l'article 23 du Code de procédure, *depuis une année au moins*, dans ce sens que le possesseur qui n'a pas encore une année de possession ne peut intenter la complainte s'il est troublé par celui qui possède encore civilement depuis un an au moins, mais qu'il le pourra contre tout autre, s'il agit dans l'année du trouble. » L'auteur apprend que ce sentiment a été professé par Pigeau, dans le commentaire posthume sur le Code de procédure; mais toutes ces raisons, plus subtiles que solides, ne peuvent l'emporter sur la volonté de la loi. M. Poncet, *Traité des actions*, M. Brossard, dans sa *Juridiction des juges de paix*, M. Aulanier, dans son *Traité des actions possessoires*, opposent, avec raison, le texte du Code de procédure, qui repousse cette distinction. Toutefois, nous pensons que le législateur a eu tort de consacrer un principe contraire dans l'article 23 du Code de procédure. Une possession actuelle est toujours respectable; nul ne peut l'entraver ni en dépouiller celui qui l'a, à moins qu'il n'ait lui-même une possession plus ancienne, qui n'ait pas été interrompue pendant un an; il n'appartient pas à un étranger sans droit, sans titre, sans qualité, de troubler le possesseur par cela seul que celui-ci n'a pas encore joui de la chose pendant un an. Ce dernier, qui peut d'ailleurs avoir onze mois et vingt-neuf jours de possession, est assurément plus favorable que le perturbateur, qui n'en a pas du tout.

Si l'on s'occupait de reviser le Code de procédure, cette disposition nous paraîtrait devoir être réformée. Cette réforme serait fort essentielle; elle mettrait le Code de procédure en harmonie avec les principes du droit établis par le code civil.

En effet, aux termes de l'art. 2230 déjà cité, on est toujours *présumé posséder pour soi, et à titre de propriétaire.*

Ainsi, dans cette disposition, le législateur n'exige pas que la possession ait plus ou moins de durée; il se contente de celle actuelle; et lorsqu'elle a l'effet de faire réputer le détenteur propriétaire, comment n'autoriserait-elle pas la maintenue provisoire qui est fondée précisément sur ce que le possesseur est réputé propriétaire jusqu'à preuve contraire?

Au surplus, si l'article 23 a l'inconvénient de favoriser les usurpateurs au détriment d'une possession légitime, il faut au moins se garder soigneusement de l'augmenter en étendant sa disposition hors du cercle où elle doit être renfermée d'après les termes dans lesquels elle est conçue. Cet article ne parlant que du simple trouble, ne peut, par cela même, s'appliquer à la dépossession opérée par violence ou voie de fait qui donne lieu à l'action en réintégrande. La loi du 24 août 1790 attribue d'une manière générale aux juges de paix, la connaissance de toutes les actions possessoires à raison des entreprises commises dans l'année, sans distinguer entre le simple trouble et la dépossession violente. Cette loi, destinée à régler la compétence des juges de paix, leur donne nécessairement le pouvoir de connaître de l'action en réintégrande; elle est possessoire puisqu'elle est fondée uniquement sur la possession; elle n'exige que la possession actuelle, d'après le silence du législateur sur toute autre condition, et l'expression formelle de l'art. 2230.

Nous renvoyons, au surplus, à ce que nous avons dit ci-dessus à l'article de la réintégrande.

Au premier aspect, il pourrait paraître inutile que le législateur ait exigé, tout à la fois, une possession annale et paisible, antérieure au trouble, et l'exercice de la complainte dans l'année qui l'a suivi. On pourrait être porté à croire qu'il suffisait de l'une ou l'autre condition, ou plutôt qu'elles sont nécessairement contenues l'une dans l'autre; mais on ne doit rien supposer de superflu dans la loi qu'il faut au contraire toujours interpréter de manière à lui faire produire quelque effet.

Dans le système adopté par les rédacteurs du Code de procédure civile, que nous avons déjà eu occasion d'apprécier et de combattre, il n'aurait pas suffi de dire que l'action possessoire ne serait recevable qu'autant qu'elle serait formée par celui qui aurait une année de possession paisible avant le trouble, car la complainte aurait pu être intentée par celui qui aurait été troublé ou dépossédé depuis un grand nombre d'années, et tant qu'il ne se serait pas écoulé trente années, c'est-à-dire que la prescription trentenaire eût été le seul terme à l'exercice de la complainte ; que, si l'on objectait qu'après un an le perturbateur aurait eu lui-même la possession, nous répondrions d'abord qu'on peut concevoir un trouble qui gêne, mais ne dépossède pas le détenteur, et ne fait pas conséquemment passer la chose en d'autres mains ; que même, en cas de dépossession, il peut arriver qu'un immeuble, usurpé sur le possesseur annal, ait été possédé successivement par plusieurs, qui ne tiennent pas leurs droits les uns des autres à titre de donation, vente, échange, succession dont les détentions réunies présentent un total de plusieurs années, mais dont aucune, prise isolément, n'ait duré pendant une année complète.

Il n'aurait pas suffi non plus d'établir que l'action possessoire serait toujours recevable pourvu qu'elle fût formée dans l'année du trouble, puisqu'à ce moyen on aurait pu l'intenter le lendemain avec une possession de quelques jours et s'y faire maintenir, à moins cependant que l'adversaire n'eût une possession annale antérieure. Sans doute celui qui laisse passer l'année sans intenter la complainte, fait présumer que ce n'est plus lui, mais son adversaire qui a la possession annale. Toutefois ce n'est là qu'une supposition qui peut bien n'être pas toujours conforme à la vérité. Il est possible, comme nous l'avons déjà dit, que le trouble n'ait causé ni dépossession ni dommage, mais seulement une gêne momentanée qui ait cessé presque aussitôt, comme si un voisin en labourant avait usurpé quelques pieds de mon champ, que je les aie repris immédiatement, et que j'en aie joui pendant un an sans nouveau trouble.

La disposition qui prescrit d'intenter l'action dans l'année du trouble, n'est donc pas fondée sur la certitude qu'après cette année la possession est acquise à autrui, mais sur la nécessité de circonscrire dans un très-court délai le jugement d'une action exceptionnelle, et de ne pas laisser aux juges de paix la recherche et l'appréciation d'un fait qui ne peut être constaté que par des témoignages dont la difficulté augmente à mesure que s'éloigne l'époque où il s'est passé.

Toutefois, après l'année du trouble, et tant que la prescription commune à tous les droits, à toutes les actions, ne serait pas accomplie, le possesseur troublé pourrait former une demande en indemnité, soit devant le juge de paix lui-même pour dommages aux champs, fruits ou récoltes, s'il s'agissait d'un fait de cette nature, ou pour somme n'excédant pas 100 francs, soit devant le tribunal de première instance, s'il s'agissait d'un fait différent ou d'une somme supérieure.

Mais, dans ce cas, il ne pourrait être question de possession annale, et si le droit à l'indemnité était contesté en lui-même, le juge de paix serait dans la nécessité de renvoyer l'affaire devant le tribunal civil.

En dernière analyse, il nous paraît évident, et nous croyons l'avoir rendu tel, que chacune des conditions de l'art. 23 a un objet déterminé et bien distinct, et que la complainte n'est recevable qu'autant que celui qui l'intente non-seulement a une possession annale, mais encore a formé sa demande dans l'année qui a suivi immédiatement le trouble.

A la différence de la coutume de Paris, l'art. 23 du Code de procédure n'exige pas la possession d'an et *jour*, ni que l'action soit intentée dans l'an et *jour* du trouble.

Dans les deux cas, une année est le terme fixe par le législateur. Cette disposition paraît sans doute fort claire, et cependant les auteurs ne l'ont pas tous entendue de la même manière. M. Henrion de Pansey, *Compétence des Juges de paix*, M. Guichard, dans ses *Questions possessoires*, parlent constamment d'*an et jour*. M. Brossard, *Juridiction civile des Juges de Paix*, n° 146, ne voit dans l'indication d'*an et jour* que la désignation d'une année complète. « On nomme, dit-il, la possession d'an et jour, à raison de ce qu'une année n'est complète qu'autant que celle qui suit immédiatement est commencée. »

Mais elle est commencée à la première minute du jour qui la suit immédiatement, et alors il n'y a pas un an et un jour de possession. M. Toullier, t. XI, n° 127, M. Aulanier, n° 9, nous paraissent avoir mieux raisonné : « Autrefois, disent-ils, la possession devait être d'un an et d'un jour, on ne sait trop pourquoi ; il suffit aujourd'hui qu'elle ait duré pendant toute l'année antérieure au trouble. »

Au surplus, l'art. 23, pour être sainement entendu, a besoin d'être combiné avec diverses dispositions du Code de proc. civ., et d'être fortifié de l'autorité d'un exemple. Suivant l'art. 2260, la prescription se compte par jours et non par heures, et d'après le suivant, elle est acquise, lorsque le dernier jour du terme est accompli. Le principe général est que le premier jour du terme, celui *à quo* ne compte pas, parce que la prise de possession ou le trouble a eu lieu quand ce jour était commencé, peut-être au moment où il finissait ; il en serait de même pour le cas où l'on pourrait constater l'heure où, soit la prise de possession, soit le trouble a commencé : l'année ne serait pas expirée à l'heure et au jour correspondans.

Ainsi la prise de possession où le trouble a eu lieu le 31 octobre 1831. Voilà le jour *à quo* qui a commencé à minuit et qui a duré 24 heures; comme ils ont pu n'avoir lieu qu'au dernier moment où le 1er novembre est venu succéder au 31 octobre, pour avoir l'année entière, il faudra l'expiration du 31 octobre 1832. C'est le jour qui, en finissant à minuit, complétera le tems de la prescription, le jour *ad quem* qui est dans le terme, et pendant lequel on pourra faire un acte d'interruption. Le 1er novembre, il n'y aurait plus d'action possible, parce que, au moment où elle sera intentée, l'année serait révolue. On n'aurait pas même l'année entière, c'est-à-dire jusqu'à minuit pour agir, parce que, d'après l'art. 1037 du Code de procédure, aucune signification ne peut être faite depuis le 1er octobre jusqu'au 31 mars après 6 heures du soir, et depuis le 1er avril jusqu'au 30 septembre, après neuf heures du soir.

Cependant l'action ne serait pas nulle si l'huissier avait consenti à la signifier après cette heure, sauf à lui à subir l'amende et même la suspension; mais comme évidemment cet officier ministériel ne pourrait être contraint à commettre une contravention et à s'exposer aux peines disciplinaires qui en seraient la suite; que son devoir devrait lui dicter un refus, nous avons dit avec raison que le délai de l'année se trouvait réduit de six ou de trois heures, sans qu'on pût prendre, par une sorte de compensation, ce même laps de tems sur la journée suivante.

Il en faudrait dire autant du cas où le dernier jour de l'année serait une fête ou un dimanche. Outre qu'aux termes de l'art. 1037 on pourrait obtenir une permission du juge pour signifier son action les jours ci-dessus, il est évident que si l'on retranchait le dernier jour, il faudrait, par la même raison, déduire tous les jours semblables du courant de l'année, ce qui ne saurait être.

Les dispositions du Code de commerce et de la loi sur l'enregistrement qui, dans ce cas, autorisent à faire les actes le lendemain de l'expiration du délai, sont toutes spéciales, prouvent l'existence de la règle générale, qui ne saurait recevoir d'autres dérogations que celles expressément énoncées dans ces lois particulières.

Les juges de paix et les tribunaux qui jugent les actions possessoires, violent donc la loi lorsqu'ils accueillent l'action intentée le lendemain de l'année du trouble, ou assujettissent les parties à faire preuve d'une possession d'an et jour ; on conçoit qu'il peut arriver, quoique sans doute rarement, qu'on soit en état de prouver une année de possession et non un jour de plus. Bien que notre observation semble assez minutieuse, nous croyons cependant devoir la reproduire, parce que nous n'hésitons pas à penser que la cour régulatrice casserait une décision semblable sur le recours de celui qui voudrait ne faire d'autre preuve que celle de la possession annale, ou se plaindrait de l'admission d'une demande formée le lendemain de l'expiration de l'année du trouble.

L'art. 23, en parlant de l'année de possession comme condition de l'exercice de la complainte, n'exprime pas si elle doit être antérieure au trouble ou à l'action ; des difficultés peuvent naître de ce silence.

La complainte étant recevable tant que l'année depuis le trouble n'est pas entièrement révolue, celui qui, au moment où il lui a été causé, n'aurait qu'une possession hebdomadaire, attendrait onze mois et vingt-cinq jours, et n'intenterait son action que la veille de l'expiration de l'année.

M. Paillet, dans ses notes sur l'article en discussion, semble, en examinant une autre question, adopter la seconde interprétation : « pour décider la question de savoir si l'action possessoire est recevable, dit-il, le juge ne doit jamais examiner que la possession annale qui précède immédiatement l'assignation. »

Mais ce système est repoussé par la disposition finale de l'article, qui exige une possession paisible. La possession n'ayant pas été paisible à partir du trouble, le demandeur n'aurait pas en sa faveur la condition légale.

Ainsi, c'est bien d'une année de possession paisible, antérieure, non à l'action, mais au trouble, que la loi a entendu parler ; et si elle ne l'a pas exprimé, c'est pour éviter une répétition du mot *trouble* déjà employé, et parce que la nature même des choses fixait l'interprétation de l'article dans le sens que nous lui avons donné conformément, au surplus, à l'opinion de tous les jurisconsultes anciens ou modernes.

M. Aulanier, *Traité des actions possessoires*, M. Guichard, *Questions possessoires*, page 270, décident positivement que l'année s'entend de celle antérieure au trouble. Le dernier auteur ajoute : « Même du premier jour où il a commencé, et non du dernier acte fait, lorsqu'il a consisté dans plusieurs actes successifs. » Il cite un arrêt de cassation, rendu sur sa plaidoirie, le 20 janvier 1824, qui l'a ainsi formellement décidé.

M. Brossard, n. 147 et 148, est bien aussi d'avis que c'est de l'année antérieure au trouble qu'il s'agit ; mais qu'elle ne doit courir que du dernier acte, du trouble le plus récent : c'est là une erreur évidente, ainsi que le démontrent les auteurs ci-dessus cités.

Le commentateur Rodier fait remarquer que Rebuffe, *de Materiis possessoriis*, semble insinuer que l'on peut intenter l'action après l'an du trouble, si ce trouble continue, en regardant chaque jour comme un nouveau, pourvu qu'on renonce aux dommages-intérêts, ou restitution de fruits antérieurs à l'année de l'introduction de l'instance ; mais il combat avec raison cette opinion, qui ne serait pas davantage admise sous l'empire du code de procédure. Il rappelle les termes d'une ordonnance de 1539 : « Ne sera reçue aucune complainte après l'an ; puis, il ajoute : celui qui souffre pendant un an le trouble ou la dépossession, est censé avoir renoncé à l'action possessoire ; il ne lui reste que l'action pétitoire, de sorte que l'auteur du trouble, ou celui qui se serait emparé, par violence ou voie de fait, d'un héritage depuis un an révolu, se mettrait à l'abri de l'action en complainte et réintégrande, en opposant que le trouble a commencé depuis plus d'un an ; à moins que le trouble n'eût été interrompu de fait par le premier possesseur, c'est-à-dire qu'il fût rentré en possession, et qu'il ne fût survenu un trouble tout nouveau. »

On pourrait se faire la question de savoir si l'année dans laquelle le possesseur doit agir en complainte a son cours, dès l'instant où le trouble a eu lieu, ou seulement de celui où il est parvenu à sa connaissance ; mais par cela même que la loi l'a fait partir du jour du trouble, sans distinction ni restriction, elle n'exige pas qu'il ait été connu de la partie intéressée, autrement il pourrait arriver qu'une complainte serait formée après un grand nombre d'années ; ce qui serait contraire à la nature de cette action, qui a pour but de faire obtenir une prompte répression, et d'assurer la possession à celui qui l'avait à une époque très-rapprochée. Ainsi, le législateur a voulu circonscrire l'exercice de cette action dans un bref délai ; il a d'ailleurs pensé qu'une possession, qui doit être publique, ne pourrait être ignorée du propriétaire ou de ses agens. Ajoutons enfin qu'il s'agit ici d'une véritable prescription, et que la loi n'exige point que la possession qui lui sert de base, soit spécialement connue du propriétaire.

C'était le sentiment de Bornier qui, sur les mots *dans l'année du trouble*, de l'art. 1er, titre 18, de l'ordonnance de 1667, s'exprime en ces termes :

« Cela est conforme à l'ordonnance de Charles VIII, art. 71, et à celle de François 1er, à Villers-Cotterets, en août 1539, art. 61, par laquelle il est dit que nulle complainte ne sera reçue après l'an, tant en matières bénéficiales que profanes, d'autant que par la disposition du droit, les interdits sont annaux, suivant la loi 1, *uti possidetis*, et la loi 1, §. *fin. ff. de interd.*, et il faut prendre l'an pour continu, c'est-à-dire à compter du jour du trouble, et des derniers exploits et actes de possession, et non du jour que le trouble est venu à la connaissance de celui qui vient intenter la complainte, d'autant que le trouble, de même que la possession, consiste en fait. »

Ces principes ont été proclamés par la cour de cassation, qui, par arrêt du 12 octobre 1814, a décidé que le délai d'un an, pour intenter l'action possessoire, court du jour même du trouble, et non du jour seulement où il a été connu, bien que, dans l'espèce, il fut question d'un trouble de droit plus que d'un trouble de fait, et qu'il eût été essuyé, non par le propriétaire personnellement, mais bien par le fermier, qui n'en avait pas donné avis au propriétaire.

Nous retrouvons les mêmes principes dans un arrêt de la cour du 10 juillet 1821, qui a prononcé la cassation d'un arrêt de la cour de Pau, du 17 juin 1817, par lequel il avait été jugé qu'une possession, qui n'avait pas eu lieu au su et au vu du propriétaire, était inefficace.

Dès que c'est une possession annale, immédiatement antérieure au trouble, qui est requise pour autoriser la complainte, en vain le demandeur invoquerait-il une possession centenaire ou immémoriale, mais qui aurait été abandonnée pendant une année, il ne pourrait agir qu'au pétitoire; s'il voulait agir au possessoire, le détenteur annal le repousserait infailliblement, et le juge de paix ne pourrait avoir aucun égard à cette longue possession.

Il est donc bien entendu que celui qui n'a qu'une année de possession, mais qui est la dernière immédiatement antérieure au trouble, doit l'emporter sur celui qui en alléguerait cent qui la précéderaient. Nous aurons occasion de nous expliquer sur la question de savoir s'il est des cas où le juge de paix peut prendre en considération la possession trentenaire, uniquement pour éclairer le possessoire, comme il est autorisé à consulter les titres de propriété.

§ II.

Les délais dans lesquels l'action doit être formée courent contre toutes personnes.

L'article 23 du Code de procédure, en déclarant non recevable toute action possessoire intentée après l'année du fait qui la nécessite, nous semble, par la généralité de ses expressions impératives, n'admettre aucune distinction, et frapper de la déchéance, non seulement les particuliers, les administrations publiques, l'état, les communes, les femmes mariées, les absens, mais encore les *mineurs* et les *interdits;* toutefois cette solution n'est pas sans difficulté à l'égard des personnes de ces deux dernières classes, à cause de l'art. 2252 du Code civil, portant que la prescription ne court pas contre elles.

Il était admis autrefois que le délai d'une année dans lequel l'action possessoire devait être intentée, courait contre toutes personnes sans distinction.

Lemaître, sur la *Coutume de Paris*, titre 4, chap. 1, section 2, donne trois raisons de cette décision : « la première, que la complainte est une espèce de privilége dont personne ne peut jouir qu'aux conditions portées par la loi; la seconde, qu'il ne s'agit que d'une simple possession dont la privation laisse le droit des mineurs et des absens en son entier pour la propriété; la troisième, qu'une année de paisible possession, ni violente, ni clandestine, doit être présumée légitime, et qu'un possesseur légitime ne doit pas être évincé en vertu d'une action établie en sa faveur. »

Jousse, dans son *Commentaire sur l'ordonnance de* 1667, dit que le délai d'une année court contre toutes sortes de personnes, soit mineurs, soit ecclésiastiques ou privilégiés. Bourjon et Poullain-Duparc sont du même avis.

Denizart, V° *complainte*, n'est pas moins formel.

« La prescription contre cette action en trouble ou complainte, dit-il, court contre les *mineurs*, les absens, les *insensés*, les bannis, les *interdits*, la femme mariée, l'église, et tous autres qui pourraient en autres cas se servir du bénéfice de restitution. » Les auteurs de la *Nouvelle collection* répètent cette opinion. Nous ne connaissons aucun auteur qui, sous l'ancien droit, ait enseigné une doctrine contraire. A la vérité, autrefois on n'était pas d'accord sur le principe que la prescription ne courait point contre les mineurs et les interdits; si un grand nombre de coutumes avaient adopté l'affirmative, le droit romain et quelques coutumes avaient des dispositions différentes.

Aujourd'hui nous avons l'art. 2252, dont les termes sont très-formels et très-étendus.

Malgré cela, M. Henrion de Pansey, MM. Guichard, Aulanier et Favard, n'hésitent pas à maintenir l'ancienne jurisprudence. Les deux premiers ne développent pas leur opinion; les autres se fondent sur ce que l'article 2252 ne s'applique qu'à l'acquisition de la propriété, et nullement à la possession annale qui laisse cette propriété intacte, et que le mineur pourra recouvrer par l'action pétitoire.

Pigeau, tome 1, page 54, de son *Commentaire posthume*, embrasse l'opinion contraire. Comme il est seul dans ce sens, nous devons rapporter textuellement sa discussion.

« L'art. 2251 du Code civil, après avoir dit que la prescription court contre *toutes personnes*, ajoute : à moins qu'elles ne soient dans quelque exception établie par une loi; puis, l'art. 2252 décide que la prescription ne court pas contre les mineurs et les interdits, sauf ce qui est dit à l'art. 2278, et à l'exception des autres cas déterminés par la loi.

» Or, comme dans les cas de l'art. 2278 on ne voit pas la possession d'un immeuble, qu'il n'y a aucune loi qui décide que cette possession se prescrive par un an contre les miveurs, il faut dire qu'elle ne se prescrit point contre eux pendant leur minorité.

» Il y aurait d'ailleurs entre les cas de l'art. 2278, et celui de la possession d'un immeuble, une grande différence. Les premiers, désignés dans les art. 2271, 2277, sont pour des objets peu importans en général, et dont la privation peut n'influer que faiblement sur la fortune du mineur. Il n'en est pas de même de la privation de la possession d'un immeuble. La possession ne donne pas la propriété sur le champ, il est vrai, mais elle y conduit par degrés, jusqu'au moment où la prescription s'accomplit, en sorte que l'on peut dire que chaque jour l'on avance vers la propriété. Un mineur peut avoir possédé pendant un tems assez long pour qu'il touche au terme de la prescription, et, par conséquent, à la propriété. Si un tiers autre que celui sur lequel il prescrivait usurpe la possession, et que le tuteur ne réclame pas dans l'année pendant laquelle peut-être se serait accomplie la prescription, le mineur, si l'on admet que son action est prescrite, aura perdu la propriété qu'il aurait acquise, si cette action lui était réservée. »

Carré, *Droit français dans son rapport avec les justices de paix*, n° 1580, combat cette opinion de Pigeau. Il observe qu'elle est entièrement nouvelle ; que l'on pensait unanimement le contraire autrefois ; il se prononce pour les anciens principes.

« En effet, dit-il, la prescription est un moyen d'acquérir la propriété d'une chose à l'expiration du laps de tems déterminé par la loi. La possession n'est qu'un moyen de parvenir à la prescription, en joignant, afin d'atteindre ce terme, chaque année d'une possession non interrompue. Or, la possession est bien interrompue par tout trouble de droit ou de fait ; mais elle n'est perdue qu'autant que le possesseur a laissé l'auteur du trouble jouir sans obstacle, en ne formant pas contre lui l'action possessoire. Il n'y a point en faveur de ce dernier prescription de la possession, seulement *déchéance* du droit d'agir au possessoire contre celui qui a joui paisiblement à sa place pendant une année, et qui, de même que le précédent possesseur, avait acquis la possession par une jouissance paisible d'une année au moins, l'acquiert à son tour par une semblable jouissance, et cela en vertu d'une disposition formelle de la loi.

« Qu'importe que le Code civil ait déclaré, dans l'article 2251, que la prescription court contre *toutes personnes*, à moins qu'elles ne soient dans quelque exception légale, et que l'art. 2252 ait excepté les mineurs et les interdits, sauf les cas prévus par l'art. 2278, où il n'est pas question d'immeubles auxquels seuls se rapportent les principes sur la possession et les règles concernant l'action possessoire ? L'art. 2252 n'en a pas moins trait qu'à l'acquisition de la propriété d'une chose par la prescription, et non pas à l'acquisition de la possession qui n'établit qu'une simple *présomption* de propriété, laquelle peut à la vérité conduire à la prescription, mais qui n'établit aucun droit de propriété, puisque la présomption que la loi y attache s'évanouit devant les preuves de ce droit, fournies et reconnues au pétitoire.

« Qu'importe encore cette considération que le mineur puisse être exposé par la déchéance du droit de former complainte contre celui qui, après lui, s'est mis en possession, et l'a conservée paisiblement pendant une année, à perdre l'avantage que cette possessoin lui donnait de prescrire un jour la propriété de la chose ?

« Ou ce mineur est propriétaire, ou il n'est que simple possesseur.

« Dans le premier cas, n'a-t-il pas la ressource de l'action pétitoire pour faire reconnaître son droit, et reprendre à ce titre la possession irrévocable de son immeuble ou de ses droits réels immobiliers?

« Dans le second cas, serait-il conforme à l'équité qu'un mineur qui par lui-même ou son tuteur a pu, au moyen d'une année de jouissance acquérir la possession d'une chose, eût le privilége exorbitant de la conserver après le même laps de tems fixé par la loi pour que tout autre puisse l'acquérir, si l'action possessoire n'est pas formée dans l'année du trouble. Non sans doute, et ce qui ne serait pas équitable n'est pas légal en cette circonstance, parce que les priviléges ne se suppléent pas, que ce n'est point par induction d'une loi à une autre qu'on les établit, mais par une disposition expresse de la loi. Or, cette disposition n'existe point; l'art. 23 du Code de procédure ne fait aucune distinction : donc et indépendamment des articles du Code civil dont on veut argumenter, le délai d'une année pour former complainte court contre toutes personnes, sauf, à l'égard du mineur, son recours contre le tuteur négligent qui n'aurait pas intenté l'action en tems utile. »

D'un autre côté nous avons vu une consultation délibérée par un très-habile jurisconsulte, qui préfère l'opinion de Pigeau. Voici ce qu'on y lit :

« Appelé à notre tour à donner notre avis, nous dirons que le sentiment de Pigeau nous paraît le plus conforme au texte et à l'esprit de la loi, et que les raisonnemens de l'opinion contraire ne peuvent pas changer la législation fort explicite suivant nous qui doit l'emporter sur toutes les considérations qu'on lui oppose.

» D'abord le texte est précis. D'après l'art. 2219 du Code civil, la prescription est un moyen *d'acquérir* ou de se libérer. Ces termes sont généraux, ils ne spécifient ni ne limitent les droits ou les choses susceptibles d'être acquis par prescription. Celui qui se sera emparé d'un immeuble appartenant à un interdit, et qui l'aura possédé pendant un an, aurait, dans le système que nous combattons, acquis le droit de le conserver jusqu'à ce que le premier ait prouvé sa propriété, et de faire les fruits siens; il le priverait du droit d'intenter une action pour s'y faire réintégrer. Il invoquerait donc une prescription pour acquérir.

» Aux termes de l'art. 2262 toutes les actions, tant réelles que personnelles, sont prescrites par trente ans. Certes l'action possessoire ne serait prescrite que par ce laps de tems si l'art. 23, avec beaucoup de raison, ne l'avait pas limitée à l'année du trouble. Or, d'après les articles 2251 et 2252, la prescription trentenaire ni aucune autre ne court contre les mineurs et interdits, à moins d'exception formelle; et l'art. 23 n'ayant fait qu'abréger le tems, réduire de trente ans à un an, sans s'occuper de la qualité des personnes, la prescription annale ne court pas plus contre eux que la prescription trentenaire.

« Cela est si vrai que toutes les fois que le législateur a voulu qu'il en fût autrement, il l'a formellement exprimé. Ainsi l'art. 398 du Code de procédure dit que la péremption courra contre les mineurs, sauf recours contre les tuteurs; l'art. 444, que le délai de trois mois, pour interjeter appel, court contre les mineurs du jour de la signification du jugement, tant au tuteur qu'au subrogé tuteur; ainsi l'art. 1663 du Code civil fait courir le délai du réméré contre le mineur.

» Vainement opposerait-on que, malgré le silence du Code, les délais des procédures, tels que ceux des enquêtes, des expropriations forcées, des oppositions à jugement par défaut courent contre les mineurs et interdits pour en conclure qu'il en doit être de même du délai de l'action possessoire, car la loi distingue bien *l'action* des actes de la procédure qui n'en sont que l'exercice.

» C'est contre la perte de l'action que la loi protége le mineur et l'interdit; mais quand elle est intentée, son but est rempli; elle n'avait pas le même besoin de les protéger contre l'expiration des délais de la procédure dont les conséquences ne sont pas en général aussi graves, et qui doivent se réaliser plus rarement, puisque leurs intérêts sont confiés à des avoués pénétrés de leurs devoirs et surveillés par le ministère public, par les membres du tribunal. Or, c'est précisément de l'action même qu'il est question dans l'art. 23 du Code de procédure, et non du délai d'un acte d'instruction du procès commencé.

» L'esprit de la loi ne nous paraît pas moins favorable aux mineurs et interdits; si le législateur a suspendu pour eux le cours de la prescription, c'est parce qu'ils ne peuvent agir personnellement, et qu'on a craint la négligence de leurs tuteurs, et la facilité qu'auraient les tiers d'en profiter, motif qui ne s'applique pas moins à l'action possessoire qu'à celle pétitoire. Eh quoi! celui qui se sera emparé de l'immeuble d'un mineur par violence ou voie de fait ne pourra plus être dépossédé que par la voie si lente et si dispendieuse de l'action pétitoire parce que le tuteur aura laissé passer l'année sans attaquer le spoliateur !

» On sait d'ailleurs quel grand avantage résulte de la possession ; c'est qu'aux termes de l'art. 2230 du Code civil, le possesseur est réputé propriétaire jusqu'à production de titres ou preuve de prescription antérieure ; mais comment admettre que celui qui par trente ans de possession des biens d'un interdit n'en aura pas acquis la propriété, pourra cependant par un an en être présumé propriétaire, et en recueillir, en gagner même les fruits s'il est de bonne foi ? La possession annale n'est efficace que dans les cas où la possession trentenaire le serait elle-même. Là où il ne peut y avoir acquisition de propriété, il ne peut y avoir présomption de cette acquisition. »

Quant à nous, il ne nous semble pas que l'art. 2252 s'applique au délai dans lequel l'action possessoire doit être intentée. L'art. 23 exige deux conditions distinctes : l'une est une possession annale antérieure au trouble, l'autre l'exercice de l'action dans l'année qui l'a suivi ; que la possession puisse ou ne puisse pas être acquise contre le mineur, il n'en doit pas moins se pourvoir avant l'expiration de l'année. Faisons bien attention qu'il ne s'agit ici que d'une formalité de procédure, et non de l'attribution à l'adversaire du mineur d'une possession civile, ni à plus forte raison d'une maintenue en possession, et cela est si vrai que si, même après l'année expirée, le mineur ou son tuteur venait à troubler l'envahisseur ou à reprendre la possession de la chose, celui-ci n'ayant pas une possession valable quoique plus qu'annale ne pourrait intenter complainte ; sa possession ne serait pas *valable*, disons-nous, parce qu'elle serait fondée sur la violence, ou reposerait sur un bien appartenant à un mineur. Mais pour que le mineur attaqué en complainte pût se prévaloir de sa qualité, il faudrait qu'il fût certain que la chose lui appartenait avant le trouble ; car s'il ne l'avait possédée que quelques mois, si le nouveau détenteur n'a fait que reprendre ce qu'il avait déjà possédé pendant un an avant le mineur, comment celui-ci pourrait-il prétendre qu'on a usurpé son bien? Ce ne pourrait être qu'en produisant son titre de propriété. Nous examinerons plus bas si, dans ce cas, le juge de paix peut l'apprécier sans cumuler le pétitoire et le possessoire.

En obligeant à former l'action possessoire dans l'année, le législateur a voulu, comme nous l'avons précédemment exposé, restreindre dans un court délai l'exercice d'une procédure qui doit être prompte, facile et peu dispendieuse. Son but serait totalement manqué avec l'exception qu'on veut introduire en faveur d'un interdit qui pourrait après cinquante ans exercer la complainte ; un mineur le pourrait après vingt-un ans.

Il faut admettre comme un principe certain que l'article 2252 du Code civil ne s'applique qu'au *fond* des droits qu'il a consacrés, et nullement aux délais et déchéances de procédure, ni même aux droits établis par les autres lois ; par exemple à ceux réglés par le Code de commerce. Ainsi les prescriptions établies par les articles 64, 189, 373, 430 à 436 de ce Code courent contre les mineurs et les interdits, bien qu'ils ne le déclarent pas formellement.

« Les déchéances que les Codes de procédure civile et criminelle, dit M. Vazeille, *Traité des prescriptions*, n° 267, placent à la suite des délais fixés par les actes d'instruction et autres, bien qu'elles puissent être considérées comme des prescriptions judiciaires, ne sont point dans la classe des prescriptions que règle le titre 20 du Code civil ; elles ne dépendent pas de l'art. 2252 de ce Code ; et, à moins d'une exception positive, elles frappent toutes les parties, sauf recours contre qui de droit, tuteurs, maris et officiers ministériels. On sent aisément que l'état de minorité, l'état d'interdiction, non plus que celui de la femme qui est sous la puissance de son mari, ne doit pas arrêter le cours des procédures et la décision des procès. »

Le même auteur, au numéro suivant, s'exprime ainsi :

« En est-il de même des prescriptions ou déchéances établies en matières de commerce, de droit et de créances sur l'état, de crimes, de délits et de contraventions? Les lois qui établissent ces prescriptions n'ont pas de dispositions formelles sur ce point. En conclura-t-on qu'il y a suspension d'après l'art. 2252 du Code civil, ou bien décidera-t-on que les lois commerciales et criminelles, et toutes celles qui sont relatives aux créances des particuliers contre l'état, font de droit exception à la règle générale de cet art. 2252 ?

» Il est étonnant qu'une question aussi importante puisse exister après une réforme générale de la législation. Comment n'a-t-elle été prévue et décidée nettement dans aucun des nouveaux Codes qui régissent la France?

» Ces diverses prescriptions ou déchéances ont une puissance absolue qui n'admet pas de distinction dans les personnes ; elles courent contre toutes sans exception. Cette proposition est certaine, et cependant elle n'est pas facile à démontrer. » M. Vazeille se livre à des développemens fort étendus pour arriver à la démonstration de sa proposition. Il cite l'opinion de Dunod, de MM. Pardessus et Locré, et s'appuie d'ailleurs sur des raisons décisives qu'il faut voir dans l'ouvrage même.

« Les intérêts des mineurs et interdits, dit encore M. Dalloz, V° *Prescription*, doivent quelquefois céder à des considérations d'ordre public ; aussi la règle qui suspend la prescription pendant le tems de la minorité est-elle loin d'être absolue, et le plus grand nombre des auteurs regardent même comme un principe certain que les seules prescriptions qui ne courent pas contre les mineurs et les interdits, sont celles de trois ans pour les meubles, de dix, de vingt et de trente ans pour les immeubles et les actions personnelles. (Voy. MM. Merlin, *Rép.* V° *Prescription*, section 1re, § 7, art. 1er, question 1re, Vazeille, n° 268 et suivans ; Delvincourt, t. 2.)

« Il est du moins constant que les déchéances que les Codes de procédure civile et criminelle placent à la suite des délais fixés pour les actes d'instruction et autres, frappent toutes les parties sans distinction, sauf recours contre qui de droit. (Voy. Dunod, p. 235 ; Maleville, sur l'article 2251, et les auteurs précités.) »

CHAPITRE III.

Nature de la possession exigée pour l'action possessoire.

§ Ier.

Observations générales.

L'ordonnance de 1667 exigeait une possession publique, sans violence et à autre titre que de fermier ou possesseur

précaire. Le Code de procédure ne parle que de possession paisible et à titre non précaire. Il ne répète pas les
conditions que le Code civil veut absolument qu'ait la possession pour être constitutive de la prescription qui fait acquérir la propriété. Faut-il en conclure qu'il y a deux sortes
de possessions, et que le législateur n'a pas voulu assujettir celle qui donne lieu à l'action possessoire à des conditions aussi rigoureuses que celle qui autorise l'action pétitoire ?

Il nous paraît qu'il n'y a de différence entre elles deux
que leur durée, que chacune doit avoir les mêmes qualités,
les mêmes caractères intrinsèques ; car, d'une part, la
complainte n'est admise qu'en fait de choses prescriptibles,
et de l'autre, la possession annale, non seulement fait présumer la propriété, mais même la fait acquérir immédiatement, lorsque celui contre lequel la maintenue possessoire
a été prononcée ne peut prouver par action pétitoire qu'il a
des droits dans la chose.

Le législateur ayant défini la possession par le Code civil, qui seul doit régler le fond du droit, n'avait nul besoin
d'en déterminer les caractères essentiels et constitutifs par
le Code de procédure, uniquement destiné à régler la forme
de l'action. Les expressions *paisible* et *non précaire*, qui sont
surabondantes, n'ont point pour but de déroger au droit
commun ni de tracer des limites plus étroites : elles sont
énonciatives et non restrictives. Il aurait suffi de déclarer
que la complainte appartiendrait de droit à celui qui aurait
une année de possession; car pour interpréter sainement cette
expression, on se serait reporté aux dispositions du Code
civil. D'ailleurs les mots *à titre non précaire* comprennent
dans leur généralité l'exigence de tous les caractères cons-

titutifs de la possession civile, ainsi que nous le démontrerons ultérieurement.

C'est dans ce sens que s'est expliqué M. Faure, rappor-
teur du Tribunat, sur l'article 23, puisqu'il dit positivement que la possession dont il y est question doit avoir été
continue et non interrompue, paisible, publique, non équivoque et à titre de propriétaire, et tous les auteurs en donnent la même interprétation.

« La possession, dit M. Henrion de Pansey, page 416,
ne donne la saisine que lorsque, prolongée pendant le tems
nécessaire pour prescrire, elle confère la propriété ; ainsi
pour être autorisé à intenter complainte en cas de saisine et
de nouvelleté, il ne suffit pas d'avoir possédé pendant un
an et un jour, il faut encore que la chose possédée soit prescriptible, et que la possession soit revêtue des caractères
auxquels la loi attribue l'efficacité de prescrire. »

« La possession, dit M. Poncet, *Traité des actions*,
n° 74, pour être qualifiée saisine ou possession parfaite doit
être annale, paisible, publique et non équivoque, continue
et non interrompue, à titre de propriétaire, c'est-à-dire
avec la juste intention de posséder comme tel ; en outre,
elle doit s'appliquer à une chose prescriptible. »

MM. Brossard, n°ˢ 139 et 142 ; Guichard, p. 16 ; Aulanier, n° 20 ; Carré, dans son *Droit français appliqué à la
juridiction civile des juges de paix*, n°ˢ 1045, 1057, 1058,
1351 ; Rogron, dans son *Code de procédure expliqué* ; Merlin, Favard de Langlade, Toullier, Duranton, Pigeau, enseignent la même doctrine.

M. Vazeille, *Traité des prescriptions*, n'est pas moins
formel ; les termes dont il se sert méritent d'être rapportés :

N° 37. « Celui qui a joui pendant un an est réputé propriétaire de la chose qu'il possède, et il a le droit de la conserver tant qu'un autre dans le tems utile ne détruit pas la présomption qui le protége par la production d'un titre ou par la preuve d'une prescription acquise avant le commencement de sa jouissance ; on parle exactement en disant qu'on acquiert la possession par un an. »

N° 174. « Il y a interruption naturelle lorsque le fait même de la possession est interrompu ; mais il faut que cette interruption se soit prolongée pendant un tems assez long pour qu'on ne présume pas qu'elle n'a été l'effet que d'une erreur de la part de l'occupant, et que celui qui avait la possession a fait cesser l'occupation aussitôt qu'il en a eu connaissance. »

« Nous avons déjà observé (n°s 36 et 37) que la possession s'acquiert par la jouissance d'une année, et qu'elle se perd aussi par la cessation de jouissance durant le même espace de tems. C'est en effet ce terme d'une année que l'article 2243 a fixé. » M. Bigot de Préameneu, après avoir développé les motifs de cette règle, ajoute : « Ainsi nul ne peut être dépouillé du titre de possesseur que par la possession d'une autre personne pendant un an ; et par la même raison, la possession qui n'a point été d'un an n'a point l'effet d'interrompre la prescription. »

N° 706. « On a déjà remarqué, chapitre 2, n° 37, et chapitre 5, n° 174, que la jouissance d'un immeuble pendant un an comme maître et sans trouble, fait acquérir la possession qui suppose la propriété et qui donne l'action possessoire de maintenue ou de réintégrande, si l'on est troublé ou dépossédé par voie de fait. On a dit aussi que cette action est accordée sans distinction contre toute personne auteur des voies de fait. Le véritable propriétaire, celui qui peut établir son droit par titre ou par une possession antérieure, est obligé de poursuivre en justice le possesseur d'un an par l'action pétitoire, et durant le procès le défendeur continue de posséder par provision. »

§ II.

Développemens des principes de chacune des qualités de la possession.

Après avoir démontré que la possession pour intenter l'action possessoire doit être de la même nature que celle exigée pour la prescription, il est nécessaire d'expliquer en détail les élémens de cette possession.

Art. 1er. Possession non précaire.

Il importe d'avoir des idées précises sur les termes précaire, précairement, possession précaire ou à titre non précaire que nous trouvons dans les livres de droit.

Le Digeste renferme un titre *de precario*. Chez les Romains, le précaire était un prêt d'une espèce particulière ; c'était une convention par laquelle on donnait une chose à quelqu'un pour s'en servir tant qu'il plairait au maître de cette chose, et à la charge de la lui rendre à sa première réquisition : *Precarium est quod precibus petenti utendum conceditur, tamdiu quamdiù is qui concessit patitur.* (L. 1, *ff. de precario.*)

Domat (l. 1, page 65) définit le précaire « un prêt à usage accordé à la prière de celui qui emprunte une chose pour en user pendant le tems que celui qui l'a prêtée voudra la laisser, et à la charge de la rendre quand il plaira au maître de la retirer. »

Pothier, *du Contrat de prêt*, nos 86, 87 et 88, en donne la même définition. Il fait en outre remarquer que, « dans le contrat de prêt, la chose est prêtée pour un certain usage déterminé ou pour un certain tems, et la restitution n'en peut être demandée qu'après l'expiration du tems convenu ou de celui qui est nécessaire pour que l'emprunteur puisse s'en servir pour l'usage pour lequel elle lui a été prêtée ; au lieu que dans la convention du précaire, celui qui reçoit une chose la reçoit pour s'en servir indistinctement, et à la charge de la rendre incontinent au prêteur toutefois qu'il la demandera. »

Cet auteur remarque que, d'après le droit romain, celui qui avait accordé précairement l'usage de sa chose avait pour se la faire rendre l'interdit *de precario : Interdictum de precario merito introductum est, quia nulla eo nomine juris civilis actio esset; magis enim ad donationis et beneficii causam, quam ad negotii contracti spectat, precarii conditio.*

Puis il ajoute : « Celui qui avait accordé précairement l'usage de sa chose, outre l'interdit *de precario*, avait aussi une action *præscriptis verbis*. (L. 2, § 2, et L. 19, § 2, *ff. d. T.*)

Suivant nous, le mot précaire ne doit pas, dans notre droit, être restreint à signifier un prêt restituable à la volonté du propriétaire ; mais il doit être étendu à toute détention à laquelle il manque un des caractères légaux de la possession légitime.

Pothier, à l'endroit cité, semble le décider ainsi lorsqu'il dit : « Il y a deux espèces de précaire ; la première, par laquelle *on accorde précairement à quelqu'un la posses-*

sion d'une chose ; la seconde, par laquelle on en accorde seulement l'usage, etc. » Il dit qu'il ne s'occupera que de celle-ci, que la première sera l'objet d'un traité particulier sur les choses.

« Le mot de précaire, dit M. Vazeille, *Traité de la prescription*, n° 122, dans l'acception particulière que lui donne la loi première *ff. de precario*, est le nom d'un prêt gratuit, révocable à la volonté du prêteur. Mais il a une signification plus étendue : il sert à désigner la détention des choses, à tout autre titre que celui de propriétaire. C'est dans cette acception générale que le Code civil a employé l'adverbe qui en dérive. »

N° 124. « Dans l'article 2236, le législateur indique, seulement pour servir d'exemple, trois sortes de détenteurs précaires, auxquels le Code de commerce, art. 430, ajoute le capitaine de navire. L'on trouve infailliblement tous les autres en parcourant le cercle des possesseurs qui n'ont pas la propriété. Le créancier engagiste, le séquestre, les maris, les tuteurs, les curateurs quand ils ont une gestion, les agens qui administrent le bien d'autrui, soit en vertu de procuration ou de commission, soit officieusement, sont aussi des détenteurs précaires ; aucun d'eux ne peut prescrire le droit des personnes qu'il représente ou dont il reconnaît le domaine. »

Au n° 42, cet auteur avait déjà dit : « On doit décider que la répression certaine de l'usurpation, par quelque voie et dans quelque tems qu'on l'obtienne, efface l'interruption que l'usurpateur avait produite : *Cessante causâ cessat effectus*. L'usurpateur n'a qu'une possession précaire qui se rapporte pour l'utilité au propriétaire qu'il est obligé de reconnaître. «

Il dit encore la même chose au n° 176, page 192.

M. Merlin, *Rép.*, V° *Précaire*, atteste aussi que dans l'usage on emploie ce terme pour exprimer en général toute autre possession que celle du propriétaire.

M. le président Favard de Langlade, *Rép.*, V° *Complainte*, sect. 1, § 3, n° 41, donne au mot *précaire* un sens particulier.

Après avoir rapporté un jugement qui refusait la complainte à l'emphytéote, il s'exprime ainsi :

« Ce jugement reposait sur une base évidemment fausse ; car pour prescrire la propriété, il faut, il est vrai, une possession à titre de propriétaire, aux termes de l'art. 2229 du Code civil ; mais suivant l'art. 23 du Code de procédure, il suffit, pour intenter l'action en complainte, d'avoir une possession annale, paisible, à titre non précaire. Et qu'entend la loi par ces derniers mots ? Elle désigne le titre de celui qui a un droit propre, indépendant de celui du propriétaire, qui possède *pro suo*, qui a droit par son titre à la propriété de tout ce que produit l'héritage, qui jouit comme le propriétaire ; en un mot celui qui a le domaine utile, comme l'emphytéote à *tems*. »

L'art. 2229 du Code civil dispose que pour pouvoir prescrire, il faut une possession continue et non interrompue, paisible, publique, non équivoque et à titre de propriétaire.

D'après l'art. 2232, les actes de pure faculté et ceux de simple tolérance ne peuvent fonder ni possession ni prescription.

L'article suivant dit que les actes de violence ne peuvent fonder non plus une possession capable d'opérer une prescription.

Du reste , le mot *précaire* n'est pas écrit une seule fois dans tout le titre de la prescription. Nous trouvons seulement dans l'art. 2236 que ceux qui possèdent pour autrui ne prescrivent jamais par quelque laps de tems que ce soit ; qu'ainsi le fermier, le dépositaire , l'usufruitier et tous autres qui détiennent *précairement* la chose du propriétaire ne peuvent la prescrire.

Il faut en conclure que le Code civil a déterminé les caractères constitutifs du précaire sans le définir, et qu'une possession est nécessairement précaire quand elle manque d'une des conditions dont il fait dépendre sa validité ; que cette possession est celle qui est incertaine , qu'on peut faire cesser d'un instant à l'autre , qui ne pourrait pas être conservée et maintenue si on l'attaquait. L'ordonnance de 1667 exigeait, comme on l'a vu, que la possession qui servait de base à la complainte fût à autre titre que de fermier ou possesseur précaire ; le Code civil est conçu en termes généraux : *et tous autres qui détiennent précairement la chose d'autrui.* Certes, celui qui ne la détient que par violence , clandestinement , par tolérance ne possède pas sa chose , mais celle d'autrui.

Du reste , pour que la possession soit réputée précaire , il n'est pas nécessaire qu'il y ait convention avouée , comme pour le cas de bail, de dépôt, de prêt ; elle peut résulter des circonstances de fait, indépendamment de tout contrat. Car si la première partie de l'art. 2236 semble être restrictive, la seconde , par la généralité de ses termes , établit la justesse de notre interprétation.

Telle est aussi l'opinion de M. Aulanier : « Il est , dit-il, n° 68 , beaucoup de possessions autres que celles que nous avons désignées comme précaires, et qui cependant sont considérées comme telles quoiqu'elles ne le soient pas réellement : ce sont en général *toutes celles auxquelles la loi n'a point attaché l'effet d'opérer la prescription.* »

Cette manière d'entendre la loi est d'ailleurs confirmée par la jurisprudence de la Cour de cassation qui donne au mot précaire un sens très-étendu. Nous citerons notamment quatre arrêts.

Dans la première espèce, il s'agissait de savoir si le propriétaire voisin d'un étang pouvait invoquer la possession qu'il avait de ses bords quand les eaux étaient basses. Le propriétaire de l'étang repoussait la complainte en soutenant que la possession de son adversaire était précaire, puisqu'aux termes de l'art. 558 du Code civil le propriétaire conserve toujours son terrain même dans les basses eaux.

Ce système fut accueilli en première instance, en appel et en cassation. L'arrêt de rejet, du 23 avril 1811, est fondé sur ce que le juge, en décidant que la possession alléguée ne pouvait être que *précaire*, puisque la loi l'avait toujours conservée pour le propriétaire de l'étang, a fait une juste application de l'art. 558 précité.

Dans la deuxième espèce, un jugement du 10 pluviose an 5 avait maintenu la dame Dandiron, représentée par les sieurs Guieux et Chaix dans la possession exclusive d'une ruelle, et défenses avaient été faites au sieur Plan de Syeyes de l'y troubler. Ce dernier continua cependant de se servir de la ruelle. En janvier 1807, il forma une action en complainte pour être maintenu dans sa possession plus qu'annale, et sa demande fut accueillie par le juge de paix. Sur l'appel, le tribunal de Digne infirme ce jugement, attendu que celui de l'an 5 imprimait à la possession de Plan de Syeyes le caractère de simple tolérance ; et sur le pourvoi, arrêt de rejet par le motif que la jouissance de Plan de Syeyes, après la signification du jugement, n'a pu être que *précaire*, et que cette jouissance n'ayant pas le caractère exigé par la loi, n'a pu lui acquérir aucun droit, moins encore anéantir ce jugement.

Voici la troisième espèce. Le 5 nivôse an 7, un jugement au possessoire fait défenses au sieur Provôt d'user d'un droit de prise d'eau qu'il prétendait avoir sur un héritage appartenant au sieur Magistry.

Le sieur Pardoux Velleand a succédé au sieur Magistry, et en 1806, le sieur Jouannet, disant avoir pris sans interruption, depuis son acquisition, sur l'héritage de Pardoux Velleand, les eaux nécessaires pour l'irrigation du sien, cite celui-ci devant le juge de paix de Chambon par voie de complainte pour l'avoir troublé dans la possession plus qu'annale où il soutenait être de jouir de ces eaux.

Pour moyen de défenses, Pardoux Velleaud oppose le jugement rendu contre Provôt le 5 nivôse an 7, qui a l'autorité de la chose jugée contre Jouannet, comme vis-à-vis de Provôt son vendeur, que par conséquent toute possession ultérieure de Jouannet ne peut être que précaire et inefficace pour fonder l'action en complainte. Le juge de paix rejette l'exception et ordonne aux parties de plaider au fond ; mais sur l'appel, jugement du tribunal civil de Chambon du 11 février 1817 qui infirme, attendu qu'il est de principe que celui qui, après avoir succombé dans sa possession, a joui depuis an et jour, ne peut plus demander à être maintenu dans cette même possession qui n'est que *précaire*, par suite de la maxime : *complainte sur complainte ne vaut*. Et sur le pourvoi, arrêt de la chambre des requêtes du 17 mars 1819 qui rejette , attendu que d'après le jugement qui avait été rendu contre Provôt , lequel est aujourd'hui représenté par le demandeur, celui-ci ne peut avoir eu qu'une possession *précaire*.

Quatrième espèce. Il existe dans la ville de Salies une fontaine d'eau salée appartenant à la communauté des habitans.

Aux termes de règlemens anciens , sanctionnés par les autorités compétentes , les habitans de Salies se sont associés et ont arrêté :

1° Qu'aucun habitant n'aurait droit au partage des eaux qu'autant qu'il résiderait dans l'enceinte de la ville avec sa famille ; 2° que dans le cas où un habitant cesserait de résider dans la ville , les administrateurs de la fontaine rayeraient son nom de la liste qu'ils sont chargés de dresser des parts prenans , sauf à le rétablir au cas de retour.

En 1817, les administrateurs rayèrent la dame Lataste, mariée au sieur Saubade , domicilié dans la commune de Berens , sur le fondement qu'elle ne résidait plus dans la ville de Salies.

Action en complainte de la part des époux Saubade pour se faire maintenir dans la possession annale de prendre part aux eaux salées. Déclarés non recevable par le juge de paix , ils furent plus heureux en appel ; le jugement qui accueillait leur action se fonda sur ce que la vérification du fait d'exclusion tiré du défaut de résidence exigée par les règlemens tenait au fond du droit, c'est-à-dire à l'action pétitoire que l'administration pourrait former , et qu'en attendant , la jouissance non interrompue du passé faisait supposer que la dame Saubade se conformait à tout ce qui était prescrit par les règlemens.

Sur le pourvoi, cet arrêt fut cassé le 7 juin 1820 , parce

que la possession alléguée étant contraire aux règlemens ne pouvait être que de tolérance, abusive et précaire. Cette dernière expression est même répétée plusieurs fois.

Nous ferons d'ailleurs observer que nous n'avons cité ces divers arrêts que pour bien faire comprendre le sens et l'étendue du mot précaire; mais nous nous réservons de discuter le fond de la doctrine qu'ils ont consacrée.

Comme on le voit, dans ces quatre espèces, le demandeur en complainte ne possédait pas pour autrui; il n'était ni fermier ni dépositaire, il prétendait avoir possédé pour lui et à titre de propriétaire, et cependant on s'est fondé pour repousser sa demande sur ce que sa possession avait été précaire. M. Carré remarque avec raison sur l'art. 23 du Code de procédure, que l'existence des premiers jugemens, dans les deuxième et troisième espèces, imprimait à la possession le caractère d'un *acte de tolérance*. Donc celui qui ne possède qu'en vertu d'un tel acte n'a qu'une possession précaire.

L'opinion contraire, si elle était admise, conduirait à cette conséquence, que toutes les fois que le demandeur n'aurait la qualité ni de fermier, ni de dépositaire, etc., il faudrait accueillir la complainte, bien que la possession fût entachée d'un autre vice. Ainsi, par exemple, si l'article 23, au lieu d'être considéré comme purement énonciatif, était réputé limitatif et dérogatoire au droit commun, on serait forcé d'admettre une possession équivoque ou fondée sur la clandestinité, ou qui aurait pour objet des choses qui ne sont pas dans le commerce. Cependant il n'est pas douteux que la possession qui a une telle origine ne peut servir de base à la complainte, à moins que ce vice n'eût cessé depuis plus d'un an.

Il faut néanmoins reconnaître que la loi n'ayant voulu ni pu préciser les différens faits, les différens caractères constitutifs de la possession valable, de la possession précaire, de la clandestinité, laisse par là même aux juges de paix une bien grande latitude, et que ceux-ci peuvent dans la pratique ne pas exiger, suivant les circonstances, des actes de possession aussi positifs et aussi caractérisés pour la complainte que le tribunal appelé à prononcer sur la propriété.

ART. II. Bonne et mauvaise foi dans la possession.

Nous allons examiner dans cet article s'il est nécessaire que le demandeur en complainte ait une possession de bonne foi. Parmi les auteurs anciens qui ont écrit sur la matière, nous ne voyons que Pothier qui ait prévu la difficulté. Dans son introduction à la *Coutume d'Orléans*, titre 2, n° 5o, dans ses *Traités de la procédure*, chap. 6, question 253, et de *la possession*, n° 3, il décide que la bonne foi n'est pas nécessaire. La manière dont il s'exprime fait supposer qu'il n'admet aucune exception à ce principe. M. le président Henrion de Pansey, M. Guichard, ainsi que la plupart des auteurs modernes, ne s'expliquent pas à cet égard. M. Brossard, n° 157 à 163, paraît supposer la nécessité de la bonne foi ; mais M. Aulanier, n° 19, et M. Carré, sont d'une opinion contraire. Ce dernier semble pourtant admettre une exception ; il s'exprime ainsi, 2° vol., p. 399 : « De ce que la loi n'exige autre chose pour autoriser l'action possessoire, si ce n'est qu'elle ait les caractères que nous avons déterminés page 46 et suiv., il s'ensuit *généralement parlant* que la bonne foi n'est point une des conditions nécessaires pour que cette action soit recevable. Peu importe donc de savoir si le détenteur est de bonne ou de mauvaise foi ; il ne peut être question que du fait de la possession. »

Ces diverses opinions peuvent très-bien se concilier. Le principe général est en effet que la bonne foi, nécessaire en certains cas pour l'acquisition de la propriété, n'est pas exigée du possesseur annal qui intente l'action possessoire ; il ne souffre que peu d'exceptions que nous aurons soin de signaler.

Pour atteindre ce but, quelques observations deviennent nécessaires. L'art. 2262 du Code civil porte : « Toutes les actions, tant réelles que personnelles, sont prescrites par trente ans, sans que celui qui allègue cette prescription soit obligé d'en rapporter un titre, ou qu'on puisse lui opposer l'exception déduite de la mauvaise foi. »

L'art. 2265 est ainsi conçu : celui qui acquiert de bonne foi et par juste titre un immeuble, en prescrit la propriété par dix ans, si le véritable propriétaire habite dans le ressort de la Cour royale, dans l'étendue de laquelle l'immeuble est situé, et par vingt ans s'il est domicilié hors dudit ressort.

Et l'art. 2268 ajoute : « La bonne foi est toujours présumée, et c'est à celui qui allègue la mauvaise foi à la prouver. »

Enfin la bonne foi, d'après l'art. 550, consiste à posséder comme propriétaire en vertu d'un titre dont on ignore les vices. C'est pourquoi la bonne foi du possesseur cesse du moment où ces vices lui sont connus.

Qui à quolibet emit, quod putat ipsius esse, bonâ fide emit. (L. 27, *ff. de contrah. empt.*) *Bonæ fidei emptor esse videtur, qui ignoravit rem alienam esse, aut putavit eum qui vendidit jus vendendi habere* (L. 109, *ff. de verbor. signif.*), ce qui ne s'entend toutefois que de l'erreur de fait, et non de l'erreur de droit : *nunquàm in usucapionibus juris error possessori prodest.* (L. 31, *ff. de usurp.*) Ce n'est pas qu'en fait on soit réellement de mauvaise foi parce qu'on erre sur le droit (l. 25, § 6, *ff. de petit. hœred.*), puisqu'il arrive souvent qu'on l'ignore ; mais comme il n'aurait pas été possible de reconnaître la vérité ou la fausseté de l'allégation de cette ignorance, et que chacun peut recourir aux lumières de ceux qui connaissent les lois qui d'ailleurs sont rendues publiques, c'est une maxime d'ordre et d'intérêt général que nul ne peut alléguer qu'il les ignore. Aussi *ignorantia juris non prodest adquirere volentibus.* (Loi 7, *ff. de juris et facti ignorantiâ.*) Au surplus, la bonne foi est exigée de l'acquéreur seul, ainsi que cela résulte des diverses lois romaines ou françaises que nous venons de rappeler ; il n'est pas en outre nécessaire qu'elle existe de la part du vendeur. Mais la bonne foi de celui-ci, lors de son acquisition, profiterait au sous-acquéreur même de mauvaise foi, car il suffit qu'elle existe dans l'origine, et ce sous-acquéreur succède à la bonne foi de son vendeur. *Si defunctus bonâ fide emerit, usucapietur res quamvis hæres sciat alienam esse. Inst., tit. 6, de usucap. et long. temp. prescript.*, et loi 2, § 19, *ff. pro empt.* Il en serait autrement du cas où le véritable propriétaire croirait par erreur au droit des divers possesseurs, si ceux-ci n'y croyaient pas.

Il ne faut pas confondre la bonne foi avec les autres conditions déterminées par le Code pour constituer une possession civile. Une possession peut être publique, paisible, non équivoque, à titre de propriétaire, et n'être pourtant pas de bonne foi, d'après la définition que nous avons donnée de ce caractère spécial. Les juges de paix doivent bien se garder de croire que la mauvaise foi du possesseur prouvée établirait que la possession n'a pas eu lieu à titre de propriétaire, a été équivoque ou précaire, si d'ailleurs il avait fait tous les actes qui annoncent une propriété pleine et entière. Il faut en outre reconnaître que la bonne ou mauvaise foi peut exister et être appréciée, indépendamment de tout acte ou contrat, se référant à l'origine de la possession. Ainsi, un individu possède pleinement un champ, sans qu'on sache comment il est entré en jouissance. Cependant il n'ignore pas, il a même avoué en présence de témoins qu'un autre est propriétaire. Malgré cela il peut intenter l'action possessoire; à plus forte raison le peut-il si le véritable propriétaire lui est inconnu ?

Supposons maintenant le cas où il existe des actes. Lorsqu'un tuteur, un mari, un dépositaire, un fermier ont vendu les biens dont ils étaient détenteurs à ces divers titres, mais en annonçant dans l'acte qu'ils leur appartenaient, ou sans rien dire et sans prendre aucune qualité, l'acquéreur est probablement de bonne foi, et prescrit par dix ou vingt ans qui, pour les biens dotaux et ceux du pupille, ne courent que de la dissolution du mariage, de la séparation de biens ou de la cessation de la minorité; mais si l'acte exprime que la chose est la propriété de la femme, du pupille, ou si, sans le dire expressément, ils ont traité en qualité de mari, de tuteur, fermier ou dépositaire, l'acquéreur a connu le vice et ne peut prescrire que par trente ans. Supposons encore qu'un antichrésiste vende l'immeuble de son débiteur, en indiquant celui-ci comme propriétaire, hypothèse qui, nous en convenons, doit se réaliser rarement, et que nous n'exposons ici que pour mieux faire ressortir toute la portée du principe; que l'acquéreur ait par suite possédé pendant un an, et qu'il soit troublé par le propriétaire, pourra-t-il intenter la complainte? Oui, sans doute, car il est certain que ce contrat est inutile au possesseur, puisqu'un titre n'est requis que pour la prescription de dix ou vingt ans, et que dans l'espèce le titre portant en lui-même la preuve de sa mauvaise foi, ne peut conséquemment lui servir à rien; mais il peut acquérir la propriété par une possession de trente ans pour laquelle il n'a besoin ni de titre ni de bonne foi. Il n'a donc aucun intérêt à le produire. Soit que par la suite il prétende avoir prescrit par dix ou vingt ans, soit qu'il invoque la possession de trente ans, peu importe quant à l'action possessoire qui n'est fondée que sur une jouissance annale. Mais s'il ne le produit pas, le défendeur ne peut-il pas le représenter, pour établir que la possession de son adversaire est précaire? que la date récente de ce titre s'oppose à ce qu'il ait acquis par trente ou même par dix ou vingt ans? Nous ne le croyons pas; car si, malgré l'existence d'un acte qui prouve la connaissance de la part de l'acquéreur du défaut de qualité du vendeur, il peut néanmoins prescrire, il faut reconnaître qu'il peut valablement former la complainte qui est admissible dans toutes les matières prescriptibles. Gardons-nous de confondre le cas où le demandeur a joui à titre de propriétaire, et pour lui-même, avec celui où il n'a joui que comme fermier, séquestre, administrateur. Dans le premier cas il a un titre qui, bon ou mauvais au fond, n'en est pas moins par sa nature, capable avec le tems de transférer la propriété; par juste titre, la loi n'entend pas l'acte émané du véritable propriétaire, puisque c'est contre lui qu'elle autorise la prescription, mais un titre qui soit fait pour transmettre la propriété comme vente, échange, donation. Dans le second cas, les actes de bail, de séquestre, prouvent que celui qui détient ne possède pas personnellement, et n'a aucun droit de domaine : ce n'est que dans ce cas que le défendeur à la complainte peut opposer les actes. Il ne faut pas d'ailleurs perdre de vue la nature de l'action possessoire. Elle est uniquement fondée sur l'année de possession qui a précédé le trouble ; toute possession antérieure du demandeur ou du défendeur est en général sans objet. Le juge de paix ne doit pas s'y arrêter. L'appréciation des titres de propriété n'est pas dans ses attributions ; et si quelquefois il peut les consulter, comme nous l'expliquerons ultérieurement, ce n'est que pour déterminer le caractère d'une possession douteuse, pour s'éclairer à cet égard. Le titre, s'il était produit, lui prouverait que c'est bien comme propriétaire que le demandeur a joui, puisqu'il a acquis. Il ne pourrait s'occuper de la validité du contrat en ce sens qu'il lui serait interdit d'examiner si le vendeur avait réellement des droits ; ce serait cumuler le pétitoire avec le possessoire. D'ailleurs le Code civil déclare, art. 2239, que ceux à qui les fermiers, dépositaires et autres détenteurs précaires ont transmis la chose par un titre translatif de propriété, peuvent la prescrire, bien que, d'après l'art. 2236, ceux-ci ne puissent pas prescrire eux-mêmes. Ce que nous venons de dire s'applique à plus forte raison à l'acquéreur des biens non dotaux de la femme, des absens, d'un déposant ; s'il avait une possession civile et annale, antérieure au trouble, il pourrait intenter la complainte, sans craindre d'être repoussé par l'exhibition du titre qui lui aurait été consenti.

Il n'en serait pas de même relativement à l'acquéreur

des biens d'un mineur, d'un interdit ; mais cette exception n'est pas fondée sur la mauvaise foi de l'acquéreur ; elle a sa base dans l'imprescriptibilité des biens appartenans aux personnes de ces deux classes.

Assignés au possessoire, ils pourraient produire leurs titres de propriété pour se défendre de la demande en maintenue, et pour établir que la possession de leur adversaire est vicieuse. Ce ne serait que dans le cas où ils n'auraient pas de titres ou de possession antérieure, que le demandeur serait écouté, parce que rien n'établirait alors que c'est d'un bien de mineur ou d'interdit qu'il s'agit.

Nous pensons toutefois qu'alors même qu'ils produiraient des titres de propriété, la complainte devrait être accueillie si le demandeur opposait un titre translatif de propriété ayant dix ans d'existence avec bonne foi depuis la cessation de la minorité ou de l'interdiction, ou si cette cessation datait de trente ans.

Il existe, comme on l'a vu, une bien grande différence entre le fermier qui, après avoir joui de la ferme en vertu du bail, voudrait intenter complainte, et celui qui ayant acquis de ce fermier aurait fait pendant l'année antérieure au trouble tous les actes de possession que la propriété autorise. Ce dernier aurait agi à titre de propriétaire. Peu importe qu'il sût ou qu'il pût craindre que le véritable propriétaire ne vînt à l'attaquer, puisque, comme nous l'avons déjà dit, c'est la qualité en laquelle on possède, et non la bonne foi et la confiance que l'on a de l'existence légale de cette qualité qui détermine la prescription trentenaire. Or, pour le fermier, le dépositaire, la qualité est certaine par le bail, le dépôt. C'est à ceux-ci, ainsi que l'expliquent Pothier, *Traité de la prescription*, n° 173, M. Delvincourt, sur l'art. 2262, et M. Rogron, dans son Code civil annoté, que s'applique la maxime : *Meliùs non habere titulum, quàm habere vitiosum*. Mais que faudrait-il décider si le bail, le terme fixé par l'acte de dépôt représenté par le défendeur, étaient expirés depuis plus de trente ans ? Évidemment la solution devait être la même.

Lorsqu'à l'expiration d'un bail écrit le preneur reste et est laissé en jouissance, il s'opère un nouveau bail par tacite reconduction, art. 1738 du Code civil ; et si le bail est verbal, il n'y a aucun terme fixé à sa durée ; par conséquent, dans l'un et l'autre cas, le détenteur conserve toujours la qualité de fermier. C'est aussi le sentiment de M. Adolphe Chauveau dans ses *Observations sur les questions possessoires*, insérées au huitième cahier de 1832 de son *Journal des Avoués*. Il en est de même en matière de dépôt. L'expiration du délai ne change pas la nature du contrat lorsque la chose reste en la garde du dépositaire (art. 2236 et 2240 du Code civil). Par arrêt du 21 août 1734, le grand conseil a jugé qu'un héritage donné à emphytéose devait retourner au bailleur, quoique depuis l'expiration du bail il se fût écoulé plus de quatre-vingts ans. Le parlement de Paris a, par arrêt du 21 avril 1551, condamné l'évêque de Clermont, malgré une possession de trois siècles, à restituer à la reine Catherine de Médicis la seigneurie de la ville de Clermont, parce que le titre originaire de la possession qu'il avait, prouvait que cette seigneurie avait été séquestrée et donnée en garde à un évêque de Clermont par le duc de Bourbon, ou par Guy, comte d'Auvergne.

Il en serait de même à l'égard des héritiers des détenleurs précaires qui seraient dans l'ignorance du titre de leurs auteurs et qui auraient pu les croire propriétaires ; le vice de leur possession se continuerait en eux de manière à la rendre tout aussi inefficace pour les uns que pour les autres.

Par conséquent, le défendeur à la complainte aurait le droit d'opposer les actes originaires de bail, de dépôt, quelqu'anciennes qu'en fussent les dates, pour établir la précarité de la possession. Vainement le demandeur essaierait-il de répondre que, depuis, il a été de bonne foi, qu'il a cru au droit de son prédécesseur, qu'il a d'ailleurs une possession annale et de bonne foi antérieure au trouble. Ces circonstances seraient insignifiantes tant qu'il ne serait pas intervenu un acte de la nature de ceux auxquels la loi attribue l'effet d'intervertir la possession. Le juge de paix ne pourrait se dispenser d'apprécier ces actes de bail ou de dépôt, puisqu'ils ont trait à la jouissance. Mais si, au lieu d'actes, le défendeur invoquait la preuve testimoniale, le juge ne devrait pas l'admettre parce que ce mode de prouver le bail et le dépôt est prohibé par nos lois, et qu'il faudrait remonter à une époque très-ancienne pour en retrouver des traces toujours fort incertaines.

Il y a une distinction importante à faire entre les fermiers, dépositaires et ceux qui détiennent comme administrateurs. Quand ceux-ci continuent de posséder après la cessation de leurs fonctions, ils jouissent comme propriétaires et peuvent prescrire en leurs noms : tels sont le tuteur après la cessation de la tutelle, le mari après la séparation de biens ou la dissolution du mariage, le mandataire et le *negotiorum gestor* à l'expiration du mandat ou de la gestion d'affaires.

A l'appui de notre opinion, nous pouvons citer MM. Merlin (*Questions de droit*, V° *Prescription*, § 6, art. 1 et 15), et Vazeille (2° édit., n°° 126, 142, 143, 144 et 145) : M. Dalloz (*Répertoire*, V° *Prescription*), manifeste quelques doutes puisés dans la généralité des termes de la loi; mais ils nous paraissent dissipés par les motifs sur lesquels se fondent les auteurs que nous avons cités.

Au surplus, il y a une exception à la règle que les détenteurs précaires ne prescrivent point. L'art. 2238 établit en effet qu'ils peuvent prescrire, si le titre de leur possession se trouve interverti soit par une cause venant d'un tiers, soit par la contradiction qu'ils ont opposée au droit du propriétaire.

Cet article contient, comme on le voit, deux modes différens d'interversion de possession : 1° par une cause venant d'un tiers; 2° par la contradiction opposée aux droits du propriétaire. De ces deux modes, le premier existait déjà dans l'ancien droit, tandis que le second peut paraître une innovation à la maxime *nemo potest sibi mutare causam possessionis*. (L. 3, § 19, *ff. de acquirendâ vel amitt. possess.*)

M. Delvincourt donne cet exemple du premier mode : « J'ai pris un fonds à bail de Paul; tant que les choses restent dans cet état, je ne puis prescrire, eussé-je été cinquante ans sans payer de loyers. Mais Jacques se présente comme étant propriétaire de ce même fonds, n'importe à quel titre. Il me le vend : je puis prescrire contre Paul à dater du jour de la vente qui m'a été faite par Jacques. » Observons en passant que l'acquisition faite d'un tiers par le détenteur précaire est sans doute fondée sur ce qu'il a pu croire avoir été originairement dans l'erreur en reconnaissant le bailleur comme propriétaire, et que les droits de celui qui lui a vendu lui ont ensuite paru mieux établis.

L'auteur pense qu'ici la bonne foi est nécessaire. « *Quid*, dit-il, s'il était prouvé que le fermier savait que Jacques n'était pas propriétaire? Je pense que dans *ce cas particulier* la prescription ne peut avoir lieu, même par trente ans. Il est évident, en effet, qu'on regarderait Jacques comme un homme de paille aposté par le fermier, et le principe de la possession serait censé alors interverti par le fermier seul, ce qui rentrerait dans le cas de l'art. 2240. »

M. Vazeille, *Traité des prescriptions*, dit aussi « que le fermier ne peut, à l'aide d'un tiers complaisant, s'affranchir de ses obligations et posséder *pro suo*; qu'un nouveau titre n'est rien pour le fermier s'il n'est pas porté à la connaissance de celui qui a confié la détention; qu'une simple notification de ce titre obvierait à tout danger, et qu'il est étonnant que la loi ne l'ait pas ordonnée.

Puis il ajoute « qu'on peut invoquer l'art. 2265 et s'en tenir à la règle générale qui proscrit toutes conventions et toutes combinaisons frauduleuses. Les juges, dit-il encore, examinant le nouveau titre, recherchant s'il est l'œuvre de la bonne foi ou de la fraude, pèseront toutes les circonstances qui l'ont amené et qui l'ont suivi, et sans doute ils prendront en grande considération l'affectation qu'on aura mise à dérober l'acte à la connaissance de la personne qui avait le plus d'intérêt à le connaître. Le défaut de dénonciation de cet acte et de toute contradiction de la part du détenteur feront décider sans autre examen ou qu'il est nul ou qu'il n'a pas eu l'effet de changer la cause de la possession. Mais voilà des occasions de procès, et il eût été fort aisé de les prévenir. »

Comme on le voit, M. Vazeille ne décide pas aussi positivement que M. Delvincourt, que la mauvaise foi du détenteur précaire dans l'acceptation d'un titre venant d'un tiers
empêche même la prescription trentenaire. Il paraît, par la
citation qu'il fait de l'art. 2265, qu'il ne s'explique que relativement à la prescription de dix et vingt ans. Cependant
les raisons qu'il donne de son opinion nous semblent devoir
s'étendre à la prescription de trente ans. Aucun changement n'est en effet survenu dans la position du détenteur
précaire, puisque, ayant d'abord accepté ce titre de celui
qu'il a reconnu propriétaire, il ne trouve dans l'acte postérieur du tiers rien qui y soit opposé ; au contraire, la
conviction de l'absence de tout droit de la part de celui-ci
ne peut qu'ajouter à l'opinion qu'il s'était faite du droit du
premier. M. Carré, dans un passage de la page 399 que
nous avons rapporté au commencement de cet article, semble partager notre sentiment. Il suppose une exception à
la règle qui dispense le demandeur en complainte de la condition de bonne foi, et cette exception ne peut s'entendre
que du cas qui nous occupe en ce moment.

Relativement à l'interversion de titre par la contradiction opposée aux droits du propriétaire, M. Delvincourt
s'exprime ainsi : « Il faut qu'il y ait eu contradiction. Ainsi,
comme nous venons de le dire, un fermier, eût-il été cinquante ans sans payer de fermage, n'a point interverti son
titre s'il n'a pas été poursuivi. Seulement l'action en paiement est prescrite pour toutes les années antérieures aux
cinq dernières (art. 2277). Mais si, assigné en paiement
des fermages, il a refusé se prétendant propriétaire, il a
interverti, et peut dès lors prescrire pourvu que le propriétaire ne fasse aucunes poursuites ultérieures. On ne

peut dire qu'il s'est changé à lui seul le titre de sa possession. Le propriétaire est censé y avoir concouru par la cessation de poursuites : *Qui non prohibet, cum prohibere possit, consentire videtur.* »

Il nous reste à faire l'application de ces principes aux actions possessoires. Le détenteur précaire qui aura acquis
d'un tiers et sera en possession de bonne foi depuis un an
avant le trouble, ou qui depuis le même tems aura opposé
la contradiction aux droits du propriétaire pourra certainement intenter la complainte contre quiconque le troublerait,
même contre celui dont il tenait originairement sa détention;
on ne pourrait lui opposer que, ne s'étant pas écoulé dix,
vingt, ou trente ans depuis ces faits, il est impossible qu'il
ait acquis la propriété par la prescription, car ce serait cumuler le pétitoire et le possessoire. Il répondrait d'ailleurs
que le bail, le dépôt, l'antichrèse supposaient la propriété,
mais ne la prouvaient pas; qu'il était incertain lequel des
deux était réellement propriétaire ou de celui qui n'avait
conféré qu'une détention précaire ou de celui qui avait vendu, et qu'en attendant que le débat fût jugé sur ce point,
il importait de conserver ou de rendre la possession à celui
qui l'avait eue pendant l'année antérieure au trouble.

Si le défendeur produisait le titre précaire pour repousser l'action en complainte, le demandeur opposerait avec
succès ses actes d'acquisition ou de contradiction; en les
examinant, le juge de paix ne ferait qu'apprécier le caractère, la qualité de la possession et ne sortirait nullement
de ses attributions, pas plus que s'il s'agissait d'apprécier
des actes ayant trait à la jouissance, par exemple des baux
qui servent toujours à établir la possession annale comme
à combattre le fermier qui poursuivrait en son propre nom.

Ce que nous avons dit de la nécessité de la bonne foi de la part du détenteur précaire pour opérer l'interversion de titre, doit être sainement entendu ; puisqu'il suffit, d'après l'art. 2269, qu'elle ait existé au moment de l'acquisition, on ne pourrait opposer la mauvaise foi survenue postérieurement, eût-elle même duré pendant toute l'année immédiatement antérieure au trouble ; cela est conforme à la maxime : *Mala fides superveniens non interrumpit usucapionem.*

Il faudrait toujours remonter à l'époque où la possession a commencé pour en apprécier la valeur ; et par conséquent cette possession serait inefficace si l'acquéreur avait été de mauvaise foi dans l'origine, bien que pendant l'année qui a précédé le trouble il eût été de bonne foi.

Mais quand le tems de la possession se partage, et que le successeur du détenteur précaire a besoin de joindre la sienne à celle de son auteur, peut-on dire que sa bonne foi couvre la mauvaise foi de celui-ci ?

Il faut distinguer : si le successeur est universel ou à titre universel comme l'héritier, il continue la possession de son auteur, et puisqu'elle était de mauvaise foi dans son principe, il ne pourra purger ce vice pour prescrire par dix ou vingt ans. Il ne pourra pas même argumenter de sa bonne foi personnelle, puisqu'il continue la possession d'autrui qui était de mauvaise foi, et cela lors même qu'il la continuerait jusqu'au tems où la bonne foi n'est plus une condition de la prescription, c'est-à-dire jusqu'à trente ans.

Si le successeur est à titre particulier, comme l'acquéreur, qu'il fût de bonne foi au moment de son acquisition, mais que le vendeur fût de mauvaise foi, il ne lui empruntera pas le tems de sa possession, car ce serait un moyen de vicier la sienne ; il la disjoindra au contraire, et puisque la bonne foi n'a commencé que par lui et à l'époque de son acquisition, c'est de cette époque que la possession pour la complainte et la prescription pourront courir à son profit. (Dunod, *Traité des prescriptions*, p. 1re, chap. 8, p. 43 et 44 ; MM. Delvincourt, Vazeille ; M. Favard de Langlade, *Rép.*, Vo *Prescription*, p. 411.)

Si le titre que le tiers a donné était nul par défaut de forme, c'est comme s'il n'existait pas ; en conséquence il n'y aurait pas d'interversion ; le détenteur précaire resterait avec ce premier titre. Mais le juge de paix pourrait-il rechercher cette nullité, et s'en servir pour rejeter la complainte ? L'affirmative est évidente. Sans ce titre, la possession du demandeur serait précaire. C'est lui qui le produit, qui le soumet au juge pour détruire le vice originaire de cette possession ; il faut bien que le juge puisse l'apprécier sans nuire à l'action pétitoire. S'il en était autrement, on pourrait tous les jours, pour éluder la loi, se faire passer un contrat qui n'engagerait à rien, parce qu'on y omettrait une formalité essentielle ; on s'en servirait pour se faire maintenir provisoirement en possession, et devenir même propriétaire, parce que le défendeur ne pourrait peut-être au pétitoire faire de preuve suffisante de ses droits.

ART. III. Possession continue et non interrompue.

On distingue la possession continue, non interrompue et non suspendue. Au premier aspect, les deux expressions continue et non interrompue sembleraient rendre la même idée ; mais comme il ne faut rien supposer d'inutile dans la loi, il est indispensable de rechercher un sens particulier à chacune d'elles. Le mot *continu* nous semble destiné à manifester l'intention du législateur, d'exiger une réunion de circonstances et non un fait isolé, et s'appliquer plus spécialement aux servitudes.

Ainsi, d'après l'article 688 du Code civil, les servitudes continues sont celles dont l'usage est ou peut être continuel, sans avoir besoin du fait actuel de l'homme; telles sont les conduites d'eau, les égoûts, les vues, parce qu'en effet, quoique l'eau ne coule pas toujours, quoiqu'on ne regarde pas constamment, cependant les choses restant dans le même état, et l'écoulement, ainsi que l'exercice du prospect, pouvant avoir lieu à chaque instant, au moment où l'on s'y attend le moins, la gêne, la charge, sont les mêmes pour le propriétaire du fonds servant, soit que le créancier en fasse usage, soit qu'il ne s'en serve pas.

Les servitudes discontinues sont celles qui ont besoin du fait actuel de l'homme pour être exercées; tels sont les droits de passage, puisage, pacage.

La différence des actes de possession des unes et des autres est essentielle; quoique, depuis un an, l'eau n'ait pas coulé, ou qu'on n'ait pas regardé par la fenêtre, si cependant l'égoût, la conduite d'eau, la fenêtre ont existé, la possession est incontestable; tandis que, si le passage, le pacage, le puisage n'ont pas été exercés pendant un an, la possession peut être perdue.

Il est visible, d'après cela, que la continuité s'applique à celui qui possède, tandis que l'interruption indique le fait d'un autre qui aurait apporté quelque obstacle à cette possession. C'est à celui qui invoque la possession annale comme fondement de la complainte, à prouver positivement qu'elle a été continue; au contraire, c'est à celui contre qui une telle justification est faite, à établir que cette possession a été interrompue soit naturellement, lorsque le possesseur a été troublé par celui qu'il attaque, ou même par un tiers, soit civilement, par une réclamation judiciaire.

La preuve que la distinction entre la possession continue et celle qui ne l'est pas a une utilité spéciale en matière de servitudes, peut s'induire de ce que si pour l'acquisition de la propriété d'un fonds par prescription, le fait et l'intention sont nécessaires dans le principe, l'intention sans le fait suffit dans la suite pour la conserver; si le dernier fait de possession date de plusieurs années, la possession n'en est pas moins conservée tant qu'un tiers ne s'en est pas emparé. Il en est autrement des servitudes discontinues.

De ce que nous venons de dire il résulte que, bien que la continuité de la possession soit exigée pour l'acquisition de la propriété et pour celle des servitudes, les caractères en sont un peu différens suivant qu'elles ont l'un ou l'autre pour objet.

Ainsi donc, pour acquérir la possession d'une chose il faut la volonté jointe au fait de la détention : *Adipiscimur possessionem corpore et animo, neque per se animo aut per se corpore.* (L. 3, § 1, *ff. de acq. possessione.*)

Mais la possession, une fois acquise de cette manière, peut être conservée par la seule intention : *Licet possessio nudo animo acquiri non possit, tamen solo animo retineri potest.*

Par conséquent il n'y a pas d'interruption quand on use d'une chose selon sa nature et sa destination, bien que les actes de jouissance n'aient lieu qu'à des époques éloignées.

Il est des eaux dont on n'use que dans une saison de l'année, par exemple, en été, ou qu'une seule fois dans l'année, ce qui n'empêche pas d'avoir la possession annuale. On en trouve plusieurs exemples au titre du Digeste *de aq. quotid et æstiva.* (L. 1re.) La loi 3, *de aq. vel amit. pos.*, applique le même principe aux pâturages : *Saltus hibernos æstivosque animo possidemus, quamvis eos certis temporibus relinquamus.* Et la *Glose* dit avec raison que cela s'étend à tous les fonds ; ainsi, par exemple, à une maison de campagne qu'on n'habite qu'en été.

Si un particulier se présentait avec une telle possession, sa complainte devrait être accueillie, bien que le dernier fait remontât à plus d'une année, pourvu que son adversaire n'eût pas à lui opposer une possession annuale contraire.

Il est des propriétés dont on ne recueille les fruits qu'à de longs intervalles, comme des bois taillis, des futaies, des émondages, des haies, des fossés. Il suffirait à un particulier de prouver que la dernière exploitation de la chose a été faite par lui, fût-ce à une époque de neuf ans, pour être fondé à intenter complainte contre celui qui le troublerait. C'est aussi l'opinion de Pothier, *Pos.*, n° 53, de d'Argentré, *Bret.*, n° 106, et de M. Thomine-Desmazures dans la dernière édition de son *Commentaire sur le Code de procédure*, art. 23.

Il faut en dire autant lors même qu'ordinairement on jouit de la chose à des époques plus rapprochées, comme si le bois s'exploitait tous les deux ans, et qu'il n'ait pas été coupé depuis trois ou quatre ans.

La continuité que veut la loi n'est pas le fait qui opère sur les choses à tous les instans. Il n'est pas exigé que l'on soit toujours occupé à cultiver, à labourer. Domat (sect. 1re, tit. 7, liv. 3, n° 6) dit avec raison : « Quoique la possession renferme la détention de ce qu'on possède, cette détention ne doit pas s'entendre de sorte qu'il soit nécessaire qu'on ait toujours ou sous sa main ou sous sa vue les choses dont on a la possession. »

« Je suis censé, dit Pothier, *Traité de la possession*, n° 41, avoir acquis la possession de tout l'héritage aussitôt que j'y suis entré et que j'y ai mis le pied ou par moi-même ou par quelqu'un de ma part, sans qu'il soit nécessaire que ni moi ni celui que j'ai envoyé de ma part, nous nous transportions sur toutes les pièces de terre dont l'héritage est composé : *Quod dicimus et corpore et animo acquirere nos debere possessionem non utique ita accipiendum est, ut qui fundum possidere velit, omnes glebas circumambulet, sed sufficit quamlibet partem ejus fundi introire dum mente et cogitatione hæc sit, ut totum fundum usque ad terminum velit possidere.* (L. 3, § 1, ff. de acq. pos.)

« Cela a lieu, ajoute Pothier, à l'égard de celui qui acquiert la possession d'un héritage que l'ancien possesseur consent de lui abandonner. Il en est autrement d'un usurpateur qui s'empare par violence d'un héritage dont il chasse l'ancien possesseur : cet usurpateur n'acquiert la possession que pied à pied des parties de l'héritage dont il s'empare : *Si cum magna vi ingressus est exercitus, eam tantum modo partem quam intraverit obtinet.* » (L. 18, § 4, ff. de T.)

Quelques développemens aideront à faire une saine application de ces principes. Aux termes de l'art. 2243 du Code civil, il y a interruption de possession lorsque le détenteur est privé pendant une année complète de la jouissance de la chose, soit par l'ancien propriétaire, soit même par un tiers.

Point de doute que la possession, malgré l'intention de la conserver, ne soit perdue pour le détenteur primitif, et acquise à celui qui depuis a joui de la chose pendant une année entière.

En principe général, c'est à celui qui allègue la possession à la prouver, et par conséquent cette preuve doit comprendre tout le tems déclaré nécessaire à l'acquisition des droits. Cependant l'art. 2234 du Code civil fait exception à cette règle en dispensant celui qui possède actuellement et qui prouve avoir possédé anciennement, de prouver sa possession intermédiaire ; elle est alors présumée, et c'est sur l'adversaire que l'obligation d'établir le contraire est rejetée ; ce qui ne doit pas s'entendre d'une preuve négative qui serait repoussée par la raison et les principes, mais de la preuve positive de la possession par cet adversaire.

Mais il ne faudrait pas conclure de cette disposition qu'il n'y ait que la possession intermédiaire qui se conserve par l'intention. La loi n'a point prononcé l'exclusion de la possession intentionnelle qui termine le délai qu'elle a marqué, elle a seulement voulu intervertir les rôles ; si dans le premier cas, le possesseur est dispensé de la preuve rejetée au contraire sur celui qui l'attaque, dans le deuxième il y est tenu, et celui-ci n'a rien à établir qu'une justification contraire. Il nous semble donc qu'une possession qui n'a consisté que dans l'intention pendant l'année qui a précédé le trouble, peut, si elle a pour base une possession naturelle ou de fait antérieure, autoriser l'action en complainte contre celui qui n'a pas détenu réellement pendant l'année la chose en litige. Il nous semble aussi, par voie de conséquence, que le juge de paix peut rechercher la possession naturelle remontant à plus d'un an avant le trouble, comme il peut consulter d'anciens titres ou se déterminer par la vue des lieux, bien qu'ils aient été mis depuis long-tems dans l'état qui influe sur sa décision. En exigeant une année au moins de possession antérieure au trouble, la loi ne défend pas de remonter plus haut pour en apprécier le caractère : ce qu'elle interdit, c'est de se déterminer uniquement par une jouissance ancienne qui aurait cessé depuis une année avant ce trouble ; mais il est très-permis au juge de se déterminer tout à la fois et par cette possession ancienne et par celle annale.

A plus forte raison en est-il de même pour les fonds que nous avons désignés plus haut, qu'on ne peut exploiter tous les ans, ou dont on ne recueille les produits qu'à de longs intervalles : il est utile que le juge de paix ait la preuve de ce mode de jouissance ; alors le dernier fait d'exploitation constitue, comme nous l'avons déjà dit, la possession annale.

Telle est aussi l'opinion de M. Dalloz, *Rép.*, V° *Prescription*, qui combat sur ce point avec raison M. Vazeille.

M. Dalloz combat encore avec autant de raison la conservation absolue de la possession par de simples vestiges. Il dit, et nous partageons son avis, que leur existence ne l'entraîne pas de plein droit ; qu'ils peuvent seulement servir à faire une preuve plus marquée de l'intention ; mais que c'est aux tribunaux à apprécier toutes les circonstances qui la font reconnaître, sans que l'exercice de ce pouvoir discrétionnaire soit soumis à une règle fixe, à aucune limite.

Lorsque le fait de possession ne remonte qu'à une année, la seule intention a suffi pour la conserver, et la complainte doit être reçue sans la moindre difficulté. C'est le cas de la maxime *olim possessor hodiè possessor præsumitur*. Elle doit l'être également lorsqu'il y a un fait de possession au commencement de l'année et un pareil fait à la fin. Il existe même sur ce point, comme nous l'avons vu, une disposition précise, l'art. 2234. *Probatis extremis, præsumuntur media.*

Quid, quand il s'agit d'une alluvion, de la partie d'un champ que la rivière a emportée vers un autre, et du changement de lit d'une rivière? Le possesseur annal du champ riverain est-il censé de plein droit possesseur annal de la partie ajoutée, du lit abandonné, quand même l'adjonction aurait eu lieu depuis moins d'un an? Le possesseur de la partie de champ enlevée peut-il faire considérer cette portion comme immeuble, et intenter une action possessoire?

Nous discuterons ces diverses questions en nous occupant des eaux.

Nous dirons seulement, dès à présent, que la possession d'un champ n'est point interrompue au préjudice du détenteur par une inondation provenant des eaux de la mer ou d'une rivière, eût-elle même duré une année. L'art. 2243 du Code civil, en effet, ne fait pas résulter l'interruption d'une privation quelconque de la chose, mais seulement de la prise de possession, soit par l'ancien propriétaire, soit par un tiers. Ces principes ont été adoptés par arrêt de la cour d'Amiens du 17 mars 1825, et par celui de la cour de cassation du 21 juillet 1828, qui a rejeté le pourvoi formé contre le premier. (Dalloz, 1828, pag. 341.)

Différentes causes suspendent la prescription. L'effet de la suspension est bien distinct de celui de la discontinuité et de l'interruption.

Lorsqu'il y a discontinuité, il n'y a jamais eu de possession. Quand il y a interruption, la possession antérieure, quoique ayant eu une existence réelle et légale, est cependant aussi, à partir de l'interruption, considérée comme n'ayant jamais existé; tandis que, dans la suspension, le tems antérieur s'ajoute au tems couru après la cessation de la suspension, et que c'est seulement la période de la suspension qui est inutile.

Les art. 2251 à 2259 du Code civil déterminent les différens cas de suspension. Ils sont clairs, et ne peuvent donner lieu à aucune difficulté sérieuse. Nous croyons devoir nous borner ici à faire observer que si, avant la cause de suspension, le demandeur n'a pas une année de possession, il ne peut la compléter dès que cette cause survient, et qu'en conséquence il ne peut intenter l'action possessoire; que la possession appartient ensuite à un autre qui, après une année de jouissance, pourra, par l'entremise de son représentant, intenter cette même action.

Art. iv. Possession paisible.

N° I. Observations générales.

Les lois romaines n'ont pas donné la définition de la possession paisible. Pothier (*de la Prescription*, n° 38) l'assimile entièrement à celle qui n'est pas interrompue. Mais le Code civil met entre l'une et l'autre quelque différence, puisqu'il exige que la possession, pour être valable, soit tout à la fois non interrompue et paisible. Cette différence ressort d'ailleurs de la nature des choses. Suivant les articles 2243, 2244 et 2247, la possession n'est interrompue que par une jouissance contraire de plus d'un an ou par une demande en justice. Si l'opinion de Pothier était admise, l'exigence du législateur serait sans objet relativement à la complainte, puisqu'elle est fondée sur une possession simplement annale. D'autres auteurs ont pensé que la nécessité d'une possession paisible signifiait que le détenteur ne devait pas avoir une possession dont le principe fût dû à la violence. C'est, suivant nous, confondre deux caractères essentiellement distincts. Une possession peut n'être pas commencée par la violence, et n'avoir pas été paisible pendant une année, comme elle peut avoir eu ce principe et avoir été ensuite paisible pendant toute l'année. Certes, une possession n'aura pas été paisible si avant l'expiration de l'année un tiers y a apporté un trouble qui, plus tard, aurait autorisé la complainte. Si le détenteur a éprouvé des contradictions de fait; si la jouissance a été disputée; si des fruits lui ont été enlevés sans qu'il ait osé porter plainte; s'il n'a pu se maintenir en possession que par la force ou par l'adresse; si, au moment où il cultivait, il a éprouvé de l'opposition; si l'on a voulu l'empêcher de continuer ou l'expulser; dans tous ces cas, et une multitude d'autres qu'il serait aisé de prévoir, n'est-il pas évident que la possession n'a point été paisible et ne peut servir de fondement à la complainte?

C'est avec raison que la loi a exigé une possession paisible d'une année pour autoriser à intenter une action soit contre le propriétaire, soit contre le possesseur antérieur qui reprendraient la jouissance de l'immeuble; attachant à cet état de choses une maintenue, et souvent même la propriété, pour que sa présomption fût raisonnable et pût produire ces effets, il fallait un laps de tems écoulé sans contestation. Que signifie, en effet, une possession qui a pu être contestée dès le principe, qui a pu l'être encore constamment pendant toute l'année?

La possession paisible, exigée pour l'exercice de la complainte, est donc celle qui n'a été troublée à aucune époque de l'année antérieure au fait à l'occasion duquel elle est formée. Or, ce trouble peut avoir lieu de deux manières.

N° 2. Des diverses espèces de trouble.

On distingue le trouble naturel ou de fait du trouble civil ou de droit.

« Trouble s'entend, dit Loisel, non-seulement par voie de fait, mais aussi par dénégation judiciaire. »

On risquerait de s'égarer si l'on se fiait sans discernement aux anciens auteurs. Ils ne donnent pas des idées assez positives de ces deux genres de troubles, et sont d'ailleurs peu d'accord entre eux. Après avoir reproduit leurs opinions diverses, dont nous rapprocherons celles de quelques jurisconsultes modernes qui ont écrit sur les matières possessoires, nous ferons connaître les principes qui nous régissent aujourd'hui.

Il importe, en effet, d'être bien fixé sur les caractères constitutifs de l'un et l'autre genre de troubles, puisque l'expiration de l'année, depuis qu'ils ont eu lieu, rend toute complainte non recevable, et que, pour prétendre plus tard au droit de l'intenter, il faut avoir acquis une nouvelle possession annale paisible postérieure au premier trouble et antérieure au nouveau, car l'ancien ne serait plus d'aucune considération.

« Il y a trouble de fait, dit Bourjon (*Droit commun de la France*, tom. 2, tit. 4, chap. 1er, sect. 1re, n° 2), lorsqu'un usurpateur se met en possession d'un héritage ou des fruits qu'il produit.

« Il y a trouble de droit lorsqu'un tiers saisit entre les

mains du fermier ou locataire en se prétendant propriétaire de la chose ; c'est trouble moins marqué que le précédent ; c'est trouble de droit, mais qui ne donne pas moins que le premier ouverture à la complainte ; c'est toujours un spolié à réintégrer. »

Le même auteur dit ensuite : « De là il suit que si le possesseur d'un héritage est assigné pour justifier des titres en vertu desquels il possède, il ne peut prendre une telle demande pour trouble, et intenter sur icelle une demande en complainte ; ce n'est pas trouble, mais action, et à laquelle il doit défendre comme telle. Il est étrange que le contraire ait pu tomber dans l'esprit de quelques-uns, et qu'ils n'aient pas senti que ce contresens qu'ils donnaient à la loi n'avait point d'objet, et n'opérait autre chose que de multiplier les procédures.

» En effet, la demande qu'on vient d'exposer est une demande purement pétitoire qui n'emporte aucun trouble de fait ni de droit, n'empêchant pas que le propriétaire ou possesseur ainsi assigné ne fasse toujours les fruits siens : ce qui écarte toute idée de trouble, et par conséquent toute demande en complainte. »

« Pour être recevable à intenter complainte, dit Brodeau sur l'art. 96 de la *Coutume de Paris*, n° 7, il faut être troublé et empêché en sa possession, cessant lequel trouble et empêchement l'on n'a que la simple voie d'action, ce qui ne s'entend pas seulement d'un trouble de fait et d'une dépossession réelle et actuelle de l'héritage, mais aussi du trouble par simples paroles verbales dites judiciairement en plaidant, ou rédigées par écrit dans des actes ou procédures judiciaires par lesquels on débat ou on dénie et révoque en doute le droit et la possession de l'adversaire possesseur, ce qu'il peut prendre pour trouble, former complainte et demander à être maintenu et gardé comme il se pratique en toutes juridictions, nonobstant que l'auteur du *Grand Coutumier*, chap. 31, tienne que paroles ne suffisent pas pour soi complaindre. »

Rodier, sur l'ordonnance de 1667, semble n'admettre qu'une espèce de trouble, celui de fait. « Le véritable cas de la simple complainte, dit-il, c'est quand il y a quelque trouble de fait qui ne va pourtant pas à nous déposséder. Le trouble civil résultant d'une assignation ou autre acte, n'empêche pas la possession ; on se défend plutôt dans ce cas par exception. »

D'Argentré dit, sur l'art. 106 de la *Coutume de Bretagne* : « *Turbat autem quisque etiam per simplicem oppositionem. Ideò in foro dicere solent* : opposition vaut trouble, *etiam si fructibus manum nunquam admoverit.* » Et sur ces mots de l'art. 106 : « Et se fera le plegement (complainte) dans l'an et jour du trouble fait ou comminé, » l'auteur ajoute : « *Comminè, nam minæ et juctationes etiam verborum turbant : quia scilicet obsint possidenti, ne commodè uti re suà possit.* »

Selon Pothier, *Traité de la possession*, n° 102 : « On appelle trouble de fait les différens faits par lesquels quelqu'un entreprend quelque chose sur un héritage dont je suis en possession, soit en le labourant, soit en y coupant les fruits qui y sont pendans; soit en y abattant quelque arbre, ou en arrachant quelque haie, ou en comblant un fossé, ou en en y ouvrant un; je puis prendre pour trouble à ma possession les entreprises faites sur mon héritage, résultantes de quelqu'un de ces différens faits, et en conséquence intenter la complainte contre celui qui les a faites.

Le trouble de droit est celui qui résulte de quelque demande judiciaire par laquelle quelqu'un me disputerait la possession que je prétends avoir de quelque héritage : par exemple si quelqu'un prétendant avoir la possession de quelque héritage dont je prétends de mon côté être le possesseur, donnait contre moi une demande en complainte, étant assigné sur cette demande, je dois lui déclarer que je la prends pour trouble fait à ma possession, en laquelle je prétends être de l'héritage, et lui former de mon côté la complainte, aux fins d'être maintenu dans ma possession, et qu'il lui soit fait défenses de m'y troubler. »

Le trouble civil, d'après M. Poncet, *Traité des actions*, n° 87, est celui qui a lieu si par quelque acte judiciaire, ou même extrajudiciaire, on a, soit directement, soit indirectement, prétendu avoir tel droit de propriété ou de possession sur l'héritage d'autrui, ou si on a fait procéder à une saisie ou autre exécution sur le fonds qu'il possède, ou sur les fruits de ce fonds.

Voilà les principales autorités sur la matière.

Voici maintenant les principes auxquels, suivant nous, on doit s'arrêter.

Et d'abord le trouble a incontestablement lieu, lorsqu'aux termes de l'art. 2243 du Code civil, le détenteur est entièrement dépossédé. Il existe également par tous les actes spécifiés aux art. 2244 et 2248; mais ces dispositions limitatives pour l'interruption de prescription ne sont qu'indicatives, lorsqu'il s'agit de rechercher si la possession a été paisible : une foule d'autres faits ou actes dont l'appréciation est abandonnée aux tribunaux peuvent aussi empêcher qu'elle n'ait ce caractère.

Il faut même remarquer que le trouble de fait proprement dit ne consiste pas dans la dépossession, mais dans une entrave, une simple gêne apportées à la jouissance. Indépendamment des exemples donnés par Pothier, de ce genre de trouble, nous pouvons citer celui où quelqu'un empêche les moissonneurs et vendangeurs de se livrer à leurs travaux, chasse les bestiaux du pâturage, détruit des bornes. La dépossession prend le nom de spoliation et a lieu lorsqu'un nouveau possesseur se substitue à l'ancien, en cultivant le champ, récoltant les fruits, s'installant dans sa maison.

Dans le droit romain, il fallait avoir été seulement troublé pour intenter l'interdit *uti possidetis*; on ne pouvait pas en user quand on avait été dépouillé : on devait avoir recours à celui *undè vi*.

Dans notre droit ancien on a toujours pu, en cas de dépossession, choisir entre la complainte et la réintégrande, mais non dans le cas de simple trouble, qui n'a jamais donné lieu qu'à la complainte; telle est aussi la règle de notre droit nouveau.

De ce que l'art. 23 du Code de procédure n'a pas donné la définition du trouble, il faut tirer la conséquence que les juges peuvent en reconnaître l'existence, sans que le fait cause un dommage, mais seulement la crainte d'en éprouver par la suite, comme nous le voyons dans trois arrêts de la cour de cassation des 11 juin 1828, 2 décembre 1829 et 22 mai 1833, ou décider qu'il n'y a pas trouble, parce qu'il n'y a ni préjudice actuel, ni possibilité que le plaignant en éprouve jamais, comme on en trouve un exemple dans un arrêt de la même cour, du 14 août 1832.

Il faut encore conclure de l'art. 23 que l'exécution de quelques travaux par un propriétaire peut bien n'être pas considérée comme trouble, et que l'année, pour intenter l'action possessoire, doit courir non du jour où ils ont été commencés, lorsqu'ils sont inoffensifs, mais de celui où les voisins ont éprouvé du dommage des derniers ouvrages.

C'est ce qui a été jugé avec raison par la cour de cassation dans l'espèce suivante :

Les sieurs Poujol et de Ganay sont propriétaires, sur le cours d'eau de Brucheville, d'un barrage se composant de deux parties, l'une permanente en maçonnerie, existant depuis plus de vingt ans, l'autre mobile, consistant en poutrelles qu'on place tous les ans quand on en a besoin. Il paraît que jusqu'en 1830, le sieur Caillemer, herbager, propriétaire voisin, n'avait éprouvé aucun dommage de cet état de choses, mais qu'à cette époque, soit par suite d'orages, soit par excès d'élévation des poutrelles, ses héritages furent inondés et ses récoltes endommagées.

De là action en complainte contre Bauguillot, régisseur des sieurs Poujol et de Ganay, qui avait placé les poutrelles.

Le juge de paix accueille l'action, attendu que c'est par le placement des poutrelles, qui a eu lieu depuis moins d'un an, que le dommage a été causé, et non par la maçonnerie qui a été faite depuis vingt ans et qu'il maintient. Sur l'appel, jugement confirmatif du tribunal de Valognes.

Pourvoi en cassation, et, le 9 janvier 1833, arrêt de rejet de la chambre des requêtes :

« Attendu, sur le premier moyen, qu'il a été décidé en fait par le jugement attaqué que Caillemer avait éprouvé un dommage dans sa récolte de foin, non par les travaux et ouvrages permanens établis dans le cours d'eau dont il s'agit, mais par le barrage opéré par le demandeur, à l'aide de poutrelles ou madriers qui ont élevé les eaux et occasioné le reflux ;

« Attendu, en outre, que le même jugement a décidé que le barrage du cours d'eau avait été opéré dans l'année, d'où il suit qu'en prononçant que le juge de paix était compétent, il s'est pleinement conformé à la loi.

« Attendu, enfin, sur le deuxième moyen, qu'il s'agissait dans la cause d'un fait qualifié délit par la loi, et à raison duquel l'exception de mandat ne pouvait être opposée par l'auteur de ce fait. »

Plusieurs décisions de cette cour nous offrent encore des exemples de trouble de fait qu'il importe de signaler.

Par arrêt du 27 août 1829, la cour de cassation a reconnu qu'il y avait trouble dans le fait de la plantation de bornes, opérée sur un terrain dont la propriété et la possession étaient revendiquées par l'adversaire.

Les sieurs Juillet et Neveu avaient fait sommer par exploit le sieur Benoist de planter bornes entre leurs héritages. Au jour indiqué, les premiers en plantèrent, mais de manière à s'attribuer une portion de terrain dont leur adversaire se prétendait propriétaire et possesseur : elle eut lieu malgré sa protestation. Action en complainte de la part du sieur Benoist, et sentence du juge de paix qui admet sa demande, ordonne qu'il sera réintégré dans la possession de vingt-un mètres de terrain sur lui usurpés. Sur l'appel, cette sentence a été infirmée parce que l'exercice du droit de bornage, autorisé par l'art. 646 du Code civil, ne constituait pas un trouble de possession. Cette décision fut cassée, « attendu que de l'art. 646, qui autorise tout propriétaire à obliger son voisin au bornage de leurs propriétés contiguës, il ne résulte pas que ce propriétaire puisse placer ou faire placer par des experts des bornes sur un terrain dont ce voisin prétend avoir la propriété et la possession, avant d'avoir fait statuer sur cette question de propriété ou de possession ; attendu en fait que les défendeurs ayant fait placer, malgré l'opposition du sieur Benoist, des bornes sur le terrain dont il se prétendait en possession à titre de propriétaire, celui-ci a pu prendre cette plantation de bornes pour trouble à sa possession, et intenter pour s'y faire maintenir une action en complainte dont la connaissance était de la compétence du juge de paix. »

Deux autres arrêts de la même cour, du même jour, 19 novembre 1828, ont décidé qu'il y avait trouble, 1° dans le fait d'un des communistes qui faisait clore et ensemencer des pâturages gras et maigres dont les parties avaient toujours joui en commun, et que l'autre communiste était bien fondé à intenter complainte ; 2° dans le fait de creuser un fossé sur un chemin d'exploitation également commun entre plusieurs propriétaires. Dans une autre affaire jugée aussi par la cour de cassation, le 31 juillet 1832, nous voyons que le fait de trouble allégué était le dépôt de fagots fait sur un terrain dont le demandeur se prétendait possesseur. On ne soutint pas que ce fait ne constituait point un trouble. Au contraire, une enquête avait été ordonnée et la complainte avait d'abord été admise. Elle ne fut ensuite repoussée que par une exception dont nous aurons plus tard occasion de parler.

Du reste, le simple possesseur a une action correctionnelle ou de police pour faire réprimer le trouble apporté à sa possession, lorsqu'il constitue un délit ou une contravention. Bien que les articles 434 et suivans du Code pénal, qui prévoient les différentes atteintes aux choses immobilières, soient placées au chapitre des crimes et délits contre *les propriétés*, la possession n'en suffit pas moins pour autoriser l'action. Ici le législateur a voulu indiquer les choses qui auraient été l'objet du délit, et non restreindre l'exercice du droit qu'on peut y avoir. Mais il faut que la possession soit avouée par le délinquant. S'il la conteste, la justice criminelle doit renvoyer d'abord à fins civiles.

Il n'est pas nécessaire, dans ce cas, d'avoir une possession annale; une possession, au moment du délit, est suffisante, sauf aux juges à corriger, par l'application de l'article 463 du Code de procédure, ce qu'il y aurait de trop rigoureux dans cette décision.

Ces points divers sont établis par un arrêt de la chambre criminelle de la cour de cassation, du 6 mai 1826, portant rejet du pourvoi formé par Bourgeois et Lherminier, pour lesquels je soutenais que leur adversaire, en établissant une haie et des arbres le long d'un chemin vicinal, avait anticipé sur ce chemin; qu'il n'était pas *propriétaire* du terrain, qu'il n'avait pas une possession annale et civile, mais une simple détention momentanée; qu'il ne pouvait donc se plaindre de la destruction partielle de ces arbres et de cette haie faite par mes cliens d'après les ordres du maire. L'arrêt porte : « Que l'intérêt de la propriété privée et celui de la paix publique veulent impérieusement que la possession paisible et légale soit respectée comme la propriété même, et que les voies de fait ne prennent point la place des voies de droit. »

Mais l'action correctionnelle du simple possesseur ne durerait pas pendant le délai de trois ans déterminé par l'art. 638 du Code d'instruction criminelle; elle devrait être intentée dans l'année, aux termes de l'art. 23 du Code de procédure, et pour jouir du délai de trois ans, le demandeur n'aurait d'autre moyen que de se prétendre propriétaire.

N° III. Du trouble civil ou de droit, en particulier.

Quoique nous ayons traité en même tems, dans les deux numéros précédens, du trouble de fait et du trouble de droit, nous croyons devoir nous occuper encore ici du dernier, en consacrant un article particulier au développement des autres principes qu'il importe de connaître pour résoudre les graves difficultés qui s'y rattachent.

Suivant nous, le juge ne devrait pas considérer comme trouble une prétention qui ne serait manifestée que par des paroles relatives à la propriété ou à la possession, fussent-elles même dites en plaidant; dans l'un et l'autre cas, elles ne laissent aucune trace et ne peuvent réellement pas gêner la jouissance du possesseur; dans le second, elles ne peuvent être que la répétition des actes de la procédure, des conclusions auxquelles il faut alors exclusivement s'attacher.

Les actes judiciaires ou extrajudiciaires, exploit, conclusions, requête, saisie-arrêt de loyers ou fermages, et en général tous actes ayant pour but d'élever des prétentions à la chose, ou de protester contre la possession du détenteur, nous paraissent de nature à constituer un trouble empêchant que cette possession ne soit paisible. Nous ne partageons pas sur ce point l'opinion de M. Brossard, n° 178, qui semble réduire le trouble au seul cas de saisie-arrêt des fermages, parce qu'il confond la possession non paisible avec la possession interrompue.

Sans doute, comme nous l'avons déjà dit, un commandement, une saisie, une action en justice, une reconnaissance, forment autant d'obstacles à ce que la possession ne soit paisible. Ce sont là des caractères légaux que le juge ne pourrait méconnaître; mais ils ne sont pas les seuls, puisque le législateur n'a point établi de limite.

Toutefois, en ce qui est du commandement, nous croyons devoir faire observer que vainement pour échapper au pouvoir discrétionnaire d'appréciation qui appartient aux juges, celui qui n'aurait pas de titre paré et exécutoire donnerait-il à la signification qu'il ferait faire à son adversaire la qualification de commandement; car ce n'est pas aux expressions, c'est au fond des choses qu'il faut s'attacher; et le Code de procédure ne permettant qu'au porteur d'un titre exécutoire de faire d'acte de cette nature, celui qui aurait eu lieu ne pourrait être considéré que comme une simple sommation; or, une sommation n'est point interruptive de la prescription; de nombreux arrêts de la cour de cassation l'ont ainsi décidé. Le juge de paix aurait donc le pouvoir d'apprécier cette sommation, mal à propos qualifiée commandement, et de voir si les termes qu'elle contient sont assez positifs pour être considérés comme un trouble.

La cour de cassation a rejeté, le 26 décembre 1826, un pourvoi formé contre un jugement qui avait décidé qu'il n'y avait pas trouble dans le fait d'un maire de commune rurale qui, outre qu'il avait compris un terrain dans le tableau des chemins vicinaux, dressé en vertu d'ordre du préfet et de délibération du conseil municipal, avait planté des bornes sur ce même terrain pour tracer l'alignement et la largeur du prétendu chemin.

Je conçois bien que la cour ait rejeté le pourvoi d'après

le pouvoir discrétionnaire donné aux tribunaux en pareille matière ; mais je ne comprends pas aussi bien la décision qui était attaquée.

Les actes administratifs qui ont pour but de rechercher et de fixer l'emplacement des chemins vicinaux, sont généralement fondés sur l'idée première de la commune, qu'elle a la possession et la propriété du terrain. Assez ordinairement elle ne veut avoir un chemin même utile que parce qu'elle se croit propriétaire du fonds. Quand un riverain voit la commune faire des actes semblables à ceux sur lesquels la cour a statué, il doit penser qu'ils renferment une prétention contraire à ses droits. Il doit agir dans l'année ; s'il ne le faisait pas, la commune ne manquerait pas de lui opposer la déchéance.

Il n'y a qu'un cas où il n'y aurait pas trouble ; c'est celui où il serait reconnu que le terrain appartient au riverain, et où il serait dit qu'on entend établir ou conserver un chemin comme utile au public, en consentant à payer une indemnité ; car l'autorité ayant le droit de s'emparer des propriétés privées pour cause d'utilité publique, ne peut en l'exerçant troubler la possession : l'exercice d'un droit légitime ne trouble personne.

Pothier semble décider au n° 103, ci-dessus transcrit, que celui contre lequel on intente la complainte doit, pour conserver son droit, prendre cette action pour trouble et demander lui-même la maintenue possessoire.

Nous ne sommes pas de son avis.

Nous ne voyons pas pourquoi le défendeur à la complainte serait tenu de se constituer reconventionnellement demandeur. La loi, en l'autorisant à articuler une possession contraire, qui est au surplus le droit naturel de la défense, le protége suffisamment, et si cette possession est reconnue par le juge, qui en conséquence repousse la demande, il n'a plus rien à faire ni à désirer.

Il se peut d'ailleurs que le défendeur n'ait pas une possession annale contraire; dans ce cas, il se borne à nier celle de son adversaire; et si celui-ci n'en fournit pas la preuve, il est débouté de sa demande : la maintenue du défendeur est la conséquence de cette décision.

Mais si dans le cours d'une instance possessoire le demandeur ou le défendeur contestait la possession de son adversaire, y aurait-il acte de trouble dans les conclusions qui renfermeraient cette allégation ? Il faut distinguer :

Supposons que le demandeur, après avoir conclu à la maintenue en possession d'un arpent de pré, ajoute dans le cours de l'instance qu'il fait partie d'une plus grande pièce dont il est aussi détenteur, et dans la possession de laquelle il demande également à être maintenu, le défendeur devra-t-il prendre cette nouvelle demande pour trouble, et former complainte ? Non, sans doute ; il se bornera à repousser celle-ci comme la précédente, soit simplement, soit en articulant possession annale contraire, et les raisons que nous avons déjà données de notre opinion, s'appliquent de même ici.

Si, au contraire, c'est le défendeur qui articule être en possession, non-seulement de l'arpent de pré, mais encore de toute la prairie, la prudence exige que le demandeur originaire, prenant cette allégation comme trouble, ajoute à sa première demande celle d'une maintenue en possession de la totalité; autrement il pourrait arriver que le défendeur, soit qu'il ait gagné ou perdu son procès pour l'arpent de pré, soutînt que son adversaire a été troublé dans le surplus depuis plus d'un an ; qu'il n'a pas sur ce point de possession paisible ; que, dans tous les cas, il est déchu de la complainte faute de l'avoir intentée dans l'année du trouble.

Mais si le demandeur, au lieu d'une action possessoire, se bornait à signifier une protestation contre la possession, une sommation de déguerpir, l'adversaire serait dans la nécessité d'agir ; il ne lui suffirait pas de signifier en réponse une protestation ou déclaration, quelque positive qu'elle fût. Il n'y a pas d'assimilation possible de ce cas avec celui d'une instance liée contradictoirement, et dans laquelle on conclut à faire déclarer son adversaire sans possession, ou à être maintenu soi-même dans celle qu'on prétend avoir.

Nous ne voyons pas comment une action pétitoire pourrait être considérée comme trouble à la possession, et obliger ou même autoriser celui contre lequel elle est formée à intenter complainte ; car il est universellement admis qu'une pareille demande est une reconnaissance de la possession du défendeur. Il est même décidé par un texte précis, l'article 26 du Code de procédure, qu'elle emporte renonciation à la complainte.

Cette solution ne peut être raisonnablement contestée ; mais n'y a-t-il pas une exception à faire pour le cas où dans une instance criminelle, le prévenu se prétend propriétaire ? Le demandeur peut-il prendre cette exception pour trouble et agir au possessoire ? Nous ne le croyons pas, et nous pouvons citer, à l'appui de notre opinion, un arrêt de la chambre civile de la cour de cassation, du 20 janv. 1824.

En avril 1818, coupe d'une portion de bois par le sieur Gayde-Roger.

15 mai, le sieur Caroillon de Vandeuil fait dresser pro-

cès-verbal, et assigne son adversaire en police correctionnelle.

A l'audience du 4 mars 1820, le sieur Gayde-Roger se
prétend propriétaire du terrain sur lequel il a coupé les
bois.

Jugement qui renvoie à fins civiles pour faire juger la
question de propriété.

27 mai 1820, action en complainte.

Jugement du tribunal civil de Chaumont, sur appel de
sentence de juge de paix qui accueille la demande parce
que la prescription avait été interrompue par la procédure
devant le tribunal correctionnel, et qu'il résultait un nouveau trouble de la prétention à la propriété élevée par
Gayde-Roger devant ce tribunal.

Mais sur le pourvoi en cassation, arrêt ainsi conçu :
« Vu l'art. 23 du Code de procédure ; attendu que, suivant cet article, l'action possessoire est prescrite et non
recevable si elle n'a été formée dans l'année du trouble par
ceux qui, depuis une année au moins, étaient en possession
paisible ; que les coupes de bois prises par Caroillon de
Vandeuil, pour trouble de possession, furent constatées le
15 mai 1818 ; que néanmoins il n'a intenté son action en
complainte que le 27 mai 1820, par conséquent après plus
d'une année de trouble ; qu'il n'a pu interrompre la prescription par l'action intentée devant le tribunal correctionnel, puisque cette action n'a eu pour objet que la répression
du délit, et non l'action en complainte qui en était distincte
et indépendante ; qu'il a pu encore moins prendre pour
trouble l'exception de propriété opposée par Gayde-Roger
devant le tribunal correctionnel, cette exception n'étant
qu'un moyen de défense, et non un trouble de nature à

donner lieu à la complainte ; que, d'ailleurs, il n'eût pu, au 27 mai 1820, exciper d'une possession paisible, sans laquelle la complainte n'aurait pu être reçue ; attendu, enfin, qu'en jugeant le contraire, et en accordant par suite à Caroillon de Vandeuil la possession des cantons de bois dont il s'agit, le jugement attaqué viole formellement l'article précité du Code de procédure ; la cour casse. «

Comme on le voit, cet arrêt décide positivement qu'on ne peut prendre pour trouble à la possession l'allégation de propriété, l'exception *jure feci*. Il en résulte également que l'action en répression du délit, portée en police correctionnelle, quoique intentée dans l'année du fait, n'équivaut pas à l'action possessoire et n'empêche pas la déchéance de cette action par l'expiration de l'année. Cet arrêt suppose en outre que l'action correctionnelle et le renvoi à fins civiles pour faire prononcer sur l'exception de propriété invoquée par les deux parties, n'équivalent pas à une action pétitoire proprement dite, et ne rendent pas conséquemment la complainte non recevable. Nous adoptons complètement toutes ces solutions, et nous ajouterons, quant à la dernière, que les fins de non-recevoir étant de droit étroit, il n'y avait pas lieu à prononcer de déchéance dans l'espèce que nous venons de rapporter, parce que l'art. 26 n'interdit la complainte qu'à celui qui a agi au pétitoire ; qu'il est impossible de soutenir qu'une action pétitoire a été soumise au juge correctionnel, incompétent pour y statuer ; qu'il n'est pas possible de dire non plus qu'en renvoyant plaider sur l'exception de propriété, les juges ont tracé et limité la nature du débat, puisque la possession est un acheminement à la propriété, et que la maintenue la fait supposer ; qu'enfin l'art. 26 ne serait applicable qu'autant qu'après le renvoi à fins civiles, l'une des parties aurait commencé par une action pétitoire.

La cour de cassation a jugé nettement la question dans ce sens par arrêt du 10 janvier 1827.

Un procès-verbal dressé par le garde-champêtre, le 1er août 1821, constatait le creusement d'un fossé sur un chemin de la commune de Chamblay. Poursuite en police correctionnelle à la requête du procureur du roi. Martin, prenant fait et cause de son fermier, prévenu du délit, se prétend propriétaire du terrain sur lequel le fossé a été creusé. Jugement qui renvoie à fins civiles pour faire juger la question préjudicielle. 19 juillet 1822, Martin, prenant le procès-verbal pour trouble, se pourvoit en complainte. Il réussit; mais sur l'appel, jugement du tribunal de Joigny, qui infirme, attendu que le procès-verbal n'est point du fait de la commune; que la poursuite correctionnelle a été faite à la requête du ministère public; que, d'ailleurs, Martin avait engagé le pétitoire sur l'action du ministère public, en offrant d'établir sa propriété du terrain sur lequel le fossé avait été établi, et qu'il avait ainsi renoncé à la complainte, aux termes de l'art. 26 du Code de procédure. »

Mais ce jugement fut cassé, « attendu que toutes les actions possessoires sont de la compétence du juge de paix, et que le sieur Martin avait pu considérer la commune comme l'auteur du trouble de droit dont il se plaignait et demandait la réparation, puisque ce procès-verbal de garde-champêtre avait été rédigé dans les intérêts de ladite commune, et par les ordres du maire, qui, à l'audience, n'en était pas disconvenu; attendu que le sieur Martin ne demandait pas à être maintenu dans la possession d'un terrain ayant fait, de son aveu, ou qu'on prouverait avoir fait partie d'un chemin public, mais dans la possession de la partie de son pré sur laquelle il avait fait creuser un fossé pour séparer son héritage du chemin par lequel il était borné; action possessoire inhérente à son droit de propriété, que le voisinage du chemin n'avait pu lui faire perdre le droit d'exercer. »

Toutefois nous ne devons pas négliger de faire remarquer qu'un arrêt de la même cour, du 18 août 1823, en rejetant le pourvoi des demoiselles Derval, a jugé le contraire par le motif que le renvoi à fins civiles, pour faire prononcer sur la propriété, était exclusif de l'action possessoire; mais nous dirons aussi que cette décision est une erreur qu'a depuis reconnu la cour régulatrice, par les arrêts de 1824 et 1827, que nous venons de rapporter.

Pour qu'il y ait trouble, il n'est pas même nécessaire que les sommations ou autres actes qui le constituent aient été signifiés au propriétaire; il suffit qu'ils l'aient été à l'usufruitier, au fermier, au régisseur ou mandataire. Seulement, ceux-ci sont tenus de prévenir le propriétaire, afin qu'il puisse agir dans l'année, des significations qui leur ont été faites. S'ils n'ont pas donné cet avertissement, ils sont soumis à une action en indemnité pour le préjudice qu'éprouve le propriétaire, qui n'en est pas moins déchu de son action en complainte contre les tiers.

Ces principes, qui sont de toute justice, ont été consacrés par arrêt de la cour de cassation du 12 octobre 1814, dans l'espèce suivante.

Le sieur Huot avait affermé un domaine à la veuve Viefville et au sieur Odem.

Le sieur Petit s'en prétendant propriétaire, fit signifier, le 6 juin 1809, à ces fermiers son contrat d'acquisition, avec défenses de payer les arrérages du bail en d'autres mains que les siennes.

Le sieur Petit ayant transporté ses droits au sieur Baudit, celui-ci fit également notifier son contrat d'acquisition à la veuve Viefville et au sieur Odem, avec les mêmes défenses, relativement au prix du bail.

Les choses restèrent en cet état jusqu'au 11 janvier 1811, que la veuve Viefville et le sieur Odem firent signifier au sieur Huot les contrats, ainsi que les sommations qui leur avaient été notifiés par les sieur Petit et Baudit.

Le sieur Huot prenant cette sommation pour trouble à sa possession, forma, le 16 avril 1811, contre les sieurs Petit et Baudit, une action en complainte devant le juge de paix du canton de Stains.

Les défendeurs prétendirent que cette action était non recevable pour n'avoir pas été formée dans l'année du prétendu trouble.

Le demandeur répondit qu'il s'agissait d'un trouble de droit qui n'avait pu exister pour lui que du jour où ses fermiers le lui avaient fait connaître.

16 juillet 1811, jugement qui déclare la complainte tardive.

Sur l'appel, jugement confirmatif du tribunal de Vervins, par les motifs que d'après l'art. 23 du Code de procédure et tous les principes, l'action possessoire ou en complainte n'est recevable qu'autant qu'elle a été exercée dans l'année du trouble; que le délai utile pour l'exercice de cette action ne prend pas date du moment de la dénonciation faite par le détenteur à celui pour lequel il détient, mais bien du moment où ce trouble a pris naissance; que, bien qu'il soit exact de dire qu'au possesseur *animo domini*, seul et exclusivement, appartient le droit d'exercer l'action en complainte, et non au possesseur à titre précaire, cette action n'en doit pas moins être intentée dans l'année du trouble, outre les distances, sous peine de non recevabilité; qu'une preuve nouvelle que cette action doit être exercée dans l'année, dans tous les cas et nonobstant toutes les circonstances, se puise dans les art. 614 et 1768 du Code civil combinés, d'après lesquels les usufruitiers et fermiers sont tenus, sous les peines de droit et dans le délai réglé pour les assignations, d'avertir le propriétaire de toutes les atteintes portées à son droit de propriété; qu'une année et plus s'était écoulée lors de l'action intentée le 16 avril 1811 par les appelans, puisque le dernier acte de procédure dont ils se plaignent remonte au 10 novembre 1809.

Sur le pourvoi en cassation, arrêt ainsi conçu : « Attendu que les défendeurs avaient fait signifier aux fermiers des demandeurs, dès les 6 juin et 10 novembre 1809, les actes extra-judiciaires que les demandeurs ont pris pour trouble à leur possession, et qu'ils n'ont formé leur action en complainte que le 16 avril 1811, c'est-à-dire, hors du délai fixé par l'article 23 du Code de procédure civile ; que, si ces actes ne furent contresignifiés aux demandeurs de la part de leurs fermiers que le 11 janvier 1811, la faute n'en était pas imputable aux défendeurs à la cassation, mais aux fermiers du sieur Huot, qui étaient seuls responsables de leur négligence, aux termes de l'art. 1768 du Code civil ; la cour rejette. »

Les mêmes principes nous semblent applicables aux dépositaires-séquestres, antichrésistes, et au surplus à tous ceux qui détiennent la chose d'autrui ; les dénonciations et sommations qui leur sont adressées ont le même effet que si elles étaient faites au propriétaire.

Il n'y aurait d'exception que pour le cas où il serait prouvé qu'il y a eu concert frauduleux entre le tiers et le représentant du propriétaire, parce que, comme nous l'avons déjà dit plusieurs fois, la fraude et le dol sont en dehors de toutes les règles du droit commun.

La cour de cassation a encore été plus loin : elle a déclaré, par arrêt du 19 novembre 1828, que l'action possessoire avait pu être valablement intentée contre le fermier à raison d'un trouble de fait dont il était l'auteur, sauf au propriétaire à former tierce opposition, s'il y avait lieu, à la sentence de maintenue.

Le fermier avait creusé un fossé. Un tiers, se prétendant possesseur du terrain, avait exercé la complainte contre lui. Il s'était défendu en disant qu'il n'avait fait que travailler sur la propriété du sieur Delabrosse, dont il était fermier ; mais il n'appela pas celui-ci en garantie. Il continua même à procéder, assista à une enquête, et fit sa contre enquête. Le juge de paix, prononçant au fond, ordonna le comblement du fossé.

Sur l'appel, le fermier soutint que la complainte n'avait pu être dirigée contre lui ; jugement du 1ᵉʳ septembre 1826, qui repousse cette exception, attendu que le fermier peut être appelé à défendre pour un trouble à la possession, sauf à ce fermier à appeler le propriétaire, mais que Moutier ayant défendu sans que son maître soit intervenu ou qu'il ait été mis en cause, il a été régulièrement jugé à l'égard du fermier.

Le pourvoi a été rejeté :

« Attendu qu'il s'agissait d'un fait personnel au sieur

Moutier, fermier du sieur Delabrosse ; que, dès-lors, la complainte a dû être exercée contre lui, et qu'il n'a pu exiger sa mise hors de cause dès qu'il n'avait pas appelé en garantie le sieur Delabrosse, son bailleur à ferme ; que le jugement attaqué a été régulièrement rendu, sauf au propriétaire à l'attaquer, s'il y a lieu, par la voie de la tierce opposition. »

Art. V. Possession publique.

La possession publique, ainsi que le mot l'indique, est celle qui est de nature à être connue de tout le monde. Mais comme ce n'est pas le fait matériel de la connaissance qui est exigé, le législateur n'ayant voulu établir qu'une présomption *juris et de jure*, il n'est pas nécessaire que les personnes intéressées soient particulièrement informées de la possession qui a lieu à leur préjudice, ainsi que cela a été décidé par arrêts de la Cour de cassation, des 12 octobre 1814 et 10 juillet 1821, déjà cités. Il suffit qu'elle ne soit pas cachée, et qu'en veillant ou faisant veiller à leurs droits elles aient pu être instruites de son existence, c'est-à-dire aux termes de l'art. 170 de la *Coutume d'Orléans*, qu'elle ait été au su et vu de tous ceux qui l'ont voulu voir et savoir. Une chose publique peut être ignorée de quelques personnes, et c'est ce que n'empêchera jamais la plus grande publicité possible. Aussi, nous le répétons, ce que la loi exige, ce n'est pas que la possession soit connue de tous, ni spécialement de celui qui voudrait par la suite entreprendre d'en contester la légitimité ; mais qu'elle soit de telle nature que le possesseur n'ait rien fait pour en dérober la connaissance, et qu'elle ait eu lieu ouvertement.

Cependant la possession serait valable si elle avait été

seulement connue de celui contre lequel on veut intenter l'action possessoire. Il n'y aurait plus lieu de sa part à alléguer qu'elle a été clandestine, puisque la publicité a pour effet d'établir la présomption qu'elle doit lui avoir été connue, et que la certitude du fait doit encore avoir plus de force.

Il peut arriver souvent qu'il y ait clandestinité dans la possession des droits incorporels; elle est plus rare dans la possession des biens corporels.

S'il y a anticipation de quelques pouces de terre une année, de quelques pouces une autre année, qu'il y ait borne ou non entre les héritages, la possession nous paraît en général clandestine quand il y a titres contraires.

« On peut, dit M. Carré, mettre au nombre des possessions clandestines l'anticipation faite par celui qui laboure portion d'une pièce de terre, lorsqu'il n'y a ni séparation, ni bornes placées entre sa portion et celle de son voisin. De pareilles anticipations sont très-difficiles à apercevoir, à moins qu'elles ne soient considérables. Ainsi, dans tous les tems, et nonobstant une longue possession, le retour aux titres doit avoir lieu, et par conséquent l'action possessoire n'est pas recevable. Mais pour peu que l'anticipation fût considérable lorsqu'il existe des bornes, la possession ne pourrait être réputée clandestine. »

M. Pardessus, *des Servitudes*, n° 126, dit aussi « que les anticipations presque insensibles que les voisins font respectivement sur leurs héritages limitrophes et de même culture, lors du labourage, du sciage des blés ou de la fauchaison, ne doivent point tirer à conséquence pour la prescription, parce qu'elles sont très-difficiles à apercevoir, à moins qu'elles ne soient considérables; la possession que l'on acquiert à leur faveur est équivoque, et on peut dire même presque clandestine. »

Cette opinion a été consacrée par arrêt de la Cour royale de Paris du 28 février 1821, confirmatif d'un jugement du tribunal de la Seine, rendu entre Legris Martin et Devesvres, après une discussion très-approfondie. (Voyez le *Journal du Palais*.) Dans cette espèce, il existait des titres qui prouvaient que les possesseurs avaient au delà de leur mesure, et que le réclamant n'avait pas la sienne.

La cour de cassation vient d'adopter implicitement les mêmes principes.

Un particulier avait extrait des pierres d'une carrière souterraine.

La commune à qui appartenait le terrain l'avait fait fermer. Action en complainte; sur l'appel, la preuve de la possession avait été ordonnée; les enquêtes avaient eu lieu de part et d'autre; un jugement définitif avait maintenu le demandeur en possession de la carrière.

La commune se pourvut en cassation contre le jugement définitif seulement, et se fonda sur ce qu'une carrière souterraine ne pouvait être possédée publiquement par un tiers; le pourvoi fut admis; mais devant la chambre civile le défendeur opposa une fin de non recevoir, résultant de ce que le jugement qui avait ordonné la preuve testimoniale de la possession avait été exécuté et n'était pas attaqué. La fin de non recevoir fut accueillie; mais la doctrine du demandeur a paru tellement juste à la cour de cassation, que sans aucune nécessité, elle lui a en quelque sorte donné son approbation. La chambre des requêtes en avait fait autant puisqu'elle avait admis le pourvoi.

Au n° 124, M. Pardessus dit : « Il importe peu qu'il existe

des bornes anciennes ou des limites certaines ; la prescription qu'on peut opposer contre des titres l'emporte à plus forte raison sur des signes qui ne sont que des présomptions. Il est naturel de croire que la possession trentenaire résulte d'échanges dont les actes ont pu disparaître ou de conventions verbales que cette exécution, pendant trente ans, a précisément pour objet de sanctionner. » Au surplus ce n'est là qu'une règle générale dont l'application peut fléchir suivant les circonstances, et est subordonnée à la preuve de l'ancienne propriété, de la part du réclamant, qui ne peut sans cela alléguer l'usurpation.

La *Coutume d'Orléans* portait, art. 253 : « *Fouillement en terre, grattement n'attribue par quelque laps de tems droit de possession à celui qui aura fait ladite entreprise.* » Pothier rapportant cet article (*de la prescription*, nº 37), décide que si quelqu'un a, pour agrandir ses caves, creusé sous la maison de son voisin, sans que celui-ci s'en soit aperçu, et s'il a ensuite vendu la maison, telle qu'elle se compose, quoique l'acquéreur ait possédé de bonne foi la cave usurpée, il n'aura pas pu la prescrire, parce que sa possession n'a pas été publique. (Voyez aussi l'utile ouvrage de M. Vaudoré, t. 2, p. 190, nº 430.)

Denizart, au mot *Prescription*, nº 25, rapporte cette espèce de possession corporelle clandestine : « Le propriétaire d'un terrain sous lequel il y avait une carrière, le fit fouiller en dessous par le moyen de puits, depuis 1713 jusqu'en 1721, et anticipa considérablement sous le terrain de son voisin, qui ne s'en aperçut qu'en 1754, lorsqu'il voulut aussi fouiller son héritage. Il forma sa demande en dommages-intérêts, à laquelle on opposa la prescription. Il répondit que le travail ayant été caché, les puits ayant été ensuite comblés, et l'anticipation n'ayant pu être découverte que lorsqu'il avait voulu faire travailler dans son terrain, la maxime *contrà non valentem agere, non currit præscriptio* devait être appliquée, et que la prescription n'avait pu commencer à courir que du jour où il avait connu l'anticipation. Il fut ainsi jugé par arrêt du 16 juin 1755, confirmatif de sentence du Châtelet.

M. Carré, n° 1590, pense qu'il n'est pas nécessaire que la possession de celui qui formerait la complainte ait été publique pendant toute l'année. Il cite Dunod, suivant lequel il faut remonter à l'origine de la possession pour juger s'il y a clandestinité, et il ajoute : « Si donc l'on a d'abord possédé publiquement et de bonne foi, quoiqu'on ait caché sa possession dans la suite, on ne laissera pas de prescrire ; » *et vice versâ*, M. Carré enseigne que si l'on a commencé à posséder clandestinement ce que l'on savait n'avoir pas justement acquis, on ne le prescrira pas, quand même on aurait immédiatement dénoncé sa possession au propriétaire, et il cite Pothier.

M. Vazeille, *des Prescriptions*, est, sur les deux points, diamétralement opposé d'opinion à M. Carré.

Sur le premier point, il dit, n° 48 : « La publicité doit accompagner la possession pour la rendre efficace..... Il en résulte que lorsque la clandestinité succède à la jouissance publique, il n'y a plus de possession utile. »

Sur le second, il dit, n° 47 : « En cessant d'être clandestine, en devenant publique, la possession ne devient-elle pas utile pour la prescription ? »

Cet estimable auteur commence par faire remarquer la contradiction des lois romaines sur la question, et déclare qu'il n'essaiera pas de les concilier, mais qu'il se décide pour l'affirmative.

Nous adoptons entièrement l'opinion de M. Vazeille, et repoussons celle de M. Carré.

Nous pensons que la possession annale, publique dans son principe, mais devenue occulte pendant une partie de l'année, ne saurait autoriser la complainte; car si la possession se conserve par l'intention, sans même aucun acte de jouissance, tant qu'un tiers ne s'en est pas emparé, ici le fait détruit l'intention, met les *intéressés* dans l'impossibilité de réclamer; et l'on a toujours assimilé une possession inconnue à celle qui n'existe pas : *paria sunt non esse et non significari.*

M. le conseiller Hua, dans un très-bon article sur la prescription, inséré au *Répertoire* de M. Favard de Langlade, s'exprime ainsi, p. 399 : « et celle qui d'occulte quand elle a commencé devient publique dans son cours, autorise encore l'action en complainte, si la clandestinité a cessé et que la possession patente ait duré pendant un an; » car, comme l'observe très-bien M. Vazeille, notre Code civil ne condamne pas directement la clandestinité, comme l'ont fait les lois romaines; il se borne à exiger la publicité de la possession pendant le tems nécessaire à la prescription; l'on n'a donc pas autre chose à considérer. L'art. 2233 réprouve expressément la violence dans la possession, et toutefois quand elle a cessé, il veut que la possession soit utile; la clandestinité est moins condamnable que la violence, et si le Code civil l'avait aussi formellement proscrite, il aurait sans doute déclaré également qu'en se dépouillant de ce vice, la possession devient utile.

Il n'y a , comme nous l'avons déjà dit , que la possession *pro suo et cum amino rem sibi habendi* , dans l'esprit de la propriété , qui puisse servir de base à la prescription , et dès lors à la complainte. Il s'ensuit qu'une possession qui ne présente pas clairement ce caractère , qui est douteuse , équivoque , ne peut autoriser ni l'une ni l'autre. On entend donc par possession non équivoque , celle qui a eu lieu pour le propre compte du détenteur et à titre de propriétaire. S'il y a du doute , la possession n'est pas valable ; mais il faut qu'il y ait un doute sérieux ; la loi l'exige ainsi , puisque , d'après sa disposition , chacun est réputé posséder pour soi et à titre de propriétaire , s'il n'est prouvé qu'il a commencé à posséder pour autrui.

Le mot équivoque s'entend tout à la fois et de la possession et du titre de la possession. Ainsi, sans qu'on prétende qu'un détenteur est fermier ou dépositaire , on peut soutenir que ses faits possessoires annoncent plutôt l'exercice d'une servitude discontinue que l'usage de la propriété , qu'ils sont des actes de faculté ou de tolérance , ou encore qu'on a des faits de la même nature à lui opposer. Alors , il y a incertitude , équivoque qui empêche le juge de décerner au demandeur la maintenue.

Mais y aurait-il équivoque si l'adversaire n'opposait aucun fait possessoire , et que le demandeur fût le seul à en avoir exercé? Le défendeur qui serait souvent le premier venu pourrait-il se borner à critiquer la possession de son adversaire? Le juge apprécierait les circonstances. Le propriétaire peut user de sa chose comme bon lui semble ; aucun usage spécial n'est exigé de lui ; il peut cultiver ou négliger

la culture, tirer tel parti au lieu de tel autre, et sa possession, quelle qu'elle soit, lui donne assurément le droit d'être
préféré à tout tiers étranger. Autrement celui-ci ne manquerait jamais de troubler, de s'emparer de la chose, et sa
voie de fait le mettrait dans une position meilleure que celui
qui aurait pendant une année joui d'une manière quelconque, quoique n'ayant peut-être pas tiré de la chose tout le
fruit qu'elle pouvait produire.

Souvent aussi on peut, tout en reconnaissant que la possession a été pleine et entière, soutenir cependant qu'il y a
équivoque, obscurité sur le point de savoir si c'est à titre
de fermier ou de propriétaire que le détenteur a joui, c'est-
à-dire si c'est à lui ou à un tiers que la possession doit
profiter.

M. Vazeille, 1er vol., page 56 et suiv., donne plusieurs
exemples ou indications qui peuvent guider dans l'application des principes.

ART. VII. Possession de tolérance ou de simple faculté.

M. Delvincourt se demande ce que c'est qu'un acte de
faculté et un acte de tolérance; voici la règle qu'il donne:
« Il faut supposer un instant que l'on peut acquérir un droit
quelconque en vertu de ces actes, et voir dans cette hypothèse si le droit que l'on acquerrait serait une servitude
affirmative ou une servitude négative. Dans le premier cas
l'acte est de tolérance, dans le second il est de faculté. Des
espèces éclairciront mieux la question. J'ai été cent ans
sans bâtir sur mon terrain, quoique j'eusse le droit de le
faire. S'il était possible que, de ce fait de non construction,
il résultât un droit en faveur du propriétaire voisin, ce

serait une servitude négative ; donc l'acte est de ma part un acte de faculté.

» J'ai laissé cent ans paître des bestiaux sur une terre en friche ; si les propriétaires de ces bestiaux pouvaient acquérir un droit en vertu de cette permission, ce serait une servitude affirmative ; l'acte est donc de ma part un acte de tolérance. » M. Vazeille, *Traité des prescriptions*, n°s 56 à 61, nous paraît avoir eu sur ce point des idées plus complètes et plus claires. Selon ce jurisconsulte, les actes de pure faculté ne peuvent être que ceux qui se rapportent à la liberté de l'homme dans ses actions, dans la disposition de ses biens, et dans son concours à la jouissance des choses communes à tous, ou destinées à l'usage du public, ou communes à des collections d'individus formant corps ou communauté. Il donne plusieurs exemples : « Ainsi, que pendant un laps de tems qui excède toute prescription, on ait fait moudre au même moulin, on n'a pas acquis de droit contre le meunier pour le forcer à cette pratique, et on n'a pas perdu le droit d'aller moudre ailleurs. En un mot, l'habitude des actions qui tiennent à la libre volonté des individus, ne donne de possession ni pour eux, ni contre eux.

» Le vain pâturage des communautés d'habitans, sur tous les fonds non clos de leur territoire, après la levée de la récolte, n'est qu'une faculté pour les particuliers. Son exercice ne fait acquérir ni possession ni prescription. Le propriétaire ne peut jamais être empêché de clore son terrain, et de le soustraire par ce moyen à la vaine pâture.

» A l'égard des choses destinées à l'usage du public, chacun a la *faculté* d'en user en se conformant aux règlemens de police ; personne n'a le droit d'en jouir à l'exclusion des autres. Celui qui use davantage n'acquiert pas plus de droit que celui qui use moins, ni que celui qui n'use pas du tout. Mais la possession est collective, et les actes des individus, sans faire acquérir rien de personnel à aucun, constituent et conservent cette possession pour l'état ou pour la commune. »

Voilà pour les actes de faculté. Le même jurisconsulte s'exprime ainsi sur les actes de simple tolérance : « Il s'établit souvent entre voisins une familiarité ou une complaisance qui fait qu'on s'accorde ou qu'on souffre sur les fonds des facilités et des usages qui, sans en avoir le caractère, peuvent ressembler à des actes de possession. Ils ne font pas acquérir des droits, parce que, comme l'a fort bien dit M. Bigot de Préameneu, celui qui les fait n'entend agir comme propriétaire, ni celui qui les autorise n'entend se dessaisir. La permission ou la tolérance, qui est leur unique fondement, les rend très-précaires, très-incertaines, et tout-à-fait sans conséquence contre le propriétaire. Ils ont lieu sous son bon plaisir, et il demeure toujours le maître de les faire cesser quand il le trouve à propos. »

C'est par une juste application de ces principes que deux arrêts de la cour de Riom, des 23 mai 1801 et 24 février 1805, rapportés par MM. Vazeille et Dalloz, qui les approuvent, ont jugé que des faits de vaine pâture et d'enlèvement d'herbages ou de joncs sur un terrain laissé inculte, ne sauraient, quelque tems qu'ils aient duré, dépouiller de la propriété de ce terrain celui qui fonde son droit sur des titres.

ART. VIII. Possession violente.

Rappelons d'abord les diverses dispositions légales relatives à la violence.

Art. 1109 du Code civil : « Il n'y a point de consentement valable, si le consentement n'a été donné que par erreur, ou s'il a été extorqué par violence ou surpris par dol. »

Art. 1111. « La violence exercée contre celui qui a contracté l'obligation, est une cause de nullité, encore qu'elle ait été exercée par un tiers autre que celui au profit duquel la convention a été faite. »

Art. 1112. « Il y a violence, lorsqu'elle est de nature à faire impression sur une personne raisonnable, et qu'elle peut lui inspirer la crainte d'exposer sa personne ou sa fortune à un mal considérable et présent. On a égard, en cette matière, à l'âge, au sexe et à la condition des personnes. »

Art. 1113. « La violence est une cause de nullité du contrat, non-seulement lorsqu'elle a été exercée sur la partie contractante, mais encore lorsqu'elle l'a été sur son époux ou sur son épouse, sur ses descendans ou ses ascendans. »

Art. 1114. « La seule crainte révérentielle envers le père, la mère ou autre ascendant, sans qu'il y ait eu de violence exercée, ne suffit point pour annuler le contrat. »

Art. 1115. « Un contrat ne peut plus être attaqué pour cause de violence si, depuis que la violence a cessé, ce contrat a été approuvé, soit expressément, soit tacitement, soit en laissant passer le tems de la restitution fixé par la loi. »

Art. 1116. « Le dol est une cause de nullité de la convention, lorsque les manœuvres pratiquées par l'une des parties sont telles qu'il est évident que, sans ces manœuvres, l'autre partie n'aurait pas contracté. Il ne se présume pas, et doit être prouvé. »

L'art. 1304 porte que, « dans tous les cas où l'action en nullité ou en rescision d'une convention n'est pas limitée à un moindre tems par une loi particulière, cette action dure dix ans. Ce tems, ajoute-t-il, ne court, dans le cas de violence, que du jour où elle a cessé, dans le cas d'erreur ou de dol, du jour où ils ont été découverts. »

Enfin, suivant l'art. 2233, « les actes de violence ne peuvent fonder non plus une possession capable d'opérer la prescription ;

» Et la possession utile ne commence que lorsque la violence a cessé. »

« Mais, dit M. Carré, quand la violence a-t-elle cessé ? » Ce savant professeur rapporte les diverses opinions que cette question a fait naître ; puis il ajoute : « Dire que la possession utile commence du jour où la violence est consommée, nous paraît contraire au principe qui déclare inutile toute possession qui a commencé par la violence. D'où suit que la prescription ne pouvant s'acquérir au moyen d'une semblable possession, encore bien que les actes de violence ne se soient pas perpétués, l'action possessoire n'est pas recevable à l'expiration d'une année de possession pendant laquelle l'usurpateur n'eût fait aucun acte de violence.

» Nous concluons, en conséquence, que l'action possessoire n'est admissible qu'autant que l'usurpateur a possédé pendant trente ans et prescrit la propriété de la chose, sans qu'on puisse lui opposer l'exception de mauvaise foi. »

Ainsi, M. Carré refuse la complainte à moins que la violence n'ait cessé depuis trente ans, c'est-à-dire qu'il la refuse tout-à-fait, puisqu'il veut que l'usurpateur commence par faire décider qu'il a acquis la propriété par la prescription : il le réduit donc à une action pétitoire.

Nous ne pouvons partager cette opinion. Il est certain qu'une possession inefficace pour autoriser la complainte, l'est aussi pour fonder la prescription, puisque l'une symbolise avec l'autre, et que celle-ci a lieu dans toutes les matières prescriptibles. Il n'y a pas plus de raison pour admettre la prescription quand la possession a commencé par la violence, que pour admettre la complainte. Si l'on rejette celle-ci, il faut aussi proscrire celle-là. Le système de M. Carré tendrait donc, contre l'opinion qu'il a émise, à repousser toute prescription lorsque la possession a été violente dans le principe.

Que la violence ne profite pas, qu'on ne compte pas le tems pendant lequel elle a duré, qu'on exige même des preuves bien positives de sa cessation, et qu'on présume jusque là qu'elle subsiste encore, rien de mieux ni de plus raisonnable ; mais lorsqu'il est prouvé qu'elle a complètement cessé, et qu'il n'a tenu qu'à l'individu dépouillé de reprendre sa chose, qu'on ne considère comme légitime la possession annale postérieure, qu'on n'accorde pas la complainte, c'est ce qui ne peut être soutenu sans rendre complètement illusoires les différentes dispositions du Code, qui établissent clairement que la prescription reprend son cours dès que la violence a cessé ; or, la complainte est fondée sur une prescription annale.

Nous ne réduisons pas la violence au seul moment où, par voie de fait, l'usurpation a été consommée ; nous l'étendons encore à tout le tems où, par la crainte d'être exposé aux méfaits de l'usurpateur, le possesseur dépouillé a été empêché d'agir. C'est aux tribunaux à fixer cette prolongation de la violence, d'après les circonstances particulières à chaque cause dont ils sont les appréciateurs plus ou moins sévères, plus ou moins indulgens. Le Code civil, conforme en cela aux lois romaines, ne place pas la violence uniquement dans un acte, mais aussi dans la crainte de s'exposer à un mal considérable et présent.

M. Toullier, tom. 6, pag. 95, n° 84, après avoir rappelé le principe qu'un contrat ne peut plus être attaqué pour cause de violence si, depuis que la violence a cessé, ce contrat a été approuvé soit expressément, soit tacitement, soit en laissant passer le tems de la restitution fixé par la loi, ajoute : « C'est-à-dire le tems de dix ans, qui ne courent que du jour où la violence a cessé ; car la crainte est présumée avoir duré autant de tems que sa cause a subsisté : *Quandiù durat causa metûs, semper præsumitur metus.* (*Decius, cap.* 219). Quand même il ne serait pas établi (ce qui en effet peut paraître difficile au possessoire) que la chose appartenait à celui qui s'en est emparé par violence, tous les actes d'approbation postérieurs la feraient suffisamment présumer. »

Il est facile de se faire une idée de la continuité de la violence. Pendant qu'un particulier labourait un champ, survient un tiers qui l'en chasse, jette sur la voie publique ses instrumens aratoires, y introduit les siens et se livre à la culture ; où il l'expulse de la maison qu'il occupe, jette ses meubles sur le carreau et s'installe dans cette même maison. Voilà bien la violence la plus caractérisée et la plus complète. Ce n'est pas tout : prévoyant le cas où l'expulsé voudrait reprendre sa chose, soit par le fait, soit par une action judiciaire, il a déclaré qu'il faisait des dispositions pour résister et pour faire, le cas arrivant, un mauvais parti à celui qui a été dépouillé ; ou bien l'usurpateur est un homme mal famé, connu pour abuser de sa force, pour se livrer à des violences quand on contrarie ses volontés ou ses intérêts. Certes, les tribunaux peuvent voir dans ces circonstances la prolongation de la violence, et dès lors refuser d'accueillir la complainte qui serait formée par le spoliateur troublé, quand même sa possession aurait duré dix ans, parce que ce serait dix ans de violence.

Ce qui précède fait déjà connaître quand la violence a cessé ; nous y ajouterons quelques observations.

Dans le droit romain, il n'y avait cessation de violence qu'autant que la chose était revenue dans la possession de celui qui en avait été dépouillé ou de ses héritiers. La loi française n'a point reproduit cette condition ; les tribunaux ne pourraient donc pas l'exiger.

M. Delvincourt ne voit la cessation de la violence que dans la délivrance d'un nouveau titre à l'usurpateur ; mais cette interprétation restrictive est repoussée par la généralité des termes de la loi et par l'exposé des motifs de l'orateur du gouvernement, ainsi qu'il l'avoue lui-même, et que l'observe M. Dalloz, *Rép.*, V° *Prescription*, n° 22, ch. 1er, sect. 2.

Ce dernier ajoute que c'est aux juges à fixer, d'après les circonstances, l'époque de la cessation de la violence, ce qui ne dispense pas les auteurs de donner quelques exemples pour les guider.

M. Vazeille se borne à reproduire la disposition légale, et il est à regretter que cet auteur, qui traite si bien les questions qu'il soulève, ait été si bref sur celle-ci.

Nous allons essayer de suppléer à son silence.

Bien qu'il ne soit permis à personne de se faire justice soi-même, il se peut qu'un particulier ait employé la violence pour se mettre ou se maintenir en possession d'une

chose qui lui appartient et qu'un autre détenait indûment ;
que postérieurement celui-ci, pouvant reprendre la chose,
même en l'absence du premier, ait tenu une conduite telle
qu'il en résulte la reconnaissance formelle de son droit,
comme s'il a fait un mur ou fossé, une haie de séparation
entre leurs héritages contigus, s'il s'est arrêté, en labourant,
au champ repris par son voisin ; si, dans des circonstances
où l'influence de celui-ci était nulle, il a déclaré à des tiers
que le champ repris appartenait au voisin : dans ces divers
cas et une foule d'autres qu'on pourrait aisément exposer, la violence a évidemment cessé, et l'année de possession écoulée depuis cette cessation est efficace pour la complainte.

Du reste, la violence nuit non-seulement à celui qui
l'exerce, mais encore à celui au nom duquel elle a lieu,
lors même qu'il l'ignorerait. Elle nuit à ses héritiers, même
à l'acquéreur, qui ne peut avoir plus de droits que lui, et
dont la condition n'est pas différente.

Art. ix. Possession de choses qui sont dans le commerce.

Les choses qui sont dans le commerce s'entendent non-seulement de celles qui font l'objet habituel de la profession de
certains particuliers, mais encore de toutes celles qui peuvent être achetées et vendues par des individus étrangers au
négoce. Tel, par exemple, fait son état d'acheter ou de fa-
briquer des étoffes pour les revendre. Ce n'est pas de ces
choses-là exclusivement qu'on doit dire qu'elles sont dans le
commerce ; autrement on exclurait toutes celles qui sont
immeubles, car il est généralement reconnu que ces biens,
dont cependant on trafique, ne peuvent faire l'objet du
commerce proprement dit, et que ceux qui achètent des

maisons ou des terres pour les revendre, ne sont pas des commerçans.

L'art. 1128 du Code civil porte « qu'il n'y a que les choses qui sont dans le commerce qui puissent être l'objet des conventions. »

Et l'art. 1598 : « Que tout ce qui est dans le commerce peut être vendu, lorsque des lois particulières n'en ont pas prohibé l'aliénation. « Ainsi, les biens immeubles d'une femme mariée sous le régime dotal sont inaliénables pendant toute la durée du mariage, quoiqu'ils soient incontestablement dans le commerce.

Enfin, l'art. 2226 dispose « qu'on ne peut prescrire le domaine des choses qui ne sont pas dans le commerce. »

Mais quelles sont les choses exclues du commerce? Aucune disposition du Code ne s'explique positivement à cet égard.

De l'art. 2227, on peut conclure que ce n'est pas la qualité du possesseur, mais bien la nature de la chose possédée qui la rend inaliénable, puisque « l'état, les établissemens publics et les communes sont soumis aux mêmes prescriptions que les particuliers, et peuvent à plus forte raison les opposer. »

L'art. 538 dit bien que « les chemins, rontes et rues à la charge de l'état, les fleuves et rivières navigables ou flottables, les rivages, lais et relais de la mer, les ports, les hâvres, les rades, et généralement toutes les portions du territoire français qui ne sont pas susceptibles d'une propriété privée, sont considérés comme des dépendances du domaine public. »

Mais il ne dit pas expressément qu'ils sont hors du commerce, il ne déclare pas que tout ce qui constitue le domaine public est hors du commerce , et il ne le pouvait pas, puisque l'art. suivant range au nombre des objets de ce domaine « les biens vacans et sans maître , ceux des personnes qui décèdent sans héritiers , ou dont les successions sont abandonnées, » et que parmi ces biens il y en a ordinairement qui produisent du revenu , tels que des terres en labour , des prés , des bois , des vignes.

Que conclure de tout cela? Que les choses hors du commerce sont, ainsi que les mots l'indiquent, toutes celles qui, d'après leur nature , sont nécessairement à l'usage du public et ne peuvent être aliénées sans changer de destination. Le législateur n'a pas sans doute voulu donner une définition et une nomenclature de ces choses, dans la crainte qu'elles ne fussent considérées comme limitatives. Il a pensé que les termes *choses qui ne sont pas dans le commerce* , étaient assez expressifs , et qu'en cas de contestation l'administration déterminerait quels biens sont ou non dans le commerce , sans que sa décision emportât en même tems jugement de la propriété.

Autrefois , le domaine de la couronne ou du roi était généralement réputé inaliénable.

On comprenait sous cette dénomination tous les biens appartenant à l'état , de quelque nature qu'ils fussent , même ceux que le prince possédait au moment où il montait sur le trône ou qu'il acquérait depuis cette époque. Ils se réunissaient au domaine public ; il n'y avait aucune distinction entre les biens de l'état et ceux du roi. Tous étaient même appelés domaines royaux , mais cette propriété était purement nominale; elle était fondée sur l'habitude où l'on était de tout rapporter à la majesté royale pour en augmenter la puissance et l'éclat ; néanmoins elle appartenait réellement à l'état ; elle ne pouvait être aliénée ni prescrite ; on en exceptait cependant les biens appelés *petits domaines*, qui étaient aliénables et prescriptibles ; mais on n'a jamais été bien d'accord sur les objets que l'on devait considérer comme tels. Si l'édit du mois d'août 1708 dit qu'on doit entendre par petits domaines, et conséquemment regarder comme aliénables à perpétuité les moulins, fours, pressoirs, halles, maisons, boutiques, échoppes, places à étaler, places vaines et vagues, communes, landes, bruyères, patis, palus, marais, étangs, boqueteaux séparés des forêts, bacs, bateaux, péages, travers, ponts, passages, droits de minage, mesurage, aunage, poids, greffes, tabellionages, prés, îles, îlots, crémens, accroissemens, attérissemens, droits sur les rivières navigables, leurs fonds, lits, bords, quais et marchepieds, les bras, courans, eaux mortes et canaux ; les places qui ont servi aux fossés, murs et remparts, fortifications tant anciennes que nouvelles de toutes les villes du royaume, les lois des 1ᵉʳ décembre 1790 et 14 ventose an 7 semblent les restreindre aux terres vaines et vagues, landes, bruyères, palus, marais et terrains en friche autres que ceux situés dans les forêts, ou à cent perches d'icelles.

Aujourd'hui, il n'y a plus de distinction entre le grand et le petit domaine ; mais depuis 1790 on distingue le domaine de l'état ou public, du domaine de la couronne ou liste civile et du domaine privé du prince.

L'art. 2227 du Code civil contient une disposition, en vertu de laquelle l'aliénabilité, la prescriptibilité du domaine de l'état est incontestable, ce que ne contrarie pas la nécessité d'observer, pour vendre, certaines formalités ; car les biens des communes, un bois, un pré, par exemple, ne peuvent être aliénés qu'en vertu d'une loi, et cependant la propriété peut en être acquise par prescription ; il n'y a d'exception que pour les choses consacrées à l'usage du public.

« Il ne suffit pas, comme l'enseigne M. Toullier, tom. 6, n° 158, qu'une chose n'ait pas coutume d'être vendue, que la vente en soit prohibée ou ne puisse être faite qu'en vertu d'un décret royal ou d'autres formalités, pour qu'elle soit considérée comme étant hors du commerce ; au contraire, le Code considère comme étant dans le commerce toutes les choses susceptibles d'être vendues, quoique les lois en aient prohibé l'aliénation. »

Relativement aux biens compris dans la liste civile, deux lois des 8 novembre 1814 et 2 mars 1832 contiennent des règles précises.

L'art. 9 de la première porte que « les biens formant la dotation de la couronne sont inaliénables et imprescriptibles. » L'art. 8 de la deuxième est ainsi conçu : « Les meubles et immeubles de la couronne sont inaliénables et imprescriptibles ; ils ne peuvent être par conséquent ni donnés, ni vendus, ni engagés, ni grevés d'hypothèques : néanmoins, les objets inventoriés avec estimation, aux termes de l'art. 6, pourront être aliénés moyennant remplacement. »

Cette imprescriptibilité est absolue ; elle n'est pas seulement établie contre le souverain qui ne peut acquérir par possession, quelque longue qu'elle ait été ; elle l'est aussi contre les tiers qui ne peuvent prescrire les biens tant qu'ils demeurent affectés à la liste civile, pourvu qu'ils soient compris dans des états et plans ; ce n'est que du jour où ils en ont été distraits que la possession utile des tiers peut commencer.

Quant au domaine privé, il ne se composait, d'après la loi du 8 novembre 1814, que des biens acquis par le prince depuis son avénement au trône. Ceux qu'il possédait antérieurement sont dès cette époque dévolus à l'état d'une manière définitive et irrévocable. C'est un principe très-ancien de notre droit public, et l'application en a été toujours fort avantageuse à l'état, dont elle a augmenté les ressources ; mais il paraît que la royauté élue n'impose pas autant de sacrifices, et n'est pas tenue à tant d'obligations; aussi l'art. 22 de la loi du 2 mars 1832 porte-t-il que « le roi conservera la propriété des biens qui lui appartenaient avant son avénement ; que ces biens et ceux qu'il acquerra à titre gratuit ou onéreux, pendant son règne, composeront son domaine privé. »

L'art. 23 ajoute que « le roi peut disposer de son domaine privé, soit par actes entrevifs, soit par testament, sans être assujetti aux règles du Code civil, qui limitent la quotité disponible », et l'art. 24 que « les propriétés du domaine privé seront, sauf l'exception portée en l'article précédent, soumises à toutes les lois qui régissent les autres propriétés. »

Par conséquent, ce domaine privé est soumis aux règles ordinaires de la prescription.

Les églises, les cimetières, les hôpitaux sont imprescriptibles, comme destinés à l'usage général.

Il en est de même des places publiques, des grandes routes et de tous les objets énoncés aux art. 538 et 540 du Code civil.

Mais ils ne conservent ce caractère d'imprescriptibilité que tant qu'ils sont consacrés à l'usage du public. C'est leur destination, leur application à l'usage de tous qui le leur imprime, et il est même impossible qu'il en soit autrement; car, pendant que tout le monde use d'une chose, personne n'exerce d'acte de possession exclusive.

L'art. 541 donne un exemple qui suppose une règle préexistante. Il dit bien que « les terrains, fortifications et remparts des places, qui ne sont plus places de guerre, appartiennent à l'état, s'ils n'ont été valablement aliénés ou si la propriété n'en a pas été prescrite contre lui. »

Mais pour que les remparts, terrains, fortifications et autres choses publiques soient prescriptibles, faut-il qu'on représente un acte de l'autorité administrative qui en change la destination? acquiert-on la propriété par une possession postérieure de trente ans, ou bien suffit-il de la simple possession pendant ce tems? Sans doute si cette question était affirmativement résolue, il n'y aurait plus de différence entre les biens qui sont hors du commerce et ceux qui y sont restés. Une possession trentenaire ferait également ment acquérir la possession des uns et des autres.

Cependant nous croyons que la prescription doit régir tous les biens; qu'il ne doit y avoir de différence que dans les actes de jouissance que les tribunaux peuvent plus facilement considérer comme précaires et de tolérance quand ils s'appliquent à une chose destinée à l'usage général; que la possession trentenaire, qui fait présumer une vente, fait à plus forte raison présumer l'acte administratif qui a changé la nature ou la destination de la chose; que si l'on suppose la perte d'un acte de vente authentique, on peut supposer celle d'un acte administratif, les dépôts de l'administration n'étant pas plus que ceux des notaires à l'abri des événemens; qu'autrement une possession de plusieurs siècles serait inefficace, parce qu'on prouverait qu'il y a trois ou quatre cents ans la chose qui en est l'objet était un terrain de place publique, et parce que, bien que par le fait, depuis cette époque, cette chose ne fût plus place publique, il n'y aurait cependant aucun acte de l'administration qui lui aurait retiré ce caractère et cette destination.

Il nous semble qu'en retirant du commerce certains objets, la loi a seulement voulu faire comprendre que, quoique ces choses fussent publiques, personne ne pouvait cependant se permettre d'en disposer à son profit, ni empêcher, à l'aide de cette aliénation, l'usage de tous. D'ailleurs chaque particulier sera très-empressé de conserver cet usage tant que l'administration ne le lui aura pas interdit; la possession exclusive d'un citoyen ne peut donc avoir lieu qu'autant que l'administration aura changé la destination, l'usage du bien. Mais dès que l'administration peut changer cet usage, dès qu'elle peut ensuite vendre la chose, on ne verrait pas pourquoi elle ne serait pas prescriptible par une possession bien caractérisée et exclusive.

Nous avions déjà émis cette opinion dans notre *Traité des chemins*, et nous avions dit que s'il pouvait y être fait exception, c'était tout au plus relativement aux remparts, fortifications et terrains des places de guerre et des forteresses, par le motif que des dispositions spéciales défendent d'ériger ou d'abandonner des places de guerre sans l'autorisation du gouvernement. Depuis que nous avons exposé ces principes, il est intervenu, sous la date du 3 mars 1828, un arrêt de la cour de cassation dans lequel on lit que « les remparts des places de guerre, que l'art. 540 du Code civil déclare faire partie du domaine public, et dont l'art. 13 de la loi du 10 juillet 1791 attribue la conservation au ministre de la guerre, qui en est déclaré responsable, ne sont point dans le commerce, et forment conséquemment un domaine inaliénable et imprescriptible de l'état; qu'à la vérité, suivant l'art. 2, tit. 4 de la même loi du 10 juillet 1791, les bâtimens et emplacemens que le ministre de la guerre ne jugerait pas nécessaires au service militaire, peuvent changer de nature et de destination par la remise que le ministre en ferait aux corps administratifs pour faire partie des propriétés aliénables, et par conséquent désormais prescriptibles de l'état; mais que ce changement de nature et de destination ne peut résulter que de décisions ministérielles, de procès-verbaux réguliers de remises, ou autres actes équipollens. »

Mais, dans cette espèce, il s'agissait d'une rampe de rempart, c'est-à-dire de l'accessoire d'une place qui n'avait pas cessé d'être place de guerre, ainsi que cela était bien constaté. On conçoit que, dans ce cas, il faille une déclaration de ce qui est utile ou inutile au service de la place, sans qu'on puisse en rien conclure pour le cas où la place n'est plus destinée à la défense de l'état, ni à plus forte raison relativement aux terrains des routes, des rivières, des cimetières, églises, etc., etc., puisque la législation ne renferme rien de semblable pour ces divers objets, c'est-à-dire n'impose pas, pour les faire rentrer dans le commerce, la nécessité d'une déclaration formelle de l'administration.

Telle paraît être aussi l'opinion de M. Dalloz, *Rép.*, V° *Prescription*, quoiqu'elle n'ait pas, nous en convenons, toute la précision désirable.

« Nous croyons, dit-il, que les chemins, lorsqu'ils sont abandonnés, les ports, les hâvres, les rades, quand ils viennent à être comblés, tombent dans le domaine de la prescription, de même que les terrains, les fortifications et remparts des places qui ne sont plus places de guerre; argument de l'art. 541 du Code civil. » (Voy. *Recueil périod. de* 1826, 2, 1, et 1828, 2, 57.)

« Il en faut dire autant, ajoute-t-il, des églises et des cimetières où l'exercice du culte et l'inhumation n'ont plus lieu, et en général de toutes les choses qui, susceptibles par leur nature d'une possession exclusive, n'ont été placées hors du commerce que par une considération d'utilité publique qui a cessé d'exister. »

Cet auteur cite un arrêt de la cour d'Orléans, du 6 mai 1818, dont M. Colas de la Noue nous donne la substance dans son utile recueil. Un particulier avait possédé un terrain pendant trente ans. La commune prétendait qu'il avait anciennement fait partie d'une place publique, qu'il était imprescriptible, et qu'on ne pouvait le conserver qu'en représentant une concession administrative; mais ce système fut repoussé. A la vérité, il ne paraît pas que la commune ait prouvé que ce terrain eût jamais fait partie de la place; mais, à notre avis, la décision eût été la même, si cette preuve avait été faite. Voyez encore arrêt de Rouen, 11 février 1825.

M. Vazeille, *Traité des prescriptions*, n°s 91 à 96, pense aussi qu'il n'est pas nécessaire que l'administration ait supprimé la place de guerre par une déclaration formelle; il admet les équipollens, et pour toutes les autres choses publiques il se contente du seul laps de tems requis pour l'acquisition de la prescription.

Nous devons faire observer qu'une loi positive, celle du 16 septembre 1807, art. 41, autorise le gouvernement à concéder les lais et relais de la mer, les accrues, attérissemens des fleuves et des rivières aux conditions qu'il juge à propos, sans l'intervention d'une loi spéciale, et qu'un arrêt de la cour de cassation, du 3 nov. 1824, les a déclarés prescriptibles et susceptibles de devenir l'objet d'une action possessoire; qu'enfin les lits des fleuves ou rivières qui ont changé de cours deviennent immédiatement propriété privée, et, en rentrant dans le commerce, deviennent prescriptibles.

Il y a d'autres biens encore qui sont régis par des principes spéciaux. Ce sont ceux qui forment des dotations prises sur le domaine extraordinaire, et les majorats institués soit avec des biens donnés par l'état, soit avec les propres biens de celui qui a obtenu cette distinction.

Le domaine extraordinaire est aboli par l'art. 25 de la loi du 2 mars 1832; mais les dotations anciennes et les majorats institués ou avec les biens de l'état ou avec ceux des particuliers, subsistent toujours. Il peut en être créé de nouveaux jusqu'à l'adoption du projet d'abolition proposé par M. Parant à la chambre des députés.

L'art. 40 du décret du 1er mars 1808 est ainsi conçu: « Les biens qui forment les majorats sont *inaliénables*, ils ne peuvent être engagés ni saisis. » Comme on le voit, cet article ne dit pas, ainsi que les lois des 8 novembre 1814 et 2 mars 1832, que les biens sont inaliénables et *imprescriptibles*. M. Delamalle, dans l'art. *Majorat* du *Répertoire* de M. Favard, § 1er, n° 4, n'en dit pas moins qu'ils sont imprescriptibles.

Mais d'abord l'aliénation des majorats peut être autorisée par le roi. Ils ne sont donc pas inaliénables d'une manière absolue.

L'art. 11 du décret du 4 mai 1809 nous paraît d'ailleurs ne laisser aucun doute sur la prescriptibilité des biens des majorats ; il est ainsi conçu : « S'il arrivait que des tiers eussent commis quelque empiètement ou usurpation sur les biens du majorat, le conservateur en donnera sur-le-champ avis au titulaire et à notre commissaire près la commission du sceau des titres : en cas d'urgence, le conservateur sera tenu, sans autre autorisation, de faire en son propre nom, aux frais du titulaire, les actes conservatoires nécessaires *pour interrompre la prescription.* »

Ainsi, le décret reconnaît que la prescription court valablement au profit des tiers, puisqu'il recommande de faire des actes conservatoires pour l'interrompre.

Vainement objecterait-on que, d'après l'art. 35 du décret du 1er mars, le titre et les biens affectés au majorat passent à la descendance légitime, de mâle en mâle, par ordre de primogéniture, ce qui constitue une substitution fidéicommissaire ; car, dans l'ancien droit qui admettait cette substitution, il était assez généralement reconnu que des tiers pouvaient prescrire les biens substitués, soit avant, soit après l'ouverture de la substitution. Il en doit être de même aujourd'hui, à plus forte raison. L'esprit de la nouvelle législation est plus favorable à la prescription, dont il a étendu le cercle. Il est constant que le Code civil déclare prescriptibles bien des choses qui ne l'étaient pas avant sa promulgation.

Les mêmes règles s'appliqueraient aux biens dont la substitution est permise par les articles 1048 et suivans du Code civil. Nous ne voyons pas comment, dans le silence du Code, ils seraient soustraits à l'empire du droit commun qui soumet tous les biens à la prescription, à moins qu'ils n'en soient exceptés par quelques lois.

Si le grevé ne peut prescrire, c'est que la loi dit qu'on ne peut se changer la cause de sa possession , ni prescrire contre son titre ; mais un tiers qui n'est pas dans la même position peut acquérir valablement par la possession continuée pendant le tems fixé par le Code.

Nous nous bornons , quant à présent , à ces simples observations ; nous aurons occasion , plus tard , de leur donner de nouveaux développemens quand nous en ferons l'application.

DEUXIÈME PARTIE.

DES CHOSES POUR LESQUELLES ON PEUT INTENTER L'ACTION
POSSESSOIRE.

CHAPITRE PREMIER.

Des biens qui peuvent être en général la matière de cette action.

Nous examinerons dans ce chapitre si l'action possessoire
est admise pour toutes sortes de biens, meubles ou immeubles, et nous établirons en autant de paragraphes qu'elle
est reçue :

1° Pour les immeubles et droits réels qui y sont assimilés,
et non pour les immeubles fictifs ;

2° Pour les meubles devenus immeubles par destination ;

3° Pour les immeubles amortis par stipulation ;

4° Mais non pour des meubles isolés ou pour universalité
mobilière.

§ Iᵉʳ.

*L'action possessoire est admise pour les immeubles et droits réels,
mais non pour les immeubles fictifs.*

Le droit romain avait, comme nous l'avons vu dans la
première partie, des interdits pour les personnes et les choses, pour les hommes libres et les esclaves, les meubles et

les immeubles. On connaissait l'interdit *utrubi*, qui avait lieu pour un seul objet mobilier, et celui *ad exhibendum*, qui tendait à faire représenter des hommes libres ou des esclaves que l'on cachait. Ni l'un ni l'autre n'a jamais été admis dans notre droit. La *Coutume de Paris* et l'ordonnance de 1667, qui, plus prévoyantes que le Code de procédure, avaient pris soin de désigner les choses qui pouvaient être la matière de l'action possessoire, l'accordaient pour *immeubles*, droits réels et universalité de meubles; mais l'interdit *ad exhibendum* n'était point autorisé, même dans les colonies, à raison des nègres ou esclaves considérés, par une législation inhumaine, comme meubles quand ils étaient attachés au service personnel, et comme immeubles par destination lorsqu'ils l'étaient à l'exploitation ou à la culture. (Arrêt de la cour de cassat., du 5 août 1829.)

Nous ne trouvons, dans le Code de procédure civile, aucune disposition précise sur les biens qui peuvent être l'objet des actions possessoires; ce n'est que par induction, et au moyen du rapprochement des art. 2, 3 et 23 du Code de procédure, dont les deux premiers sont empruntés à la loi du 24 août 1790, qu'on est conduit à penser que les immeubles et droits réels immobiliers, que l'art. 526 du Code civil considère aussi comme immeubles, sont seuls susceptibles de ces actions.

En effet, l'art. 2 commence par établir qu'en matière purement personnelle et mobilière, la citation sera donnée devant le juge du domicile du défendeur; s'il n'a pas de domicile, devant le juge de sa résidence. Si donc la complainte était admise en matière mobilière, l'action devrait être portée devant le juge du domicile ou de la résidence du défendeur. Cependant l'article suivant veut qu'elle le soit devant le juge de la situation (mot qui ne s'applique qu'aux immeubles, les meubles n'ayant pas de situation) de l'objet litigieux, lorsqu'il s'agit de déplacemens de bornes, etc., ici la loi énumère différens immeubles, puis ajoute, « et *de toutes autres actions possessoires.* »

Il est assurément fort étrange que le législateur n'ait pas pris la peine de décider nettement pour quelle espèce de biens la complainte est recevable. Aucune disposition de nos lois ne l'excluant en matière mobilière, on pourrait être tenté de soutenir que les tribunaux devraient l'accueillir.

Pourquoi, dira-t-on, en serait-il autrement? et quelle raison de distinguer entre les meubles et les immeubles?

Lorsque le législateur a établi l'action possessoire, il a été guidé par le désir d'éviter les querelles, les voies de fait, et par le motif que le litige pouvant se prolonger, il était de toute justice de maintenir provisoirement en possession celui qui l'a déjà. Mais ces motifs ne s'appliquent-ils pas aux meubles comme aux immeubles? N'est-il pas évident que si cette action n'est pas admise, les hommes de mauvaise foi profiteront de cette prohibition pour s'emparer avec ruse ou violence d'un objet souvent précieux, dont ils jouiront, et qu'ils dissiperont même pendant le litige sur la question de propriété qu'ils ne manqueront jamais d'élever? Celui qui aura été dépouillé par violence n'aura d'autre ressource que d'user de la même voie. N'y a-t-il pas, d'ailleurs, des meubles d'une plus grande valeur que beaucoup d'immeubles? Les navires, par exemple, les moulins assis sur bateaux, ne sont-ils pas, par le Code de procédure et le Code de commerce, soumis pour la saisie et la vente à des règles spéciales? Beaucoup de meubles ne sont-ils pas censés immeubles?

Mais on peut répondre que l'ancienne législation elle-même n'admettait l'action possessoire en matière mobilière qu'autant qu'il s'agissait d'une universalité de meubles, et jamais pour un meuble seul, quelle qu'en fût l'importance ou la valeur; que le Code de procédure ne donnant, par aucune disposition, au juge de paix le pouvoir d'accueillir une action possessoire mobilière, il ne pourrait pas la juger, puisque évidemment il n'est qu'un juge d'exception institué pour prononcer sur les matières qui lui sont formellement attribuées et dans les cas spécifiés; qu'en matière d'attribution, tout est de rigueur; que ce n'est pas le cas de dire qu'il suffit que le législateur ne l'ait pas défendu, qu'il faut au contraire que la loi l'ait expressément permis, parce qu'un magistrat n'a de pouvoir qu'autant que la loi lui en confère. A ces raisons viennent s'en joindre d'autres encore qui ne sont pas sans force. En matière de meubles, possession vaut titre; il est plus facile d'éviter les usurpations des objets mobiliers que celles des propriétés foncières; la possession annale des meubles est difficile à constater; c'est avec raison que celui qui est en possession d'un meuble en est réputé le vrai propriétaire, parce qu'il est présumable que celui qui le détient ne le fait que par suite de consentement; les meubles passant rapidement et successivement dans un grand nombre de mains, sans acte écrit, il serait impossible de prouver la propriété au pétitoire; celui qui, après avoir possédé pendant un an, aurait vendu, pourrait, après avoir touché le prix, reprendre irrévocablement sa chose par la complainte; sans doute, il existe des meubles tellement volumineux, et d'une si grande valeur, qu'on pourrait les assimiler à des immeubles, mais il aurait été impossible de prévoir les différens cas d'exception, de préciser l'importance ni le volume ; il a bien fallu se renfermer dans une exclusion absolue.

Certes, si les tribunaux inférieurs refusaient d'admettre la complainte en matière mobilière, la cour de cassation rejeterait le pourvoi formé contre ces décisions, car aucune loi n'aurait été violée. Nous croyons, au contraire, qu'elle casserait pour excès de pouvoir si la complainte était accueillie, par la raison déjà déduite que les juges de paix n'ayant de pouvoir qu'autant que la loi leur en a expressément déféré, ce qu'ils font au delà est nul. C'est ce qu'établit M. le président Henrion de Pansey, dans son ouvrage sur l'*Autorité judiciaire en France*, et ce qui résulte du principe consacré par la cour de cassation, par arrêt du 19 mars 1825, rendu dans la fameuse affaire Roumage.

D'après l'art. 517 du Code civil, il y a trois sortes d'immeubles : par nature, par destination, par l'objet auquel ils s'appliquent ; mais des décrets spéciaux en ont créé une quatrième sorte que nous appelons fictifs.

Le décret du 16 janvier 1808, relatif à l'organisation de la Banque de France, accorde aux actionnaires la faculté de donner à leurs actions, sur cet établissement, la qualité d'immeubles, en observant certaines formalités.

Les décrets des 1er mars 1808, 4 juin 1809 et 3 mars 1810, considèrent aussi comme immeubles les rentes sur l'état, les actions sur les canaux formant la dotation des majorats.

Ce sont là des dérogations au droit commun établi par les art. 529 et 530 du Code civil, mais elles ne peuvent avoir l'effet de changer la nature matérielle des choses qui en sont l'objet, et qui sont toujours réellement mobilières. Il est par conséquent de toute évidence que ces choses ne donnent jamais lieu à l'action possessoire, et que les contestations dont elles peuvent être la matière, devant être résolues par l'interprétation des titres et des actes de l'administration qui les concernent particulièrement, sont de la compétence, ou des tribunaux civils de première instance, ou de l'autorité administrative, suivant la question qu'il s'agit de décider.

Au reste, les art. 517, 518, 519, 520, 521, 523 spécifient les immeubles par nature, les art. 522, 524 et 525 ceux qui le sont par destination, et l'art. 526 ceux qui le sont par l'objet auquel ils s'appliquent; parmi ces derniers sont les servitudes, l'usufruit.

§ II.

Des meubles isolés et des universalités de meubles.

Nous avons démontré d'une manière générale, dans le paragraphe précédent, que les meubles ne pouvaient être la matière d'une action possessoire. Nous ne reviendrons pas sur ce que nous avons dit à cet égard; nous ajouterons seulement que la solution doit être la même, soit qu'il s'agisse d'une universalité mobilière, soit qu'il ne s'agisse que de quelques meubles isolés; car le nombre n'en change pas la nature, et les raisons que nous avons données pour un seul s'appliquent incontestablement à une universalité.

A la vérité, et comme nous l'avons déjà dit, sous l'ancienne législation, la complainte était admise pour universalité de meubles. L'article 97 de la *Coutume de Paris* portait : « Aucun n'est recevable de soi complaindre et intenter le cas de nouvelleté pour une chose mobilière particulière, mais bien pour universalité de meubles comme en succession mobilière. »

L'ordonnance de 1667 admettait la complainte pour universalité de meubles, sans ajouter : « provenant d'une succession ; » mais les commentateurs, interprétant l'ordonnance par la coutume, avaient si bien senti tout ce que cette disposition avait d'étrange, qu'ils avaient été forcés de restreindre la complainte au cas où il s'agissait d'une succession. On peut voir Delaurière, sur l'art. 97 de la *Coutume de Paris ;* Bourjon, *Droit commun de la France ;* Duplessis, *des Actions.* M. le président Henrion de Pansey, *Compétence des juges de paix*, semble être d'avis que cette complainte peut encore avoir lieu sous l'empire du Code de procédure, car il rapporte, sans aucune observation contraire, les lois et les auteurs qui l'admettaient autrefois.

Cependant, sous l'empire même de l'ancienne législation, qui avait une disposition précise, ce principe fut attaqué, notamment par Bourjon, *Droit commun de la France,* tom. 2, tit. 4, ch. *de la Complainte.* « Il paraît, dit-il, qu'il ne peut s'appliquer que lorsqu'une succession est contestée entre plusieurs ; mais si ces contestations s'élèvent avant l'an, c'est le cas du séquestre ; après l'an, il y a alors fin de non-recevoir à intenter cette action. Je n'y vois donc pas de base ; c'est vain examen, vaine curiosité plus que réalité que cette décision. »

M. Merlin admet aussi la complainte pour universalité de meubles, comme on peut le voir sous ce mot de son *Répertoire.* MM. Levasseur, *des Justices de paix ;* Dumont, Barbedette-Charmelais, Poncet, *des Actions ;* Pigeau, *Comment. posthum. ;* Vazeille, *des Prescriptions ;* Guichard, dans ses *Questions possessoires ;* Brossard, *Juridiction civile des juges de paix*, n° 297, partagent ce sentiment. Voilà sans doute des autorités bien nombreuses et bien imposantes; cependant nous sommes d'un avis contraire, et jamais aucun principe ne nous a paru plus évident que celui qui refuse l'action possessoire pour universalité de meubles. Les auteurs que nous venons de citer nous paraissent avoir cédé trop facilement à l'influence des anciens principes, sans faire attention aux changemens essentiels qu'ils ont subis.

A tous ces auteurs, nous pouvons d'ailleurs en opposer d'autres dont les noms font aussi autorité en jurisprudence.

M. Favard de Langlade, dans son *Répertoire*, au mot *Complainte*, décide nettement que l'action possessoire n'a pas lieu pour universalité de meubles.

M. Adolphe Chauveau, notre honorable confrère, dans un article remarquable inséré au 8e cahier de son *Journal des avoués* de 1832; M. Jules de Foulan, dans son *Journal spécial des justices de paix*, recueil rédigé avec talent; M. Carré, dans son ouvrage sur les *Justices de paix*, le disent également. Ce dernier se fonde sur ce que le Code de procédure ne répète pas la disposition de l'ordonnance de 1667, qui, comme nous l'avons déjà vu, autorisait formellement la complainte pour universalité de meubles; sur ce que toutes ses dispositions supposent qu'il s'agit d'immeubles; que l'art. 1041 du même Code abroge toutes lois, coutumes et usages relatifs à la procédure; sur ce que l'art. 2279 du Code civil proclame en principe qu'en fait de meubles, possession vaut titre. « On conçoit difficilement, dit-il, lorsque la loi garde le silence, comment il se pourrait faire qu'une totalité fût d'une autre nature que les unités dont elle se compose. »

Enfin c'est aussi dans ce sens que s'explique fort nettement M. Aulanier, dont les opinions nous ont paru en général très-réfléchies, très-saines, et ont d'autant plus de poids à nos yeux que l'auteur a traité *ex professo* la matière des actions possessoires.

« On admettait généralement autrefois, dit-il au n° 72, que l'action possessoire était recevable pour une universalité de meubles composant une succession purement mobilière. Beaucoup d'auteurs, entraînés par la routine, professent encore cette opinion tout-à-fait dénuée de fondement. Comme en fait de meubles la possession vaut titre, il ne serait pas raisonnable de faire pour les universalités mobilières une exception à la règle qui interdit la complainte pour les biens mobiliers. »

Voyons, au surplus, sur quelles raisons se fondent ceux qui prétendent que la complainte a lieu pour universalité de meubles provenant d'une succession. Un particulier décède ne laissant que des meubles. Plusieurs individus se présentent presque aussitôt et se disputent l'hérédité. Ils veulent se mettre en possession. Il est évident que ni l'un ni l'autre ne peut intenter la complainte. Il n'y a pour aucun d'eux de possession particulière, ils n'ont que celle qu'avait le défunt; mais ils ne peuvent l'invoquer ni l'un ni l'autre, puisque leur qualité d'héritiers est contestée et incertaine. Il n'y a donc lieu qu'au séquestre. Supposons maintenant que l'un des prétendans se soit mis en possession de l'hérédité depuis un an ; qu'après ce tems un autre se présente comme héritier pour le tout ou pour la moitié, et qu'il s'empare de ce qu'il prétend lui appartenir. Le premier pourra-t-il intenter la complainte? Si l'affirmative était admise, il pourrait user et abuser, et en fin de cause il adviendrait que soit par le simple usage, soit par mauvaise foi , tous les meubles se trouveraient détruits ou dissipés , et que son insolvabilité rendrait tout recours illusoire, inconvénient qui n'est pas à craindre pour les immeubles. Mais , objectera-t-on peut-être, l'usurpation ne sera pas réprimée, la voie de fait sera donc encouragée , récompensée? Celui qui l'aura commise se sera créé un droit qui l'emportera sur une possession paisible?

Nous répondons que la loi donne aux magistrats le moyen d'obvier à cet inconvénient par le séquestre , qui garantit , autant que possible , tous les intérêts ; que s'il est probable que celui qui se sera emparé de vive force des meubles s'empressera de les dissiper , et qu'ainsi le séquestre ne pourra avoir lieu , évidemment la complainte ne serait pas plus efficace pour l'empêcher de les détourner et de les dissiper , et qu'en fin de cause , s'il est reconnu n'avoir aucun droit à la propriété , il peut être condamné comme voleur ; que la crainte de cette condamnation est la seule garantie que le législateur ait pu donner contre de telles voies de fait : aussi , même dans le droit romain , qui admettait l'interdit *utrubi* pour meubles , en cas de trouble , il n'y en avait pas pour la dépossession par voie de fait. Vinnius en fait la remarque : *Hoc interdictum recuperandæ possessionis ad res mobiles non pertinet , cum in eo casu sufficiat actio furti, aut vi bonorum raptorum ;* cela s'applique à tous les cas , même à ceux de meubles isolés qui auraient été dérobés.

Ce que nous venons de dire s'applique également au cas où un particulier s'emparerait de tous les meubles d'une succession , parce qu'il prétendrait les avoir acquis du défunt ou de ses héritiers.

Dans toutes les contestations qui peuvent naître pour les meubles , soit qu'il s'agisse de quelques-uns seulement , soit qu'il s'agisse d'une universalité, nous ne voyons que des questions de propriété. Celui qui détient est réputé propriétaire, parce qu'en matière mobilière la possession vaut titre; il peut s'élever une contestation non-seulement sur la qualité d'héritier, mais encore sur la question de savoir si les meubles ou quelques-uns d'entre eux appartenaient au défunt et font partie de sa succession; nous ne connaissons pas d'action possessoire pour se faire maintenir dans un droit, un titre d'héritier; enfin la complainte est réelle et doit toujours s'appliquer à un objet déterminé, et non à un droit intellectuel.

Ajoutons, en terminant sur ce point, que le motif donné par les auteurs des dispositions de la *Coutume* et de l'ordonnance qui autorisaient la complainte pour universalité de meubles, était le même que celui qui l'admettait pour les rentes constituées et les offices. Ces diverses choses étaient des immeubles fictifs, et ils disent tous que l'universalité mobilière participe de cette fiction, *sapit quid immobile*. Ce n'était donc qu'à cause de la nature immobilière que la complainte était reçue; il était donc vrai de dire, alors comme aujourd'hui, que la complainte ne pouvait avoir lieu que pour choses ou droits réels immobiliers; mais notre Code n'ayant plus rangé dans cette catégorie les rentes, les offices, l'universalité de meubles, toutes ces choses étant au contraire meubles, il s'ensuit nécessairement qu'il n'y a plus de raison pour qu'aucune d'elles puisse donner lieu à la complainte.

§ III.

Immeubles par destination.

Les auteurs sont bien laconiques relativement aux immeubles par destination. M. Carré, dans son dernier ouvrage, tom. 2, pag. 250, n° 1403, se borne à dire : « Les choses immobilières par leur nature ne sont pas les seules à l'égard desquelles la loi donne ouverture à cette action ; elle est également recevable par rapport à celles que la loi répute immeubles fictifs par leur *destination* ou par leur *application*. Tels sont les objets mentionnés dans les art. 524, 525 et 526 du Code civil. »

M. le président Henrion de Pansey cite Imbert, qui dit : « On peut défendre en matière possessoire quand elle est mue et formée pour meubles, qu'ils ne tiennent et ne sont adhérens aux immeubles ; car, s'ils sont conjoints et accessoires des immeubles, la complainte est bien recevable. »

M. le président cite encore Brodeau, qui, sur l'art. 97 de la *Coutume*, s'exprime ainsi : « La complainte a lieu pour les meubles adhérens et cohérens ou incorporés au fonds, et qui ne sont pas possédés comme chose mobilière, comme les ustensiles tenant à fer et à clous, chevillés ou scellés en plâtre et mis pour perpétuelle demeure, qui ne peuvent être emportés sans fraction ni détérioration. »

Comme on le voit, l'opinion de ces auteurs est limitée. Elle n'embrasse que les choses mobilières qui sont adhérentes aux immeubles, qui tiennent à fer et à clous, sont chevillées ou scellées en plâtre, etc., etc.

Cependant M. Henrion de Pansey en tire une conclusion bien plus générale.

« Ainsi, dit-il, celui qui est troublé dans la jouissance d'une maison peut demander d'être maintenu dans la possession, non-seulement de l'édifice, mais des meubles qu'il renferme, et qui par leur destination sont réputés immeubles.

« Il en est de même des mouches à miel et de toutes les choses mobilières que le Code civil répute immeubles.

» Pour tous ces objets, le possesseur qui en est dépouillé n'est pas réduit, comme pour les meubles proprement dits, à l'action en revendication, action pétitoire qui impose à celui qui l'intente l'obligation de prouver sa propriété. Il peut prendre la voie de la complainte, ce qui lui procure deux avantages : 1° il suffit qu'il prouve qu'il possédait un an avant le fait dont il se plaint ; 2° il a la faculté de porter son action devant le juge de paix, quelle que soit la valeur de l'objet qu'il réclame. »

Mais les meubles deviennent immeubles par destination de plusieurs manières : les uns y sont incorporés, scellés à plâtre, ou à chaux ou à ciment, ou y sont placés de telle manière qu'ils ne peuvent être détachés sans être fracturés ou détériorés, ou sans briser ou détériorer la partie du fonds à laquelle ils sont attachés.

Les autres le deviennent parce qu'ils sont livrés par le propriétaire au fermier ou au métayer pour la culture, ou placés par lui pour le service et l'exploitation de ce fonds.

Tels sont, indépendamment des animaux, les ustensiles aratoires, les semences données au fermier ou colon partiaire ;

Les pigeons des colombiers ;

Les lapins des garennes ;

Les ruches à miel ;

Les poissons des étangs ;

Les pressoirs, chaudières, alambics, cuves et tonnes ;

Les ustensiles nécessaires à l'exploitation des forges, papeteries et autres usines ;

Les pailles et engrais.

A cette nomenclature on peut ajouter les nègres, qui, dans les colonies, sont, jusqu'à l'affranchissement promis par la loi du 26 avril 1833, considérés comme immeubles quand ils sont attachés à l'exploitation des fonds. (Édit de mars 1685, dit Code noir, art. 48.)

Quant aux premiers, nul doute que le possesseur annal de la maison ne puisse former complainte, et que le juge de paix, après avoir vérifié qu'ils ont avec cet édifice l'adhérence qui leur donne le caractère d'immeubles, ne doive prononcer la maintenue ou la réintégrande.

Par exemple, il est des poêles pratiqués dans des murs pour chauffer deux pièces, et qui y sont, ainsi que leurs tuyaux, scellés à fer, chaux et plâtre; celui qui détruirait ou enlèverait ces objets troublerait le détenteur dans la possession de sa maison, car ils en font partie essentielle tout comme un mur, une cloison, des grilles, la toiture, qui, en cas d'atteinte de la part d'un tiers, pourraient être l'objet de l'action possessoire.

Mais, malgré la généralité des termes dans lesquels est conçue l'opinion de M. Henrion de Pansey, il y a plus de difficulté à l'admettre pour les meubles immobilisés, sans adhérence au fonds, par exemple pour les nègres, les mouches à miel, les pailles et engrais, les semences données au fermier, les pigeons, les lapins. Au premier aspect, il paraît étrange qu'on puisse l'intenter à celui qui se sera emparé de quelques abeilles, pigeons ou lapins, de pailles ou de grains destinés aux semences, de charrue, de faulx ou autres instrumens d'agriculture, de moutons ou chevaux qui se trouvaient dans les bâtimens d'une ferme ou dans un champ qui en dépend.

On peut objecter que toutes ces choses ne deviennent

immeubles que par l'effet d'une intention ou d'une convention souvent inconnue des tiers, et qui ne peut avoir d'effet à leur égard ; que la fiction légale ne les concerne pas, et qu'ils ne doivent voir que leur nature réelle ; qu'il est impossible de se faire maintenir dans la possession de mouches à miel, de lapins, de semences, qui peuvent avoir été détruits ou avoir passé en plusieurs mains ; que la seule action dont elles puissent être l'objet est une demande en dommages-intérêts devant les tribunaux civils, ou une action devant les tribunaux criminels pour vol ou pour destruction d'objets mobiliers.

A cela on peut répondre que le détenteur possède plutôt une habitation garnie de nègres, un colombier garni de pigeons, une garenne garnie de lapins, une ferme pourvue de ruches à miel, de moutons, chevaux, instrumens aratoires, semences, engrais, qu'il ne possède des nègres, des pigeons, des lapins, etc., et que conséquemment c'est moins dans la possession de ces objets mobiliers qu'il demande à être maintenu ou réintégré que dans celle de la garenne, du colombier, de la ferme, dont tous ces objets font partie nécessaire, puisqu'ils sont destinés au service de l'exploitation, qu'ils constituent le domaine rural qui sans eux pourrait devenir inutile et négligé. Ce sont les différentes parties d'un même tout. L'accessoire est de la même nature que le principal et doit en suivre le sort, d'après la maxime : *Accessorium sequitur vicem rei principalis.* Le possesseur annal de ces accessoires, lorsqu'ils y ont été placés depuis un an, demandera donc à être maintenu dans la possession de la garenne, du colombier, de la ferme, et conséquemment des objets qui en font partie.

Sans doute cette action ne sera que rarement intentée,

soit parce que le possesseur préférera prendre la voie criminelle comme plus propre à réprimer sévèrement l'atteinte
portée à ses droits , soit parce qu'il aura la conviction que
l'auteur de la soustraction n'élève aucune prétention à la
propriété ni à la possession du surplus de son immeuble , et
qu'une demande en dommages-intérêts le satisfait pleinement ; mais il n'en est pas moins certain qu'il a la faculté
d'opter pour l'action possessoire , sans que le juge de paix
puisse l'y déclarer non recevable par le motif que le défendeur aura déclaré devant lui n'avoir aucune prétention à la
propriété ni à la possession soit de la ferme , soit de l'objet
particulier qui en a été distrait.

Cette solution est conforme aux principes du droit commun ; car lorsque des bois , des blés , des foins sont coupés
et enlevés , le possesseur a le choix ou de la voie criminelle , ou de la simple action civile en restitution des objets
enlevés avec indemnité , ou de l'action possessoire , pour
être maintenu en possession de son héritage , sans pouvoir
être repoussé , soit parce que ce sont des objets mobiliers
qu'on lui a enlevés, que l'auteur ne se prétend ni propriétaire
ni possesseur , soit parce que ces objets sont déjà consom-
més ou vendus.

Mais si le fermier ou tout autre individu qui les aurait
soustraits les avait ensuite vendus et livrés à un tiers , l'action possessoire pourrait-elle être intentée contre celui-ci ?

Il est bien certain que la complainte peut être intentée
contre le tiers qui aurait acquis un champ ou une maison de
celui qui ne les détiendrait que par suite d'un trouble.

Mais le Code civil a , relativement aux meubles , des dispositions importantes qu'il ne faut pas perdre de vue.

Art. 564. « Les pigeons, lapins, poissons, qui passent

dans un autre colombier, garenne ou étang, appartiennent au propriétaire de ces objets, pourvu qu'ils n'y aient point été attirés par fraude et artifice. »

Art. 2279. « En fait de meubles, la possession vaut titre. Néanmoins, celui qui a perdu ou auquel il a été volé une chose peut la revendiquer pendant trois ans, à compter du jour de la perte ou du vol, contre celui dans les mains duquel il la trouve, sauf à celui-ci son recours contre celui duquel il la tient. »

Art. 2280. « Si le possesseur actuel de la chose volée ou perdue l'a achetée dans une foire ou dans un marché, ou dans une vente publique, ou d'un marchand vendant choses pareilles, le propriétaire originaire ne peut se la faire rendre qu'en remboursant au possesseur le prix qu'elle lui a coûté. »

Ces dispositions de la loi s'appliquent-elles à tous les meubles sans distinction, ou ne concernent-elles que les meubles non devenus immeubles par destination ? Il nous paraît difficile de pousser les conséquences de l'immobilisation jusqu'à soustraire les meubles qui en sont l'objet à l'empire de la règle établie par les articles précités. Ils ne sont immeubles que parce qu'on les considère comme unis au fonds, et à cause de leur corrélation avec ce même fonds ; qu'ils aient le caractère immobilier entre le propriétaire et le fermier ou à l'égard de tous ceux qui connaîtraient la convention ou le fait qui les rendent tels ; que celui qui, s'introduisant dans la maison, et enlevant le poêle qu'il a vu pratiqué dans le mur et scellé, soit considéré comme ayant attenté à l'immeuble, rien de mieux, parce qu'au moment de la voie de fait la chose a ce caractère ; mais elle est devenue meuble après l'attentat. A l'égard du tiers, elle n'est et ne peut être qu'un meuble, puisqu'elle est telle par sa nature, et que sa destination est détruite.

Le législateur a bien senti la nécessité de consacrer des dispositions particulières sur les meubles. Ils passent rapidement de mains en mains, sans contrat, sans que les parties qui se les transmettent se connaissent. Souvent tout est terminé à l'instant : l'un livre, l'autre paie. Où en serait le commerce, si l'on pouvait, par des exceptions purement légales, dont rien n'indique l'application a tels ou tels meubles, anéantir un achat consommé par la livraison et le paiement ?

Le Code a fait une exception pour le cas du vol ou de la perte de la chose ; mais cette exception, que la morale et l'équité justifient également, doit être restreinte à ses termes précis.

La seule action que donne la loi est la revendication dans le délai de trois ans de la perte et du vol. Une simple action possessoire n'est point une revendication : elle ne pourrait y suppléer. Si l'on pouvait l'admettre, la loi serait éludée. Celui qui aurait possédé pendant un an se ferait maintenir par la complainte, et il en resterait là, parce qu'il ne lui serait peut-être pas possible de prouver sa propriété. Cependant, d'après le principe que celui qui a été maintenu au possessoire n'a plus rien à prouver, il gagnerait définitivement, puisqu'il rejeterait sur son adversaire la preuve de la propriété.

Pour pouvoir revendiquer dans le cas de l'article précité, il faudra presque toujours agiter la question de propriété. Celui qui sera prévenu d'avoir acheté, volé ou trouvé une chose qui ne lui appartenait pas, prétendra qu'il en est le propriétaire. Comment maintenir en possession de cette chose celui qui, dans la réalité, n'y aurait aucun droit?

Toutefois, ce que nous venons de dire cesserait d'être applicable si le tiers était de mauvaise foi, s'il connaissait le caractère immobilier de la chose. La fraude, en effet, fait exception à toutes les règles. Il en serait ainsi, même quand il aurait acheté dans une foire, marché, vente publique, ou d'un marchand vendant des choses pareilles. C'est ce qu'a jugé la cour de cassation, section criminelle, par arrêt du 26 novembre 1825, rapporté aux *Annales de jurisprudence et de législation commerciales*, vol. de 1826, pag. 245.

Une curandière avait vendu, dans un marché public, des toiles qui lui avaient été confiées pour les blanchir. La curandière fut poursuivie pour abus de confiance, et l'acheteur, comme complice par recélé. Ils furent condamnés l'un et l'autre. L'acheteur s'est pourvu en cassation, et l'un de ses moyens était basé sur la violation de l'art. 2280 du Code civil. Il prétendait que cette disposition était introduite dans l'intérêt du commerce; que le législateur, en s'exprimant en termes généraux qui n'admettaient aucune distinction, s'était fondé sur la présomption légale que celui qui achetait ainsi publiquement une chose que tout autre que lui pouvait acquérir, était à l'abri de tout soupçon, et était légitime propriétaire.

Mais ce moyen fut rejeté, « attendu que l'art. 2280 du Code civil n'est applicable qu'au détenteur de bonne foi, et que dès lors il ne pouvait l'être à B....., déclaré complice par recélement, et par conséquent constitué en mauvaise foi. »

Dans une autre espèce, un sieur Quarré, propriétaire d'un bien rural auquel il avait attaché un beau troupeau de moutons, l'afferma à un sieur Moreau. Celui-ci conduisit ce troupeau à un marché public, où il le vendit à un sieur Lesage. Le propriétaire du domaine attaqua cette vente, qui fut cependant validée tant en première instance qu'en appel. Il se pourvut en cassation, et l'un de ses moyens consistait à prétendre que les art. 2279 et 2280 du Code civil, ci-dessus rapportés, ne pouvaient être invoqués par l'acquéreur pour conserver le troupeau ; que ce troupeau était immeuble par destination, aux termes des art. 523 et 524 du Code civil ; que celui qui acquiert un immeuble *à non domino* n'en devient propriétaire que par une possession prolongée pendant le tems nécessaire pour constituer la prescription, et que jusque-là il profite seulement des fruits s'il est de bonne foi.

Mais par arrêt du 8 mai 1827, qui, à notre connaissance, n'a été inséré dans aucun recueil, la chambre des requêtes a rejeté ce moyen en disant que les articles de lois invoqués par le demandeur n'étaient pas applicables à la cause.

§ IV.

Des immeubles ameublis par stipulation.

Il nous reste à dire un mot des immeubles qui ont été ameublis.

D'après l'art. 1505 du Code civil, les époux ou l'un d'eux peuvent faire entrer dans la communauté les immeubles qui leur appartiennent. Cette clause s'appelle ameublissement.

Nous n'entretiendrions pas nos lecteurs de la difficulté qui peut se présenter de savoir si la complainte est recevable à raison de ces immeubles, si nous n'avions été témoin d'une discussion très-vive dans laquelle la négative a été soutenue fortement.

Ces immeubles, disait-on, perdent leur caractère. Puisque la loi qui repousse la complainte pour les objets mobiliers est conçue en termes généraux qui n'admettent aucune distinction, qu'il s'agit d'une matière de la compétence d'un juge spécial, il faut s'en tenir strictement à la règle. Or, la complainte étant admise pour les meubles qui, par leur adhérence à des immeubles, deviennent immeubles fictifs, il faut la rejeter à l'égard des immeubles qui, par la convention, changent de nature et deviennent des meubles fictifs.

Mais ces raisonnemens ne sont que de purs sophismes.

Et d'abord, comme en matière de complainte il ne s'agit que de possession, que la propriété est incertaine, chacun prétendant avoir possédé à titre de propriétaire; que ce serait d'ailleurs la convention seule qui changerait l'état des choses, il serait impossible d'admettre la doctrine que nous combattons, puisque les contrats n'ont d'effet qu'entre les parties; que le juge de paix ne peut les interpréter, et que souvent, en les interprétant, il ne pourrait savoir si l'immeuble appartient aux époux ou au tiers qui les a troublés ou qu'ils ont troublé.

Ceux qui soutiennent l'opinion contraire à la nôtre mettent donc en fait ce qui est en question; ils supposent comme constant que l'immeuble appartient en propriété aux époux, ou qu'il est compris positivement dans une clause d'ameublissement.

Mais en admettant cette supposition comme la vérité, nous dirons qu'on ne serait pas mieux fondé à repousser la complainte.

Il n'est pas vrai, il n'est pas même possible que les im-

meubles deviennent des meubles par le seul effet d'une
convention. Tout ce qui en résulte, c'est que la communauté en devient propriétaire et en dispose sans en devoir
d'indemnité à celui des époux qui les a apportés ; c'est un
effet purement légal, et pas du tout matériel. Ce sont toujours des immeubles, puisqu'ils ne peuvent se transporter
d'un lieu à un autre. Toutes les raisons que nous avons données pour justifier la nécessité d'une complainte en matière
immobilière, s'appliquent assurément aux immeubles soumis à la clause d'ameublissement, tandis qu'aucune de celles
que nous avons données pour repousser une semblable action
en matière mobilière ne s'applique à ces mêmes immeubles.

Nous nous livrerons, dans les chapitres suivans, à de plus
grands développemens à l'égard de plusieurs points traités
dans celui-ci. Nous avons dû nous borner, quant à présent,
à des idées générales, à poser les principes ; nous en ferons
plus tard l'application.

CHAPITRE II.

Des divers immeubles et droits réels qui peuvent être l'objet des actions possessoires.

Maintenant qu'il est bien établi que les immeubles et
droits réels immobiliers donnent seuls lieu à l'action possessoire, il convient d'examiner séparément chacune des
choses de cette nature qui peuvent en devenir l'objet.

L'art. 3 du Code de procédure, après avoir désigné nominativement les actions relatives aux déplacemens de

bornes, aux usurpations de terre, arbres, haies, fossés et autres clôtures, ajoute : « et toutes autres actions possessoires. »

Cet article indique une première division entre les choses expressément énoncées et celles qui ne le sont pas.

§ 1er.

Des choses désignées par le Code de procédure comme pouvant être l'objet des actions possessoires.

Nous suivrons, dans les développemens que nous avons à donner sur ce sujet, l'ordre adopté par le Code, et nous commencerons par le déplacement de bornes.

N° Ier. Des déplacemens de bornes.

Il ne saurait être sérieusement contesté que le législateur n'ait voulu comprendre dans l'article ci-dessus cité, non-seulement le cas où une borne a été transportée d'un lieu à l'autre de l'héritage, mais encore celui où elle a été entièrement détruite.

Il est certain aussi que c'est pour le fait du déplacement ou de la destruction des bornes que l'action possessoire est autorisée, lors même qu'il n'aurait été suivi d'aucune entreprise ou usurpation de terrain ; car la loi parle distinctement du déplacement de bornes et de l'usurpation, ce qui prouve que les deux faits ne sont pas identiques, et peuvent exister séparément.

Suivant les auteurs du *Nouveau Denizart*, MM. Merlin, Favard, au *mot Borne*, et Toullier, tom. 3, pag. 145, on entend par bornes, en général, « toute séparation naturelle ou artificielle qui marque les confins ou la ligne de division de deux héritages contigus. On peut planter des arbres ou une haie pour servir de bornes, creuser un fossé, élever un talus, un mur, etc.

» Mais on entend communément, par bornes, des pierres plantées debout et enfoncées en terre aux confins de deux héritages.

» Quelquefois on plante à chaque extrémité des confins deux pierres réunies, pour leur donner le caractère de bornes ; d'autres fois on n'en plante qu'une seule, et, pour la mieux caractériser, on brise une brique ou l'on fend une pierre en deux morceaux que l'on réunit, puis on les place au dessous de la borne. »

Chez les Romains, les bornes étaient sacrées. Selon Festus, *in voce Termino*, ils en avaient fait un dieu ; ils sacrifiaient au dieu Terme, parce qu'ils croyaient que les bornes des héritages étaient sous sa protection.

> *Termine, vel lapis, tu quoque numen habes.*
> Ovid., *Fast.*, l. 2.

C'était à cause des sacrifices que faisaient les païens sur le lieu où ils plaçaient ces bornes, qu'on y trouvait de la cendre et du charbon. L'usage de mettre ces signes sous les bornes, qui s'est maintenu jusqu'à nos jours, n'a probablement pas d'autre origine.

Numa Pompilius voua à l'exécration publique et celui qui faisait passer la charrue sur une borne, et les animaux dont il se servait : *Qui Terminum exarassit, ipse et boves ejus sacri sunto.* César prononça une amende de cinquante pièces d'or au profit du trésor public, indépendamment des dommages-intérêts dus au voisin. Nerva décerna une peine capitale. Adrien établit, au lieu de la peine de mort, le bannissement, la condamnation aux travaux publics, même le fouet; *de Termino moto*, *Dig.*, l. 47, tit. 21.

Dans les *Capitulaires* de nos rois de la première et de la seconde races, nous trouvons des amendes considérables prononcées contre ceux qui arrachaient les bornes, s'ils étaient libres, et le fouet, même la peine de mort contre les serfs.

Plusieurs *Coutumes* prononçaient également des peines. Celle de Bretagne notamment, art. 635, porte « que ceux qui ôtent ou arrachent bornes sciemment, et ceux qui mettent fausses bornes, doivent être punis comme larrons. »

L'ordonnance de 1669, sur les eaux et forêts, contenait diverses dispositions sur le même sujet, notamment les articles 7, titre 11, et 5, titre 27, qui autorisaient les agens forestiers à rétablir les bornes enlevées.

Le nouveau Code forestier de 1827 contient au titre 3, section 1re, de nouvelles dispositions qui ne sont relatives qu'à la délimitation des forêts de l'état et des propriétés particulières qui les environnent; il n'en renferme aucune sur l'enlèvement des bornes. Il s'en réfère par là même au droit commun.

Suivant l'art. 32, tit. 2 de la loi du 6 octobre 1791, quiconque déplaçait ou supprimait des bornes ou pieds corniers, ou autres arbres plantés ou reconnus pour établir les limites entre différens héritages, pouvait, en outre du paiement des dommages ou des frais de remplacement des bornes, être condamné à une amende de la valeur de douze journées de travail, et puni par une détention dont la durée, proportionnée à la gravité des circonstances, n'excédait pas une année. La détention pouvait être de deux années s'il y avait transposition de bornes, à fin d'usurpation.

Cette disposition fut maintenue par l'art. 609 du Code de brumaire an 4. Enfin, le Code pénal de 1810 contient la disposition suivante : « Art. 456. Quiconque aura déplacé ou supprimé des bornes ou pieds corniers, ou autres arbres plantés ou reconnus pour établir les limites entre différens héritages, sera puni d'un emprisonnement qui ne pourra être au dessous d'un mois ni excéder une année, et d'une amende égale au quart des restitutions et des dommages-intérêts, qui, dans aucun cas, ne pourra être au dessous de 50 fr. »

Le Code civil, art. 646, autorise tout propriétaire à contraindre son voisin de planter des bornes entre leurs héritages respectifs.

Lorsque des bornes ont été enlevées, celui qui croit avoir à se plaindre de ce fait a le choix entre trois actions différentes :

1° Il peut traduire son adversaire en police correctionnelle, pour le faire condamner aux peines déterminées par le Code pénal, et faire rétablir les lieux dans leur ancien état.

2° Il peut se pourvoir au pétitoire devant le tribunal civil, qui ordonne les vérifications nécessaires, l'examen des titres et de la possession, et statue en conséquence.

3° Ou bien il se pourvoit par action possessoire devant le juge de paix.

Il a incontestablement la seconde voie lors même qu'il n'y a jamais eu de bornes entre les divers héritages ; il nous paraît avoir, dans le même cas, la troisième.

En effet, nous ne voyons pas pourquoi celui qui, ayant été troublé dans sa possession, demanderait à y être maintenu, ne pourrait pas conclure à ce que, pour éviter le renouvellement du fait dont il s'est plaint, le juge de paix plantât des bornes.

Vainement objecterait-on que l'article cité ne parle que de déplacemens de bornes ; car il dit aussi que le juge de paix connaîtra de toutes autres actions possessoires, ce qui l'autorise suffisamment à ordonner *à priori* une plantation de ces signes séparatifs, comme il doit en ordonner le rétablissement quand ils ont été détruits ou déplacés. Ces principes ont été consacrés par deux arrêts de la cour de cassation des 27 avril 1814 et 26 janvier 1825. (Sirey, 14, 294, 1825, 397.)

« L'action de bornage, disent les auteurs du *Nouveau Denizart*, peut être intentée par toute personne qui possède paisiblement à autre titre que fermier. On n'est pas recevable à demander au possesseur qu'il prouve sa propriété. La possession fait présumer la propriété. »

La loi n'ayant pas dit ce qui devait constituer une borne, et les auteurs considérant comme telle toute marque naturelle ou artificielle de séparation et division entre voisins, il s'ensuit que le juge de paix a la plus grande latitude pour l'appréciation et la reconnaissance de cet objet de délimitation, en se conformant en général aux usages du pays.

Toutefois, pour qu'il puisse accueillir une action fondée sur le seul fait du déplacement des bornes, il faut nécessairement qu'elles aient une année d'existence antérieure à la voie de fait, et que l'action ait été formée dans l'année suivante.

L'opinion unanime des auteurs est que la plantation de bornes, pour être régulière, doit avoir été faite par les propriétaires intéressés et non par un seul ; qu'il doit être dressé procès-verbal de cette opération. Les auteurs du *Nouveau Denizart* vont même jusqu'à dire que celui avec le quel elle n'a pas eu lieu peut détruire les bornes sans s'exposer à aucune poursuite.

Nous n'admettons cette dernière décision qu'avec une distinction importante qui nous paraît ressortir de la nature même des choses.

Si la destruction des bornes a eu lieu avec violence, celui qui les a établies peut se pourvoir en réintégrande, bien qu'elles n'aient pas une année d'existence.

Si elles existaient depuis une année avec les conditions de continuité et de publicité exigées par la loi, il y aurait lieu à la complainte.

L'auteur de la destruction ne nous paraîtrait donc être à l'abri de toute poursuite qu'autant qu'il n'aurait pas employé la violence, et que les bornes ne seraient pas plantées depuis un an.

Du reste, le juge de paix autorisé à rechercher si les choses déplacées sont de véritables bornes, pourrait sans doute examiner si elles ont été plantées du commun accord des parties, ou si elles ne l'ont été que par l'une d'elles, et remonter à une époque antérieure à l'année, afin de reconnaître si la possession est ou non précaire, mais sans cependant pouvoir subordonner d'une manière absolue l'admissibilité de la complainte à l'existence de cet accord originaire; car cette existence, pendant trente ans, devant constituer la prescription, doit aussi, après une année, autoriser la complainte.

Les bornes devraient toujours être présumées, jusqu'à preuve contraire, avoir été plantées du consentement des parties, sans qu'il fût besoin de produire le procès-verbal, qui, régulièrement, doit avoir été dressé. Une approbation, un silence postérieur, pourraient être, suivant les circonstances, considérés comme l'équivalent d'un consentement originaire.

Tout ce que nous venons de dire s'applique également au cas où la propriété voisine appartient à l'état ou à la commune, qui sont assujettis, pour leurs biens, aux mêmes règles que les particuliers. Le Code forestier de 1827 le décide expressément pour les forêts de l'état et des communes; il n'y a aucune raison de soustraire les autres biens à l'empire de cette règle.

Mais il en serait différemment si la propriété de l'état ou de la commune était une chose publique, telle qu'une route, une rue, une place, un chemin vicinal. L'administration ayant dans ce cas le droit de déterminer l'alignement et l'étendue de ces diverses choses, sauf indemnité lorsqu'elle s'empare de la propriété privée, a le pouvoir de placer seule des bornes sur les limites qu'elle a fixées, et de faire disparaître celles qui se trouveraient renfermées dans la délimitation tracée. Aucune action possessoire ne serait, à cet égard, admissible. Il ne pourrait y avoir lieu d'en intenter que dans le cas où les bornes déplacées seraient au delà de cette délimitation.

Toutefois nous croyons que les particuliers auraient action ou devant le tribunal civil ou devant le juge de paix, en cas de trouble, pour contraindre l'état et les communes à planter bornes suivant l'alignement fixé par l'administration, afin d'éviter les empiètemens du public et d'obvier à l'inconvénient qui résulterait de la perte possible de l'arrêté administratif. Il ne s'agirait plus là d'une affaire de voirie, mais bien d'une action ordinaire soumise aux règles et aux juges du droit commun.

Art. 11. Des usurpations de terre.

A la suite des déplacemens de bornes viennent, d'après la nomenclature de la loi, les usurpations de terres qui, dans l'intention du législateur, ont lieu principalement entre voisins, lorsqu'en cultivant ils se prennent ou se reprennent quelques pouces de terrain. Cependant, la loi, par sa généralité, s'applique aussi à toute anticipation plus considérable commise soit par un voisin, soit par un étranger.

Nous avons vu que l'anticipation successive de petites portions de terrain, quoique faite depuis plus d'une année, pouvait être considérée comme clandestine ou équivoque lorsqu'elle n'offrait aucun des caractères de publicité et de précision exigés pour la validité de la possession; mais il n'est pas possible de tracer à cet égard de règle absolue. La décision des contestations dépend de circonstances qu'il appartient au juge de paix d'apprécier.

On peut seulement donner des idées générales, et en quelque sorte de simples exemples. Divers cas peuvent se présenter. Ou il existe en même tems des titres et des bornes conformes à ces titres,

Ou les bornes sont contraires aux titres,

Ou il n'existe que des titres sans bornes,

Ou des bornes sans titres,

Ou il n'y a ni bornes, ni titres, mais des différences de localités,

Ou enfin il n'y a pas même de ces différences.

Dans le premier cas, si l'anticipation est peu considérable et a eu lieu successivement, elle doit être considérée comme clandestine, puisqu'elle est contraire aux titres de l'adversaire et à des bornes. La solution ne peut pas être aussi positive dans les quatre autres, et le juge de paix a une plus grande latitude d'arbitrage et d'appréciation.

Si l'anticipation était considérable et n'avait pas eu lieu successivement, la possession devrait être réputée valable et donnerait lieu à la complainte.

Dans le dernier cas, celui où il n'y a ni titres, ni bornes, ni indices dans les localités, la possession serait également valable, et serait même pour le juge le seul moyen de décider.

Il suit de là que le juge de paix devra accueillir ou repousser la complainte suivant que les faits lui paraîtront avoir ou n'avoir pas les caractères déterminés par la loi.

Si donc la possession n'a été que clandestine ou équivoque, le voisin qui, après avoir été dépouillé depuis plus d'un an, reprendrait son terrain en labourant, devrait y être maintenu. Il nous paraît difficile que le juge de paix pût considérer ce retrait comme une voie de fait, et en ordonner la répression, sous le prétexte que nul ne peut se rendre justice lui-même.

Il ne faut pas pousser trop loin la doctrine relative à la réintégrande. Outre qu'il y a des voies de fait licites, ainsi que nous l'avons dit page 54, et que l'enseigne l'auteur du *Répertoire*, V° *Voie de fait*, parce qu'il faut bien les distinguer de la violence, qui est exigée pour que l'action en réintégrande puisse être formée, nous ne pouvons même considérer comme une voie de fait proprement dite l'acte du voisin qui étend sa charrue à quelques pouces de terrain de plus ou de moins. On doit penser qu'il était de bonne foi, qu'il ne croyait pas que le propriétaire limitrophe avait des prétentions sur cet objet. Il pourrait en être autrement s'il y avait eu destruction de bâtimens, d'arbres, de haie, comblement de fossés. Il est peu probable que l'auteur de cette innovation ignore que ces objets sont détenus par un autre qui s'en prétend propriétaire ou possesseur. On peut dire alors qu'il y a violence. Sous l'empire du Code de brumaire an 4, le détournement d'un ruisseau fut même considéré comme voie de fait et puni de l'emprisonnement et de l'amende (arrêt de la cour de cassation du 18 messidor an 8); mais ce ne serait plus aujourd'hui une contravention.

Les mêmes principes s'appliquent au cas d'anticipation d'une plus grande portion de terrain par un étranger, avec cette différence, néanmoins, qu'il est plus difficile de prouver contre lui la clandestinité de la possession.

Nous pourrions faire aussi l'application de ces règles aux diverses choses qui constituent le domaine public ou celui des communes; mais nous nous en occuperons en traitant spécialement de chacune d'elles.

ART. III. Des usurpations d'arbres et de haies.

Suivant Boutillier, *Somme rurale*, ch. 3 : « D'arbre ou d'autre chose qui fait tort à son voisin par ses branches ou racines, se peut intenter complainte de nouvelleté. »

On nomme haie une clôture d'épines, de ronces ou d'autres arbrisseaux, et quelquefois même de branches sèches. La haie sèche ou morte est celle qui est faite avec du bois coupé; la haie vive ou à *pied*, celle qui est faite avec des arbrisseaux vivans. (Pardessus, *Serv.*, n° 187.)

Un arrêt de la cour de cassation du 8 vendémiaire an 14 a jugé que la pleine propriété d'une haie pouvant s'acquérir par prescription contre le propriétaire exclusif ou mitoyen, la possession annale bien caractérisée de la haie sert de base à la complainte. (Sirey, vol. 6, p. 75.)

Aux termes de l'art. 670 du Code civil, toute haie qui sépare des héritages est réputée mitoyenne, à moins qu'il n'y ait qu'un seul des héritages en état de clôture, ou s'il n'y a titre ou possession suffisante au contraire.

L'art. 672 ajoute que les arbres qui se trouvent dans la haie mitoyenne sont également mitoyens.

Mais l'usurpation dont il est question dans cet article n'est pas aussi facile à comprendre que celle expliquée dans le précédent.

Peut-on usurper un arbre ou une haie sans usurper aussi le terrain sur lequel ils sont plantés?

Peut-on posséder séparément les arbres, la haie et le terrain?

Si l'on admet la négative, l'usurpation actuelle rentrera dans celle du paragraphe précédent, et dès lors on ne concevra pas pourquoi le législateur en a fait deux catégories.

Mais comme on ne doit rien supposer d'inutile dans la loi, il faut rechercher s'il n'y aurait point un cas où cette distinction pourrait être justifiée.

MM. Pardessus, Toullier et Proudhon, *de l'Us.*, t. 8, admettent la possibilité de posséder séparément les arbres, les haies et le terrain qu'ils occupent.

Ainsi le pied d'un arbre, d'une haie, n'occupe que peu de terrain, tandis que la partie la plus élevée en couvre bien davantage par la multiplicité et l'extension des branches.

Il se peut que le terrain ait été cultivé et possédé jusqu'au pied de l'arbre, de la haie, qu'un autre ait ébranché ces objets, en ait constamment recueilli les fruits et fait tous les travaux d'entretien, de conservation;

Ou qu'un testateur ait légué à l'un les arbres plantés dans son champ, pour en recueillir les fruits à perpétuité ou jusqu'à ce qu'ils périssent naturellement, et à un autre ce même champ;

Ou qu'un propriétaire soit convenu avec un tiers que celui-ci pourrait planter sur son fonds des arbres fruitiers dont il jouirait à perpétuité ou jusqu'à leur destruction par vétusté ou accident, auquel cas il les emporterait.

Certes, s'il y avait testament ou convention écrite, et que le propriétaire du terrain se permît de couper l'arbre ou la haie, de les élaguer, d'en cueillir les fruits, ce serait une usurpation que le possesseur serait fondé à faire réprimer par l'action possessoire, sans rien prétendre au terrain; il produirait son titre, que le juge de paix ne pourrait se dispenser de consulter pour éclairer le possessoire.

Pourquoi n'en serait-il pas de même s'il n'y avait pas de titre, mais une possession bien caractérisée des arbres ou de la haie? Puisqu'on peut acquérir par testament, donation, contrat à titre onéreux, la propriété des arbres, on peut également l'acquérir par prescription, et dès lors on a droit, sans rien prétendre sur le sol, d'intenter complainte pour se faire maintenir en possession et obtenir la réparation du dommage.

A plus forte raison doit-il en être ainsi lorsque le possesseur de l'arbre ou de la haie se prétend aussi possesseur non-seulement du terrain occupé par le pied de ces objets, mais encore de celui couvert par leurs branches.

Sans doute le possesseur du terrain que couvrent les arbres et les haies, sera de plein droit réputé possesseur de ces derniers objets, *et vice versâ*, le possesseur des arbres et haies sera réputé l'être aussi du terrain qu'ils couvrent ou qu'ils occupent; mais pour que cette présomption devienne une preuve, il faut qu'elle ne soit point combattue par un fait positif contraire.

La possession du terrain occupé par le pied est une conséquence nécessaire de la possession de l'arbre, de la haie; mais celle de l'espace couvert par l'extension des branches, n'est certaine que lorsqu'il n'y a pas de faits positifs contraires, comme la culture jusqu'au pied.

La solution serait la même dans la supposition ou les arbres et la haie se trouveraient au milieu d'un champ dont la propriété ne serait pas contestée. Il sera rare sans doute que les arbres, le terrain qui les entoure appartiennent à différentes personnes; mais il suffit que ce cas soit possible pour qu'il ait dû être prévu.

L'usurpation d'une haie sèche donne aussi lieu à l'action possessoire.

Du reste, celui qui prétend avoir droit à la possession d'un arbre, d'une haie vive ou sèche, de la haie seulement, ou de l'arbre et du terrain en même tems, peut, en cas de voie de fait, appeler à son choix celui qui en est l'auteur, ou devant le tribunal correctionnel, aux termes des articles 17, 32, 36, 37, 38, 43, titre 2 de la loi du 6 octobre 1791, 445, 446, 447, 448, 450, 456 du Code pénal, ou devant le juge de paix par action possessoire.

Dans le premier cas, si le prévenu avoue le fait et ne se prétend pas possesseur, le tribunal correctionnel n'a qu'à prononcer les peines et dommages-intérêts déterminés par la loi; s'il invoque la possession ou la propriété, il faut aller devant les tribunaux de paix ou de première instance pour faire statuer sur le possessoire ou le pétitoire.

Dans le second cas, l'action possessoire serait régulièrement intentée, le juge de paix ne pourrait se déclarer incompétent et renvoyer ou en police correctionnelle ou devant le tribunal civil, lors même que le défendeur n'élèverait aucune prétention à la possession ; car le fait d'usurpation d'arbre ou de haie a suffi pour constituer trouble, et lorsqu'il a eu lieu, le demandeur ne pouvait prévoir que sa possession ne lui serait pas contestée. La voie de fait a suffi pour l'autoriser à agir, et le juge de paix doit s'empresser d'accueillir sa demande.

De tout cela il résulte qu'il y a usurpation d'arbres et de haies, lorsqu'il y a destruction des uns et des autres en tout ou en partie ; lorsqu'on en coupe les branches, qu'on enlève le bois sec ; en un mot, toutes les fois qu'on se permet un fait défendu par les différentes lois pénales que nous avons citées. Ces divers principes, du moins quant à l'action possessoire, seraient applicables au cas où la haie serait mitoyenne. L'un des communistes aurait, contre celui qui se permettrait des actes de possession exclusive, une action incontestable pour faire réprimer cette entreprise. La cour de cassation a même jugé, par arrêt du 14 avril 1830, que dans un pays où, d'après l'usage des lieux, toute haie mitoyenne doit avoir sept pieds de largeur, mais ne les a pas, il suffit qu'une entreprise tendant à altérer cette haie ou ses racines soit faite par l'un des riverains dans la distance de trois pieds et demi du milieu de la haie en deçà ou au delà, pour qu'il y ait lieu de la part de l'autre propriétaire à la complainte possessoire pour trouble ; que cette action ne pourrait être déclarée non recevable sous le prétexte que l'auteur de l'entreprise n'aurait travaillé que sur son propre terrain.

Le jugement qui maintient en possession annale et exclusive d'une haie, a pour effet de faire cesser la présomption de mitoyenneté établie par la loi, et de rejeter sur l'adversaire la preuve de sa co-propriété, soit par un titre formel, soit par une possession trentenaire antérieure à celle dans laquelle le demandeur a été maintenu. Telle est aussi l'opinion de MM. Toullier, Pardessus et Duranton.

A la vérité, deux arrêts, l'un de la cour d'Angers, du 7 juillet 1830 (Dalloz, 1831, t. 2, p. 97), l'autre de la cour de Bourges, du 31 mars 1832 (Dalloz, 1832, t. 2, p. 160), ont jugé que la présomption légale ne devait céder qu'à une possession trentenaire ; mais M. Dalloz critique avec raison cette décision, qui pourrait, au surplus, s'expliquer par la considération que le prétendant à la possession exclusive ne s'était pas pourvu par complainte devant le juge de paix, mais par action pétitoire devant le tribunal de première instance.

Il nous paraît évident que la décision eût été différente si l'action avait été portée devant le juge de paix. Ce magistrat ne devant constater que la possession annale antérieure au trouble, et tout jugement qui accueille une complainte ayant pour effet de faire présumer le possesseur propriétaire jusqu'à preuve contraire ; enfin l'art. 670 faisant céder la présomption de mitoyenneté à la possession, nous ne voyons pas comment tous ces principes pourraient devenir inapplicables et sans force par cela seul que les deux héritages seraient entièrement clos de haies. A quoi servirait alors l'action possessoire que les art. 3, 23 et 38 du Code de procédure autorisent expressément à intenter ?

Il nous reste à examiner si une plantation d'arbres et de haies trop rapprochée du fonds voisin donne ouverture à la complainte. Ce fait ne rentre pas dans celui d'usurpation spécifié par la loi ; mais comme elle attribue au juge de paix la connaissance de toutes les actions possessoires, il sera de son ressort s'il peut constituer un trouble à la possession.

Les anciens règlemens, usages ou coutumes, variaient beaucoup sur la distance qu'on devait observer en faisant des plantations, et sur la hauteur des arbres et haies. Nous en avons présenté l'analyse dans la troisième édition de notre *Traité des chemins*, auquel nous croyons devoir renvoyer.

Il nous suffira de rappeler les dispositions du Code civil.

« Art. 671. Il n'est permis de planter des arbres de haute tige qu'à la distance prescrite par les règlemens particuliers actuellement existans, ou par les usages constans et reconnus ; et à défaut de règlemens et usages, qu'à la distance de deux mètres de la ligne séparative des deux héritages pour les arbres à haute tige, et à la distance d'un demi-mètre pour les autres arbres et haies vives.

» Art. 672. Le voisin peut exiger que les arbres et haies plantés à une moindre distance soient arrachés.

» Celui sur la propriété duquel avancent les branches des arbres du voisin, peut contraindre celui-ci à couper ces branches.

» Si ce sont les racines qui avancent sur son héritage, il a droit de les y couper lui-même.

» Art. 673. Les arbres qui se trouvent dans la haie mitoyenne sont mitoyens comme la haie, et chacun des deux propriétaires a droit de requérir qu'ils soient abattus. »

Ainsi la disposition de l'art. 671 n'a d'effet qu'autant qu'il n'existe ni usage ni règlement particulier ; mais les habitudes contraires à la loi, et simplement tolérées, ne peuvent acquérir le caractère d'usage *constant* et *reconnu* dans le sens de l'art. 671, comme l'a décidé la cour d'Amiens, par arrêt du 21 décembre 1821 (Sirey, 1822, tom. 2, pag. 297.)

Remarquons aussi qu'il n'est pas nécessaire que l'usage dont parle l'art. 671 du Code civil soit établi par écrit. Il peut l'être par les preuves ordinaires, et notamment par témoins, la loi n'en ayant indiqué particulièrement aucune.

L'art. 671 ne souffre pas exception quand l'héritage voisin est une forêt. — Arrêt de la cour de cassation du 20 mars 1828. (Tom. 1ᵉʳ, 1829, pag. 321, *Journal du Palais.*)

On peut acquérir par la prescription trentenaire le droit de conserver des arbres à une distance moindre que celle de l'art. 671. (Arrêts de la cour de cassation, des 27 décembre 1820 et 9 juin 1823; de Toulouse, du 9 décembre 1826; de la cour de cassation du 29 mai 1832.)

Deux arrêts, l'un de Toulouse, du 8 mars 1826, *Journal du Palais*, tom. 3, 1826, pag. 95; l'autre de Bourges, du 29 août 1826, tom. 1ᵉʳ, 1828, pag. 444, ont jugé qu'un propriétaire pouvait planter des arbres à haute tige sur son fonds, sans observer aucune distance du fonds voisin, lorsqu'un usage local constant et reconnu l'autorise à agir ainsi. Ces décisions ne nous paraissent point contraires à l'art. 671, qui ne dispose qu'à défaut de règlemens ou usages constans. S'il en ordonne l'exécution lorsqu'ils prescrivent une distance moindre que celle qu'il détermine, il semble qu'il en doit être de même lorsqu'ils affranchissent de toute distance.

Les règles sur la distance à observer pour les plantations d'arbres ou de haies près la limite d'une propriété voisine, sont applicables, quelle que soit la nature de ce fonds, et encore que la plantation plus rapprochée ne puisse lui causer aucun dommage.

La haie sèche peut être plantée sur la ligne séparative des héritages, et sans observer aucune distance, si les usages locaux ne l'exigent pas; car l'art. 671 ne parle que des arbres et haies vives : c'est aussi le sentiment de M. Pardessus, *des Serv.*, n° 187. Il est confirmé par l'art. 47 du deuxième projet de Code rural, qui excepte toutefois le cas où l'héritage voisin est en labour. Il prescrit alors de laisser un espace suffisant pour que le voisin puisse toujours labourer son champ à la charrue, suivant l'usage des lieux.

Remarquons d'ailleurs que quand les deux fonds sont séparés par un mur, une haie, un canal ou un fossé mitoyens, la distance se calcule du milieu du mur, de la haie, du canal et du fossé.

Il en serait de même si c'était un chemin mitoyen qui séparât les héritages, mais non si c'était un chemin public. Dans ce cas, la distance se calculerait à partir du fonds du voisin. Ce serait également de ce fonds qu'elle se calculerait, quoique son propriétaire eût un droit de passage sur les bords de celui où les arbres vont être plantés, car la propriété du sol du chemin n'en demeure pas moins au maître de ce dernier héritage.

Si les deux fonds étaient séparés par un ruisseau, on devrait calculer la distance à partir du milieu du ruisseau, attendu que le lit des cours d'eau non navigables ni flottables appartient aux riverains, puisque l'île qui y naît leur est attribuée.

Quelle règle doit-on suivre lorsqu'il ne s'agit ni d'un canal ni d'un ruisseau mitoyens, mais d'un aqueduc servant à l'irrigation des terres ou à l'exploitation d'un moulin?

Il faut distinguer si cet aqueduc est la propriété de celui à la prairie ou à l'usine duquel il sert à conduire les eaux, ou s'il n'est établi qu'à titre de servitude, c'est-à-dire si le propriétaire intermédiaire ne s'est obligé qu'à souffrir le passage de l'eau en conservant toujours la propriété du lit dans lequel elle coule.

Dans le premier cas, qui est le plus ordinaire, ainsi que nous l'avons expliqué dans notre *Régime des eaux*, nul doute que le propriétaire du fonds bordant le canal ou aqueduc ne fût tenu d'établir sa plantation à la distance fixée par l'art. 671, qui se calculerait non-seulement de la rive ou bord de l'eau, mais même du point où se termine le franc bord. Il n'y aurait aucun prétexte pour échapper à son application, puisque les deux fonds contigus devraient être, sans nulle difficulté, considérés comme héritages. De son côté, le propriétaire de l'aqueduc ne pourrait planter sur ses bords qu'en observant la même distance.

Et si, par une possession bien caractérisée, le voisin avait prescrit la propriété des francs bords, il serait tenu au moins d'observer la distance de l'art. 671 entre l'eau et sa plantation.

Cette décision est puisée dans la généralité des termes de cet article. Le mot héritage comprend le lit d'un cours d'eau, ou si on l'aime mieux, un terrain baigné par les eaux, tout comme un terrain qui produit des bois, du blé. La raison est la même dans les deux cas. Les racines des arbres, les branches et les feuilles peuvent contribuer à rétrécir le lit des eaux, à en arrêter le cours. Ils rendent, dans tous les cas, la charge du curage plus onéreuse. Aussi le droit romain avait-il admis ce principe. Il exigeait même une plus grande distance lorsqu'il s'agissait d'aqueducs, que lorsque les propriétés contiguës étaient des terres. La loi 1re, au Code *de aquæductu*, prescrivait une distance de quinze pieds, quoiqu'elle ne fût ordinairement que de neuf ou cinq, suivant la nature des arbres. Bartole et Cœpolla vont plus loin; ils portent la distance à vingt-cinq pieds, parce que sans doute ils considèrent les francs bords comme ayant une largeur de dix pieds.

Voici d'abord le texte de la loi romaine : *Præterea scire eos oportet per quorum prædia aquæductus commeat, ut dextrâ lævâque ex ipsis formis quindecim pedibus intermissis arbores habeant, observante officio judicis, ut si quo tempore pullulaverint excidantur, ne earum radices fabricam formæ corrumpant.*

Et l'on ne peut objecter que cette disposition ne s'applique qu'aux aqueducs publics, car la loi est absolue. Les termes dans lesquels s'expriment Bartole et Cœpolla ne sont pas moins généraux. Nous nous bornerons à citer ce dernier, qui est plus court, et qui parle des aqueducs publics et privés :

Si aquæductus decurrit per locum privatum, debet ab utraque parte esse spatium 25 pedum in quo nullæ sunt arbores; et si quæ nascerentur debent excidi; et est ratio qua est præsumptio quod arbor radices mittat et extendat per 25 pedes. Si vero aquæductus transitum faceret per loca publica, debet esse latitudo decem pedum. (Tract. 1, cap. 71, *de arboribus*, n° 1.)

Pecchius dit aussi que c'est au propriétaire du canal d'en planter les bords. (Liv. 2, cap. 11, n° 10.)

Lorque le passage de l'eau n'a lieu qu'à titre de servitude, le voisin, conservant toujours la propriété du lit, peut en planter les bords sans être obligé d'observer aucune distance ; il ne peut cependant , par cette plantation , rendre l'usage de la servitude impossible ou trop difficile. Mais alors les tribunaux n'auraient plus de règle certaine pour les guider. Ils feraient, suivant les circonstances , l'application des art. 696 et 701, qui leur défèrent nécessairement un pouvoir discrétionnaire.

Ces dispositions légales et ces principes rappelés , examinons la question posée pag. 225, de savoir si la plantation trop rapprochée donne lieu à la complainte.

Trois cas peuvent se présenter :

Ou la plantation n'est que commencée ,

Ou elle est terminée depuis moins d'un an ,

Ou elle est terminée depuis plus d'un an.

La première et la troisième espèces semblent seules à M. Henrion de Pansey susceptibles de difficultés. La deuxième ne l'est pas ; il décide que l'action possessoire appartient alors incontestablement au possesseur de l'héritage voisin pour faire supprimer la plantation.

Dans le cas d'ouvrages non terminés , il croit aussi que l'action possessoire ne peut lui être refusée. Il renvoie à ce sujet à ses observations sur l'action autrefois connue sous le titre de *Dénonciation de nouvel œuvre.*

« Planter une haie ou des arbres plus près de l'héritage voisin que ne le permettent les lois et les usages et règlemens, dit ce savant magistrat, c'est réellement en usurper une partie , condamner à la stérilité le sol qui nourrira les racines et que les branches couvriront de leur ombrage ; c'est troubler une jouissance garantie par la loi et violer la prohibition qu'elle a faite dans le but de rendre cette jouissance complète ; il y a lieu dès lors à la complainte. »

Quant au troisième exemple, celui où la plantation est

terminée depuis plus d'un an, l'auteur pense qu'une distinction est nécessaire.

Un voisin pouvant acquérir par prescription le droit de conserver une plantation trop rapprochée, et toute action possessoire devant être intentée dans l'année du fait qui y donne lieu, il croit que l'action tendant à faire détruire la plantation ne serait plus recevable, et qu'il faudrait se pourvoir au pétitoire.

Mais il ajoute qu'il en serait différemment si le propriétaire voisin ne demandait que l'élagage des branches qui, en s'étendant sur son fonds, nuiraient à sa fertilité, parce que ces branches prenant chaque année un nouvel accroissement, il est toujours vrai de dire qu'il y a trouble à la possession commis dans l'année, et que dès lors la complainte est autorisée.

Nous ne pouvons admettre cette dernière partie de la doctrine relative à l'extension des branches. Nous avons précédemment établi que le point de départ de l'année du trouble dans laquelle on devait agir était le premier moment où il avait eu lieu, et non l'époque où il s'était renouvelé. Or, d'une part, l'extension nuisible des branches remontera toujours au delà de l'année; de l'autre, il est impossible de reconnaître avec précision l'accroissement que les branches ont reçu chaque année. Notre opinion est partagée par MM. Favard et Aulanier. MM. Duranton et Guichard paraissent aussi la préférer à celle de M. Henrion; elle semble même consacrée par un arrêt de la cour de cassation du 29 décembre 1830, rendu sur le pourvoi du comte Dumoncel. Mais nous sommes d'accord avec l'auteur *de la Compétence des juges de paix* sur la nature de l'action qui appartient au propriétaire voisin, soit pour s'opposer à une plantation commencée, soit pour faire détruire celle achevée depuis moins d'un an.

L'action possessoire serait recevable lors même que les arbres plantés depuis moins d'un an l'auraient été en remplacement d'autres morts ou abattus, et qu'il ne se serait pas écoulé une année entre la destruction de l'ancienne plantation et son remplacement par la nouvelle. Nous donnons la préférence à l'opinion très-bien motivée de M. Duranton (t. 5, p. 424), appuyée en outre d'un arrêt de la cour royale de Paris du 23 août 1825, et du sentiment de M. de Foulan, sur celle de MM. Pardessus et Favard, qui pensent à tort, suivant nous, que celui qui a possédé pendant trente ans des arbres trop rapprochés du fonds voisin, a acquis le droit perpétuel de les remplacer par d'autres.

Nous pensons que le juge de paix pourrait prendre en considération les usages ou règlemens sur la distance des plantations, pourvu qu'ils fussent constatés ou avoués; mais non s'ils étaient contestés, s'il était obligé, pour en reconnaître l'existence, de recourir à des preuves testimoniales; cette recherche sortant des bornes du possessoire, il devrait s'abstenir de s'y livrer.

Nous croyons aussi que dans les questions de possession auxquelles les haies donnent lieu, il peut, pour s'éclairer, prendre en considération les circonstances déterminées par la loi, parce que le Code de procédure l'autorise à visiter les lieux, et que l'art. 670 du Code civil répute la haie mitoyenne, à moins qu'il n'y ait qu'un héritage en état de clôture, ou bien titre ou possession contraire.

Suivant l'art. 43 du second projet de Code rural, il y a marque de non mitoyenneté lorsqu'entre la haie et l'héritage qui prétend à la mitoyenneté on peut distinguer les vestiges d'un ancien fossé, lorsque des bornes reconnues donnent la haie à un seul des héritages, lorsqu'il apparaît que la haie a été plantée ayant les racines toutes couchées du même côté; dans ce dernier cas, la haie est censée appartenir à l'héritage du côté duquel les racines sont couchées. Il y a possession suffisante, au contraire, lorsque celui qui réclame la propriété exclusive de la haie est en état de prouver qu'il l'a seul taillée constamment pendant les vingt années antérieures à la contestation, ou qu'il l'a plantée ou fait planter, etc... D'après l'art. 45, si la haie est accompagnée d'un fossé, elle est présumée appartenir au propriétaire du côté duquel elle se trouve, exclusivement à celui du côté duquel se trouve l'ouverture du fossé. D'après l'article 48, il y a marque de non mitoyenneté des baies sèches, lorsque des bornes reconnues les donnent à l'un des héritages, ou lorsque la haie se trouve liée ou clouée d'un seul côté; dans ce dernier cas, elle est censée appartenir à l'héritage du côté duquel les liens ou clous sont placés. Ces circonstances, sans être des principes légaux, peuvent cependant être invoquées à l'appui de la possession.

La demande en ébranchement des arbres qui, comme nous l'avons dit, ne peut être possessoire, a effet, nonobstant tous anciens règlemens et usages contraires. Ces usages et règlemens ne sont pas de ceux que maintient l'art. 671. — Arrêt de cassation du 31 déc. 1810. (Sirey, 11, 1, 81.)

La cour de cassation, par arrêt du 31 juillet 1827 (*Journal du Palais*, tom. 1ᵉʳ, 1828, pag. 197), a décidé que les riverains des forêts avaient le droit de demander l'ébranchage des bois de lisière, l'art. 672 étant général; mais il y a été dérogé par l'art. 150 du nouveau Code forestier, portant que « les propriétaires riverains des bois et forêts ne peuvent réclamer l'élagage des lisières , *si les arbres qui les forment ont plus de trente ans.* « Cette dernière condition a été ajoutée au projet , d'après lequel l'exception faite à l'art. 672 du Code civil s'appliquait même aux arbres de lisière de moins de trente ans.

Si ce sont les racines qui avancent sur l'héritage voisin , le propriétaire de celui-ci a sans doute le droit de les couper lui-même ; mais rien ne s'oppose à ce qu'il s'en abstienne. Il peut préférer la voie judiciaire , soit pour faire retomber sur son adversaire les frais et les embarras de cette opération , soit pour éviter le reproche de l'avoir mal faite , et de manière à faire périr les arbres ou la haie. Cette action , comme celle tendant à obtenir la suppression des branches avec dommages-intérêts , ne peut être portée que devant le tribunal de première instance ; elle n'appartient au juge de paix ni comme juge du possessoire , puisqu'il ne s'agit pas de complainte , ni comme juge de dommages aux champs , fruits et récoltes , puisque , sous le rapport de la suppression des branches ou racines , elle est indéterminée. L'arrêt contraire de la cour de cassation du 9 déc. 1817, que rapporte M. de Foulan , *Journ. des just. de paix* , t. 3, p. 276, ne nous paraît pas devoir être suivi , et c'est avec raison que M. Favard , t. 3, p. 206 , en critique la décision.

Il existe des règles spéciales relatives à la plantation des arbres, des haies, le long des routes royales, des chemins vicinaux, des rues et places publiques, ou sur leur sol. Nous avons déjà dit qu'il en avait été question dans notre *Traité des chemins*, auquel nous renvoyons de nouveau pour éviter d'inutiles répétitions. Nous aurons occasion, d'ailleurs, de suppléer à ce que ce *Traité* pourrait laisser à désirer quant à la compétence des juges de paix.

Après les haies, le législateur énonce les fossés *et autres clôtures*. Nous ne voyons guère que les murs en pierre, en terre, ou les séparations en planche, en bois, qui puissent être compris sous cette dénomination générale.

L'art. 653 du Code civil répute mitoyen tout mur servant de séparation entre bâtimens, jusqu'à l'héberge, ou entre cours et jardins, et même entre enclos dans les champs, à moins qu'il n'y ait titre ou marque du contraire.

On entend par *héberge* le point où deux bâtimens de hauteur inégale profitent du mur qui les sépare. Il suit de là que la partie du mur qui excède la sommité du bâtiment le plus bas est, d'après la présomption de la loi, propre en totalité au maître du bâtiment le plus élevé. (*Conférence du Code civil*, tom. 3, pag. 239.)

L'art. 654 définit la marque de non mitoyenneté : c'est 1° lorsque la sommité du mur est droite et à plomb de son parement, d'un côté, et présente de l'autre un plan incliné;

2° Ou qu'il n'y a que d'un côté un chaperon ou des filets et corbeaux de pierre qui y auraient été mis en bâtissant le mur.

Dans ces cas le mur est censé appartenir exclusivement au propriétaire du côté duquel sont l'égoût ou les corbeaux et filets de pierre.

Il n'en est pas des murs comme des haies. Chacun peut construire un mur à la limite de son héritage. L'art. 35 du second projet du Code rural confirme ce principe.

On peut aussi exhausser le mur autant qu'on veut. Les art. 658, 659 et 660 du Code civil accordent cette faculté même en cas de mitoyenneté, et l'art. 663, qui fixe une hauteur lorsqu'il n'existe pas de règlemens particuliers, n'a pour but que de déterminer les obligations respectives des propriétaires du mur mitoyen, et l'étendue du droit de chacun.

Il suit de là que le voisin ne peut intenter complainte au cas de construction de mur sur la limite des fonds respectifs ou d'exhaussement trop considérable de ce mur ou de celui qui serait mitoyen, à moins qu'il n'y ait stipulation contraire. Alors seulement l'action appuyée du titre devrait être accueillie par le juge de paix.

Le fossé est une fosse creusée en long, soit pour enfermer quelque espace de terrein, soit pour faire écouler les eaux. (Merlin et Favard, V° *Fossés*.) Il y en a, comme on voit, de deux sortes.

Le Code ne dit pas, comme pour la haie, que le fossé ne pourra être établi qu'à distance du fonds voisin; il semblerait donc résulter de ce silence que le propriétaire peut en creuser à l'extrémité de son héritage. D'anciens règlemens, notamment celui du parlement de Normandie, du 17 août 1751, art. 13, fixaient la distance, la largeur, la profondeur et la forme des fossés. Le second projet du Code rural, art. 49 et 50, renferme des dispositions identiques; mais le Code civil ne confirme pas les anciens usages ou règlemens relatifs aux fossés comme il confirme ceux qui concernent les plantations; et l'on conçoit la différence qu'il doit y avoir entre les uns et les autres.

M. Pardessus, *Traité des servitudes*, n° 186, paraît cependant croire que les anciens usages et règlemens sont maintenus. Je ne puis voir dans nos lois actuelles une semblable servitude, une restriction au droit de propriété qui augmenterait encore la masse des terrains incultes. Chacun doit défendre ou protéger sa propriété, et c'est au voisin à faire les travaux nécessaires pour éviter le dommage que pourrait lui causer la contiguïté du fossé. Ceci s'applique même à l'établissement d'un aqueduc contre le fonds voisin. Je pense seulement que le propriétaire du fossé pourrait être obligé à réparer les dégradations que son nouvel œuvre aurait rendu inévitables, si le dommage était considérable, si les travaux n'étaient pas d'une utilité évidente ou semblaient dictés plutôt par la malice que par l'intérêt bien entendu, si le propriétaire qui les a exécutés pouvait, sans une trop grande incommodité, les établir dans un autre lieu, dans ses propriétés; mais ces exceptions au principe général ne devront être admises par les juges qu'avec beaucoup de circonspection.

Il n'y aurait donc lieu à une action possessoire fondée sur cette contiguïté et sur le préjudice qui en résulterait, que dans des cas extrêmement rares, pour lesquels il serait plus sûr de prendre la voie pétitoire.

Le Code civil contient sur les fossés les dispositions suivantes :

« Art. 666. Tous fossés entre deux héritages sont présumés mitoyens, s'il n'y a titre ou marque du contraire.

» Art. 667. Il y a marque de non mitoyenneté lorsque la levée ou le rejet de la terre se trouve d'un côté seulement du fossé. » Nous y ajouterions les bornes reconnues pour avoir ce caractère, et servant à délimiter les deux fonds.

« Art. 668. Le fossé est censé appartenir exclusivement à celui du côté duquel le rejet se trouve.

» Art. 669. Le fossé mitoyen doit être entretenu à frais communs. »

La loi ne dit pas que le mur et le fossé sont réputés mitoyens, s'il n'y a possession contraire, comme elle a eu soin de l'exprimer pour la haie ; mais les principes généraux de la prescription suppléent à ce silence. Toute chose qui est dans le commerce est prescriptible, et les art. 3 et 23 du Code de procédure appliquent cette règle aux fossés et autres clôtures, par conséquent aux murs. La décision est la même, soit pour acquérir la propriété exclusive, soit pour acquérir la mitoyenneté, et quoiqu'il y ait marque ou titre contraire ; mais il faudrait, dans ces derniers cas, une possession bien caractérisée.

Plusieurs auteurs enseignent cette doctrine.

« Le propriétaire par indivis d'un mur, dit M. Merlin, *Rép.*, V° *Mitoyenneté*, qui a souffert pendant trente ans que son voisin en usât ouvertement en maître exclusif, perd, par cela seul, tout droit à la mitoyenneté ; car rien n'empêche qu'un communier ne puisse prescrire contre son communier la chose qui est indivise entre eux. »

MM. Pardessus, *Traité des Servitudes*, et Duranton, tom. 5, pag. 317, sont du même avis ; ils exigent seulement que les faits de possession soient tellement précis et certains, qu'on doive en conclure que l'un a joui comme propriétaire exclusif et non comme associé, et que l'autre s'est considéré comme étant sans droits ou comme ayant abandonné ceux qu'il avait, qu'en un mot les faits de possession soient différens de ceux qu'autorise la mitoyenneté ; ils avouent, du reste, que le cas se présentera rarement.

La possession exclusive d'un fossé et d'un rejet n'entraîne pas, par voie de conséquence, celle d'une portion de terrain du côté opposé, sans faits positifs sur celle-ci ; car la possession est toute en fait : *tantum præscriptum quantum possessum.* Le curage en général ne l'emporterait pas sur la présomption de la loi, soit pour faire cesser la mitoyenneté lorsqu'il n'y a pas de rejet, soit pour priver celui du côté duquel il se trouverait de la possession exclusive du fossé. Cependant ce principe n'est pas sans exception : la loi n'ayant pas dit de quels faits la possession se compose, le juge aurait le pouvoir de la reconnaître dans le curage; mais il ne le fera que dans des cas extrêmement rares.

Ainsi l'action possessoire peut être intentée, soit par le possesseur exclusif d'un mur ou d'un fossé, soit par le possesseur mitoyen, contre tout individu qui se permettrait une usurpation ou un acte quelconque contraire à son droit. Mais il resterait à décider quel serait l'effet du jugement de maintenue en possession. Celui contre lequel il aurait été rendu pourrait-il, en se pourvoyant au pétitoire, écarter cette sentence par la seule existence matérielle de signes de mitoyenneté? Nous ne le croyons pas. Nous pensons qu'il lui faudrait un titre ou une possession trentenaire antérieure à celle reconnue par le juge de paix. Nous renvoyons à ce que nous avons dit relativement aux haies, en faisant néanmoins remarquer que la cour de Bourges a rendu arrêt contraire le 26 mai 1825. (Sirey, 1826, tom. 2, pag. 108.)

ART. v. Des entreprises sur les eaux.

La loi du 24 août 1790 attribuait aux juges de paix la connaissance des entreprises sur les cours d'eaux *servant à l'arrosement des prés*, et ces dernières *expressions* avaient donné lieu à la question de savoir si l'attribution de ces juges était restreinte aux eaux ayant cette destination; mais la loi terminant par leur conférer le jugement de toutes les autres actions possessoires, il a été décidé avec raison que la première désignation n'était qu'indicative, et que, d'après la dernière, leur compétence s'étendait à toutes les autres eaux, de quelque nature qu'elles fussent (arrêt de la cour de cassation du 2 mars 1809, Denevers, 1809, pag. 85, *Sup.*); à plus forte raison doit-on décider de même aujourd'hui, puisque les art. 3 et 38 du Code de procédure reproduisent textuellement la règle précédente, à l'exception des seuls termes *servant à l'irrigation des prés.*

La décision interprétative de cette disposition de la loi d'août 1790 contient la solution d'une question analogue que font naître les art. 3 et 38 du Code de procédure. Par l'énonciation des cours d'eaux, ils semblent ne ranger dans la compétence des juges de paix que les eaux qui ont un cours; mais l'attribution qui leur est faite de toutes autres actions possessoires ne permet pas de douter qu'elle ne comprenne également les eaux vives ou mortes, qu'elles aient un cours ou soient stagnantes, tels qu'étangs, puits, citernes. Un arrêt de la cour de cassation du 4 mai 1813 (Sirey, 1813, tom. 1er, pag. 337), et beaucoup d'autres, ont effectivement décidé que la compétence du juge de paix ne dépend aucunement de la question de savoir si les eaux sont vives ou mortes, courantes ou dormantes.

Nous diviserons toutes les eaux en deux classes; dans la première, nous comprendrons celles qui sont navigables ou flottables, et celles qui leur sont assimilées;

Dans la seconde, celles qui ne sont ni navigables ni flottables.

N° 1. Eaux navigables ou flottables et accessoires.

Les eaux navigables ou flottables, appelées suivant leur importance fleuves ou rivières, sont celles qui portent bateaux, trains ou radeaux. On peut voir ce que nous en disons dans notre *Régime des eaux*, 2ᵉ édition, et dans notre Supplément ou troisième volume, publié en 1832.

Pour qu'une rivière soit navigable ou flottable, il n'est pas nécessaire qu'une décision expresse du pouvoir compétent lui ait assigné ce caractère. Le fait qu'elle sert à la navigation par bateaux, trains ou radeaux, est suffisant, sauf, en cas de contestation, à se pourvoir devant l'autorité administrative, dont la décision a un effet rétroactif remontant au jour où il est constaté que la rivière a été consacrée à la navigation ou au flottage.

Les rivières appartiennent à l'état, qu'elles soient navigables ou flottables naturellement ou artificiellement, à moins qu'il ne s'agisse de canaux creusés dans des héritages privés ; dans ce dernier cas, les droits de l'état et des particuliers sont déterminés par les actes administratifs ou ordonnances de concession.

L'état ne cesse pas d'être propriétaire des rivières navigables ou flottables dont il abandonne la jouissance aux riverains, pour se débarrasser des charges de curage et d'entretien, parce que les produits ne l'indemnisent pas de ces charges. Conséquemment il en reprend la possession quand bon lui semble, sans qu'aucune prescription puisse lui être opposée. Du reste, il ne peut pas forcer les riverains à accepter cette jouissance et à supporter ces charges. Il faut qu'ils y consentent, ou qu'il y ait déclaration d'innavigabilité.

Les bras des rivières navigables ou flottables, quoique n'ayant pas eux-mêmes ce caractère, n'en sont pas moins considérés comme partie de celles-ci, et assujettis en tous points au même régime.

Il en est différemment des parties non navigables de ces

rivières, soit au dessus, soit au dessous du point où elles sont navigables.

Les rivières ou ruisseaux flottables à bûches perdues n'appartiennent pas à l'état.

Nous avons expliqué (*Régime des eaux*, 1re partie) dans quels cas les particuliers acquéraient des droits sur les rivières navigables ou flottables, et quelles étaient les autorités compétentes pour prononcer sur les contestations qui pouvaient s'élever à cet égard. Nous y renvoyons ; nous nous bornerons à dire ici qu'en général les particuliers troublés par l'état dans la possession de ces droits, n'ont pas l'action possessoire pour s'y faire maintenir.

Il faut cependant admettre les exceptions suivantes :

1° Lorsque l'état vient à troubler le possesseur d'une île située dans une rivière navigable ou flottable, celui-ci a l'action possessoire, puisque l'île, différente du fleuve, est un pur domaine national non consacré à un usage public, et susceptible d'être acquis par prescription.

2° Il en serait de même en cas de trouble dans la possession d'un attérissement, d'une alluvion, puisque la loi en confère la propriété au riverain.

Nous pouvons étayer notre opinion d'un arrêt de la cour de cassation du 6 mars 1832, rendu avec l'état. Il s'agissait de savoir si le terrain litigieux était une île ou îlot, ou un attérissement formé dans le lit de la Loire, qui, aux termes de l'art. 560 du Code civil, appartiendrait à l'état, ou s'il devait être considéré comme une alluvion qui, s'étant formée successivement et imperceptiblement aux fonds riverains de ce fleuve, profiterait aux propriétaires, conformément à l'article 556. La cour de cassation a jugé que les tribunaux avaient pu décider, même contre l'état, que l'objet litigieux était une alluvion dont la propriété appartenait aux riverains.

Un autre arrêt, du 1er mars 1832, a en outre jugé qu'un semblable attérissement appartient aux riverains s'il est adhérent à leurs fonds sous les eaux, bien qu'à la surface il en soit séparé par un ruisseau, canal ou losne.

Nous ajouterons un arrêt de la chambre civile, du 12 décembre 1832, qui décide que l'alluvion formée le long d'un chemin vicinal bordant la Garonne, appartient à la commune de Roques, et non au sieur Guittard, propriétaire de l'héritage séparé de la rivière par ce chemin. Ce point de jurisprudence est important, et conforme à notre opinion. (Voy. *Régime des eaux*.)

Il en serait encore de même à l'égard des lais et relais de la mer, considérés autrefois comme petits domaines. (Arrêts de cassation des 3 novembre 1824 et 18 mai 1830.)

Dans ces divers cas, celui qui aurait eu la possession annale de l'île, de l'attérissement, des lais et relais de mer, devrait être maintenu dans cette possession, et serait présumé propriétaire jusqu'à ce que l'état prouvât sa propriété, soit par des titres, soit par une possession assez longue, comme les simples particuliers.

3° Il en serait de même pour ce qui tient aux chemins de halage dont le sol est en général la propriété des particuliers, et sur lequel l'état est censé n'avoir qu'une servitude, et pour ce qui est des lits abandonnés, aux termes de l'art. 563, ou du cas où le fleuve, en se formant un bras nouveau, coupe et embrasse le champ d'un propriétaire riverain et en fait une île (art. 562); ou encore du droit de pêche, dans le cas prévu par l'art. 4 de la loi du 15 avril 1829.

A plus forte raison l'action possessoire est-elle admise dans toutes ces hypothèses, lorsque le débat, au lieu de s'élever entre l'état et des particuliers, s'agite entre des particuliers seulement.

Il y a plus, et le trouble dans la possession des eaux navigables ou de leurs accessoires qui ne donne pas lieu à la complainte entre l'état et les particuliers, rend au contraire cette action généralement recevable entre ceux-ci.

Le gouvernement seul a le droit d'autoriser à faire des prises d'eaux dans les rivières du domaine public ; mais la concession une fois faite, les difficultés survenues entre divers concessionnaires ou riverains sont du ressort des tribunaux, surtout lorsqu'elles s'agitent au possessoire. (Décret du 10 septembre 1808.)

Ainsi, par exemple, lorsqu'un particulier s'empare de la prise d'eau dont son voisin est en possession depuis un an, soit pour arroser sa prairie, soit pour faire mouvoir son moulin, ou qu'il fait dans la rivière des travaux qui lui nuisent, ce voisin peut intenter l'action possessoire pour faire cesser le trouble.

Le défendeur ne pourrait même pas repousser l'action en demandant la production des titres ; car, dès que que l'administration peut autoriser les prises d'eau, les moulins, le possesseur est réputé, à l'égard des tiers, avoir obtenu la permission. Seulement cette non production serait un motif pour que le juge de paix exigeât du demandeur une possession bien plus positive résultant de faits non équivoques.

Les auteurs du *Nouveau Dénizart*, V° *Complainte*, citent un arrêt du parlement de Paris, du 20 mai 1761, qui consacre en partie ces principes en admettant la complainte dans une espèce qui mérite d'être remarquée.

M. le duc de Chaulnes était en possession, pour faciliter l'empoissonnement de ses étangs, de faire lever tous les ans, depuis le 15 août jusqu'au 8 septembre, un vantail de chaque écluse des moulins étant sur la rivière de Somme (navigable), dans une étendue de près de six lieues au dessus et au dessous de Péronne. Ayant été troublé dans l'exercice de ce droit par le chapitre de Péronne, propriétaire de plusieurs moulins sur cette rivière, il forma complainte.

Le chapitre soutenait que le droit prétendu par M. le duc de Chaulnes ne pouvait être qu'une servitude, parce que le terrain sur lequel il l'exerçait ne relevait pas de lui, mais du roi, et que le droit sur la chose d'autrui est servitude quand il n'appartient pas au seigneur; d'où le chapitre concluait qu'il ne pouvait y avoir lieu à la complainte.

L'arrêt rendu sur les conclusions de M. Joly de Fleury, maintient et garde le duc de Chaulnes dans la possession de faire lever et tenir levé tous les ans, depuis le 15 août jusqu'au 8 septembre, un vantail de chaque écluse des moulins appartenant au chapitre de Péronne sur la rivière de Somme, et fait défenses de l'y troubler, sauf au chapitre à se pourvoir au pétitoire, ainsi qu'il avisera.

La jurisprudence moderne n'est pas moins positive. Nous avons cité, dans notre *Régime des eaux*, diverses décisions qui ne laissent là-dessus aucun doute. Vainement opposerait-on, comme contraire à ces principes, un arrêt du conseil du 1er février 1833, rapporté par M. Dalloz, 1833, 3e partie, pag. 41, parce que, dans l'espèce sur laquelle il est intervenu, il y avait mélange de l'intérêt public et privé; il s'agissait de faire dans la rivière des travaux qui pouvaient en exhausser le lit contrairement aux besoins de la navigation.

Ainsi toute discussion entre particuliers qui a pour objet des servitudes, des droits d'usage et de propriété de cours d'eau, et autres charges résultant d'actes et contrats, ou qui sont fondés sur la possession plus ou moins longue, donne lieu à l'action possessoire, soit que les actes émanent de l'administration, soit qu'ils renferment des conventions privées, car l'usage des eaux publiques peut être entre particuliers le sujet de conventions qui, bien que non opposables à l'administration, n'en sont pas moins obligatoires pour ceux qui les ont souscrites.

Nous bornerons là nos observations sur cette matière que nous avons traitée avec plus d'étendue dans notre ouvrage déjà cité.

Nº II. Eaux non navigables ni flottables.

Nous subdiviserons cet article en eaux qui ont un cours et en eaux qui n'en ont pas. Nous commencerons par celles-ci.

Des eaux qui n'ont pas de cours : lacs, étangs, mares, citernes, puits, fontaines, eaux minérales.

Les lacs, étangs, mares et citernes sont des amas d'eaux dormantes plus ou moins considérables.

Il y a des lacs et étangs navigables auxquels il faut par conséquent appliquer les règles que nous avons déjà données relativement aux eaux de cette nature. Nous ne nous occupons ici que de ceux qui ne sont ni navigables ni flottables.

Ces derniers, qu'ils appartiennent à l'état, aux communes ou à des particuliers, sont soumis aux principes que nous allons rappeler.

Observons que le lac ne diffère de l'étang qu'en ce que,

pour l'ordinaire, il renferme une plus grande masse d'eau que celui-ci. L'un et l'autre en renferment plus que les mares et citernes. Les mares sont particulièrement en usage dans la Normandie, et les citernes dans le midi de la France.

On nourrit ordinairement du poisson dans les lacs et étangs. Leurs terrains sont en pente, fermés le plus souvent par une chaussée ou déversoir auquel on adapte une bonde ou petite vanne qui sert à les mettre à sec pour la pêche et le curage.

La mare est une cavité de peu d'étendue qui ne contient communément que des eaux pluviales, et qui sert au puisage, au lavage, à l'abreuvage des bestiaux.

La citerne est un trou dont le fond, pavé, glaisé et couvert de sable, est destiné à recevoir et conserver les eaux pluviales, et qui, à peu de choses près, a la même destination que la mare.

Aucune loi ne détermine de distance à observer entre l'étang, la mare ou citerne que l'on établit, et le fonds voisin. Il faut se reporter à ce que nous avons dit, pag. 238, pour les fossés, et reconnaître qu'en général cet établissement ne doit donner lieu qu'à l'action pétitoire. Si les eaux, par leur infiltration ou autrement, nuisaient aux voisins, ceux-ci auraient droit de faire réparer le dommage. Ils ne seraient pas tenus d'attendre pour agir l'effet des eaux ou des travaux; ils pourraient poursuivre l'auteur des ouvrages, ainsi que nous l'avons vu précédemment; car la crainte fondée du dommage empêche de jouir paisiblement, déprécie même la propriété; il y a trouble à la possession.

Le second projet de Code rural contient à cet égard des dispositions qui ne sont pas des lois; les voici :

« Art. 263. Celui qui fait construire un étang ne peut inonder aucune partie des héritages voisins sans le consentement des propriétaires ou sans un titre formel ayant moins de trente ans de date.

» Il sera tenu de laisser à découvert entre le bord de son étang et l'héritage voisin un espace suffisant, suivant les circonstances locales, pour que ledit héritage ne soit point incommodé par les eaux.

» Cette distance sera réglée de gré à gré entre les parties ou par le juge de paix, sur un avis d'experts, et sauf le recours au tribunal de première instance.

» Art. 264. Les propriétaires d'étangs sont obligés d'entretenir en bon état les chaussées, digues et décharges, à peine de répondre des dommages qui résulteraient de leur négligence à cet égard.

» Les cas fortuits ou de force majeure demeurent exceptés. »

Lorsque les divers objets désignés ci-dessus ont un déversoir, l'étendue du terrain qui les constitue et celle des héritages voisins sont faciles à déterminer. Le propriétaire de l'étang, etc., est réputé l'être de tout le terrain que l'eau couvre quand elle est à la hauteur du déversoir; par conséquent, la possession que les voisins peuvent acquérir pendant les basses eaux, sur partie de ce terrain, est précaire, inefficace, et ne peut autoriser la complainte, comme l'a jugé un arrêt de la cour de cassation du 25 avril 1811 (Sirey, 1811, pag. 312), à moins toutefois qu'ils n'aient fait des constructions qui empêchent les eaux de revenir baigner le terrain qu'elles occupent; car alors la possession serait valable et bien différente de celle invoquée dans l'espèce de l'arrêt ci-dessus, qui consistait seulement à avoir coupé des herbes. L'art. 558 , en effet , n'a statué que pour le cas d'alluvion , c'est-à-dire où les choses restent en même état , ce qui n'empêche pas d'appliquer les règles du droit commun sur la possession et la prescription.

Réciproquement , le propriétaire de l'étang , etc. , n'acquiert aucun droit sur les terres que les eaux couvrent, soit par suite de crues extraordinaires , soit par l'exhaussement du déversoir. L'inondation, dans ce second cas, est même un délit , aux termes de la loi du 6 octobre 1791 et de l'article 457 du Code pénal. Dans les deux cas , eût-elle duré pendant une année, elle ne pourrait autoriser la complainte.

Il y a plus de difficulté lorsqu'il n'existe pas de déversoir certain. Il faut bien alors que ce soit le fait matériel de la possession qui serve de règle de décision. La loi de 1791 défendant d'inonder l'héritage voisin lors même que l'étang n'a pas de déversoir , il est indispensable de consulter l'état des lieux et l'étendue de la jouissance respective pour reconnaître s'il y a ou non délit. Dans ce cas la possession annale doit être admise , autoriser la complainte et conduire à la solution de la question , comme la possession trentenaire servirait à décider celle de propriété. (Art. 271 , deuxième projet du Code rural.)

Dans le même cas les titres peuvent être utilement consultés et servir à fixer le caractère et l'étendue de la possession. C'est ce qui résulte de cet art. 271 et d'un arrêt de la cour de cassation du 9 août 1831.

L'étang des Neuf-Chemins appartenait , par indivis, aux sieurs Gaud et Magot pour deux tiers , et à la commune de Liouville pour l'autre tiers.

En 1824 , la commune , propriétaire en même tems de

pâturages environnant l'étang, a prétendu que, par suite de changemens pratiqués au déversoir par les sieurs Gaud et Magot, les eaux qui, d'après les titres, ne devaient couvrir, à la hauteur des déversoirs, qu'une surface de quatre-vingt-dix jours, en couvraient cent trente-sept, et envahissaient ainsi un terrain communal. Elle a offert la preuve : une enquête a eu lieu. Gaud et Magot soutiennent, en fait, que les déversoirs n'ont pas été changés ; en droit, que c'est d'après la hauteur des déversoirs existans et non d'après les titres que doit être fixée l'étendue de l'étang, suivant l'art. 558 du Code civil.

3o juillet 1827, jugement du tribunal de Toul qui, d'après l'enquête, condamne Gaud et Magot à rétablir les déversoirs à une hauteur telle que les eaux ne couvrent plus que l'espace de quatre-vingt-dix jours.

Appel. — 5 avril 1830, arrêt de la cour de Nanci, qui confirme ; elle dit dans ses motifs que les titres ne doivent servir de régulateurs qu'autant qu'il n'existe pas de très-anciens déversoirs, ou que leur état ne peut être bien constaté ; elle reconnaît que les anciens ont été changés, que les nouveaux augmentent la hauteur des eaux sans qu'on puisse préciser la différence ; elle termine en s'arrêtant aux titres, et fixant d'après eux à quatre-vingt-dix jours l'étendue de l'étang.

Sur le pourvoi, pour prétendue violation de l'art. 558, est intervenu arrêt de rejet en ces termes : « Attendu que l'arrêt attaqué a reconnu, en droit, que lorsqu'il s'agissait de déterminer l'étendue d'un étang, c'était le déversoir qui devait, indépendamment du titre, régler la contenance de l'étang ; mais qu'il a constaté, en fait, que l'ancien déversoir avait été détruit clandestinement par les propriétaires, et qu'il n'en subsistait aucune trace; qu'en se fondant par ce motif sur les énonciations du titre, il n'a pas violé l'art. 258 du Code. »

L'art. 266 de ce même projet contient une disposition qui nous paraît conforme aux principes, et que nous adoptons sauf le délai dans lequel il circonscrit la réclamation. Il est ainsi conçu :

« En cas d'inondation, crue ou débordement d'eau, le propriétaire de l'étang aura le droit de suivre son poisson sur le terrain d'autrui, même jusqu'à la fosse de l'étang supérieur, pendant huit jours, à compter de celui où l'inondation aura cessé, le propriétaire voisin étant présent ou dûment appelé. Il aura le même droit soit pendant le tems de la pêche, soit en cas de rupture des chaussées, digues grilles ou grillons, à la charge, dans tous les cas, de payer les dommages occasionés par cette recherche.

» Mais si le poisson a passé dans un autre étang également empoissonné, il n'y aura pas lieu au droit de suite, pourvu que le poisson n'ait point été attiré par fraude ou artifice. »

Il est bien évident que si le voisin refusait de rendre le poisson jeté sur son terrain par une inondation, le propriétaire de l'étang ne pourrait, en se fondant sur ce que ce poisson est immeuble par destination, intenter l'action possessoire; car il n'est pas troublé par le fait de son adversaire dans la possession de cet étang.

Il y aurait plus de difficulté à le décider ainsi lorsque le poisson a été attiré dans l'étang voisin par fraude et artifice. Le poisson faisant partie de l'immeuble, il semble que ce fait pourrait être pris pour trouble à la possession : que l'on pourrait demander à y être maintenu, avec restitution du poisson et dommages-intérêts.

L'usurpation, l'entreprise sur un lac, étang, mare ou citerne, peuvent avoir lieu soit en attirant, en pêchant le poisson, en dérivant une partie de leurs eaux, en s'emparant d'une portion de leur lit, en y abreuvant ses bestiaux, y puisant, lavant, ou de toute autre manière qui constitue l'usage de la chose, permis au seul propriétaire ou à celui qui a acquis des droits.

L'art. 265 du 2ᵉ projet de Code rural est ainsi conçu :

« Les propriétaires d'héritages voisins d'un étang ne peuvent, d'aucune manière, détourner ou attirer les eaux qui l'alimentent, ni avoir des fossés derrière ou plus près de sa chaussée qu'à la distance de deux mètres au moins, afin de prévenir l'infiltration des eaux. »

Cette disposition est sage dans ses deux parties ; mais, dans l'état actuel de notre législation, la seconde ne peut être considérée par les tribunaux comme une règle générale ; ils ont au contraire un pouvoir discrétionnaire, et doivent se déterminer suivant les circonstances.

De leur côté, ces propriétaires ont action, comme nous l'avons vu, contre le constructeur de l'étang qui, par sa trop grande proximité, leur cause ou peut leur causer un dommage, ou qui les inonde ; ils auraient également action dans le cas où le défaut de curage, l'établissement d'un routoir, nuiraient à la salubrité ou à la propriété. Ils pourraient user de la complainte.

Lorsque la propriété des lac, étang, etc., est reconnue, celui qui n'a fait qu'y puiser ne peut prétendre avoir acquis aucun droit de propriété ni de servitude. Telle est l'opinion d'Houard, qu'un arrêt de cassation du 23 novembre 1808 a consacrée. L'auteur s'exprime ainsi, *Dictionnaire de droit normand*, V° *Mare*.

« Le propriétaire d'un fonds où est une mare, dit-il, peut en faire tel usage qu'il veut; il peut en refuser l'usage à ses voisins, et quelque longue possession qu'ils aient eu d'y puiser de l'eau, cette possession est une servitude qui ne peut faire un titre. La possession, en ce cas, pouvant dériver de tolérance comme d'un droit, est douteuse, et dans le doute, on doit se déterminer en faveur de la libération.

» Le prétexte d'utilité publique ne peut valoir en ce cas. Le propriétaire du fonds n'est obligé de secourir la communauté que lorsqu'elle n'est pas en état de se procurer les secours que, sans s'incommoder, il peut lui donner; or, à l'exception du cas d'absolue nécessité, les habitans peuvent se creuser des mares dans les lieux qui leur appartiennent; mais ils n'ont pas le droit d'obliger le propriétaire d'une mare à la faire subsister; il est libre de la supprimer quand il le croit convenable à ses intérêts. »

Il en serait différemment si les habitans avaient fait, même conjointement avec le propriétaire, tous les actes de possession que comporte un immeuble de cette nature; par exemple, si, outre les lavage, puisage et abreuvage, ils avaient pêché, curé, emporté les terres et les bois ou arbrisseaux qui y auraient pris naissance. La réunion de tous ces faits serait nécessaire. Alors la possession serait commune. Une année suffirait pour autoriser la complainte. Si la jouissance était exclusive, ce serait dans une possession exclusive que le juge maintiendrait.

Mais si la propriété originaire de l'étang n'était pas constatée ou avouée, le juge ne pourrait exiger des faits de possession aussi précis ni aussi multipliés. Il adjugerait la possession exclusive à celui qui seul aurait fait quelques-uns de ces actes, ne fussent-ils que de puisage, lavage, abreuvage, ou la jouissance commune à ceux qui les auraient exercés également.

Ces principes seraient de même applicables au cas où l'étang serait d'origine nationale, ainsi que l'a décidé la cour de cassation le 16 janvier 1832, pour celui du Plessis-Piquet. Il a été aussi jugé par cet arrêt que lorsque l'état vend les eaux provenant de l'étang, avec déclaration que la jouissance des eaux ne comprend point la propriété foncière ni la pêche de cet étang, ni celle de ses francs bords, qui pourront toujours être loués par l'état comme par le passé, l'acquéreur n'a droit qu'aux eaux qui sortent, coulent et se répandent en dehors; que l'état ou celui qui les représente a droit d'enclore cet étang, en laissant passage aux eaux, et de profiter de ses glaces. (*Journal du Palais*, tom. 2, 1832, pag. 233.)

Les principes ci-dessus sont encore applicables au cas où il s'agit de dommages causés à l'aide de travaux faits à la chaussée et au déversoir d'un étang, soit qu'ils aient été autorisés par l'administration, soit que l'auteur des travaux ait dépassé les termes de la permission. — Arrêt de la cour de cassation du 23 mai 1831. (*Journal du Palais*, tom. 3, 1831, pag. 519.)

Le puits est un trou profond creusé de main d'homme, ordinairement revêtu de pierre en dedans, et fait exprès pour en tirer de l'eau.

Il est loisible à tout propriétaire de creuser un puits dans son propre fonds; le voisin ne pourrait intenter contre lui une action possessoire à raison de ce fait, quand même son puits ou sa source en seraient taris, pourvu que les travaux aient été entrepris non dans l'intention de nuire, mais dans un but d'utilité. Il n'y aurait d'exception à cette règle que dans le cas où, en creusant un puits, on ferait tarir des sources d'eaux minérales, et qu'on exposerait un établissement thermal à être détruit. Il y aurait même lieu, dans ce cas, à l'action en dénonciation de nouvel œuvre, en se conformant toutefois à ce que nous avons dit dans la première partie, en traitant de cette action; car il importerait de ne pas laisser porter à l'établissement un préjudice qu'il pourrait être impossible de réparer après l'achèvement des travaux. Voyez, sur cela et sur la compétence des autorités, notre *Régime des eaux* (Supplément), et l'art. 129, second projet de Code rural.

L'art. 674 du Code civil exige que celui qui fait creuser un puits près d'un mur mitoyen ou non, laisse la distance prescrite par les règlemens et usages particuliers, ou fasse les ouvrages prescrits par ces mêmes règlemens ou usages pour éviter de nuire au voisin.

L'infraction de cette disposition donnerait lieu de la part de celui-ci à une action soit en complainte, soit en dénonciation de nouvel œuvre, comme dans le cas de plantation trop rapprochée de l'héritage voisin.

La loi garde un silence absolu sur le creusement de puits ailleurs qu'auprès d'un mur. Il n'y a, dans ce cas, d'autre règle que le droit commun qui oblige l'auteur du dommage à le réparer. En cas de contestation, les tribunaux seraient les arbitres de la nécessité et de la nature des précautions à prendre pour l'éviter ou le réparer. Les réflexions que nous avons faites ci-dessus, pag. 238 et 248, pour les fossés ou étangs, s'appliquent aux puits, avec quelques modifications que la différence de nature des uns et des autres fera facilement sentir. Il faut en dire autant de la profondeur à donner au puits, sur laquelle la loi se tait également.

Les puits peuvent être possédés par un seul ou en commun à titre de propriété, de servitude ou de bail. Les actions possessoires dont ils deviennent l'objet dans ces divers cas, sont régies par les principes déjà exposés et par ceux que nous expliquerons bientôt relativement aux contestations de cette nature.

La fontaine est un lieu où l'eau jaillit du sein de la terre, et qui est ordinairement disposé par la main de l'homme pour donner aux particuliers ou au public la facilité d'y aller puiser et de l'employer à leurs besoins. Dans les campagnes, les fontaines sont de la plus grande simplicité ; mais dans les villes elles offrent parfois de très-beaux monumens. Il y a aussi des fontaines ou sources d'eaux salées dont le propriétaire peut disposer à son gré, soit qu'il emploie les eaux dans leur état naturel, soit qu'à l'aide de procédés, ou préparations quelconques, il les convertisse en sels ; à la vérité, dans ce dernier cas, il est soumis à quelques formalités préalables et à une surveillance propres à assurer le recouvrement des impôts aux termes de la loi du 24 avril 1806 et du décret du 11 juin suivant ; mais il n'est pas assujetti à obtenir une concession du gouvernement. Il en est différemment pour l'exploitation des mines de sel gemme qui rentrent dans l'application de la loi du 21 avril 1810, qui n'est qu'indicative dans son énonciation des matières minérales. (Arrêt de la cour de cassation du 8 septembre 1832, *Journal des Audiences*, 1832, pag. 407.) Nous expliquerons plus bas, dans un article spécial, comment les règles des actions possessoires y sont applicables ;

nous dirons seulement à présent que nul ne peut les exploiter sans permission du gouvernement, à peine d'être poursuivi correctionnellement, car c'est une matière d'ordre public qui est régie par les lois et l'acte de concession. Personne ne peut acquérir de possession contraire.

Quant aux sources d'eaux salées, elles sont soumises aux règles ordinaires.

Nous parlerons des actions possessoires dont elles peuvent être l'objet, dans l'article suivant, en nous occupant spécialement des sources.

Des eaux qui ont un cours.

Nous suivrons les eaux de cette espèce dans les différentes variations que leur cours peut offrir.

Celui qui a une source salée ou non dans son fonds peut en user à sa volonté, sauf le droit que le propriétaire du fonds inférieur aurait acquis par titres ou par prescription. (Art. 641 du Code civil.)

Il peut, par conséquent, après en avoir usé, ou en laisser couler les eaux naturellement sur les fonds inférieurs qui sont obligés de les recevoir (art. 640), ou les diriger vers d'autres fonds, soit qu'ils lui appartiennent, soit qu'ils appartiennent à des tiers, pourvu toutefois que les propriétaires de ceux-ci consentent à les recevoir, lorsque la pente naturelle des lieux ne les y assujettit point.

Il suit de là 1° que le propriétaire immédiatement inférieur ou plus éloigné ne pourrait intenter d'action possessoire contre le propriétaire de la source, lors même qu'elle serait nouvelle et que son cours n'aurait pas encore duré une année, quelque dommage, quelques dégradations qui en résultassent pour lui, à moins que par des travaux on ne lui eût donné une autre direction que celle qu'elle devrait avoir naturellement ; qu'il ne pourrait élever de digue qui empêchât cet écoulement ou fît refluer les eaux, sans s'exposer à une action de cette nature. (Art. 640.)

2° Qu'il n'y aurait lieu à aucune action contre le propriétaire de la source qui priverait les inférieurs de l'usage des eaux, quand même ils l'auraient eu de tems immémorial, à moins, comme le dit l'art. 641, qu'ils n'eussent acquis par titres ou par prescription le droit de l'empêcher de les détourner.

Mais les travaux nécessaires pour faire acquérir possession et prescription doivent être apparens et avoir été faits sur le fonds même où naît la source dans l'intérêt du fonds inférieur. La jurisprudence est certaine à cet égard. Il suffirait, pour qu'il y eût lieu à complainte, que ces travaux eussent une année d'existence antérieure au trouble.

Le droit de disposer de la source reçoit encore exception lorsque ses eaux sont nécessaires aux habitans d'une commune, d'un village ou hameau. L'utilité publique équivaut alors et supplée à l'existence de travaux apparens. Si dans ce cas le propriétaire de la source vient à en détourner le cours, la commune a l'action possessoire contre lui. Le juge de paix doit la maintenir dans sa possession annale quand même elle n'aurait pas payé d'indemnité ; car il n'appartient qu'au juge du pétitoire de décider si elle est due, si elle n'est pas prescrite, et d'en fixer la quotité.

Dans le cas où l'utilité communale aurait été déclarée par l'autorité compétente ou serait reconnue par le propriétaire, chaque habitant intéressé à l'usage des eaux pourrait aussi intenter cette action, pour faire cesser le trouble apporté à la jouissance commune.

Il en serait autrement si, au lieu de détourner une source déjà ouverte, le propriétaire dans le fonds duquel se trouveraient des veines d'eau alimentant une fontaine publique, coupait ces mêmes veines, en fouillant dans son héritage, sans intention de nuire, mais dans un but d'amélioration.

Il en serait encore autrement s'il s'agissait de la part d'une commune, non d'empêcher le propriétaire d'une source d'en détourner les eaux, mais de le forcer à souffrir en faveur du public l'usage d'un abreuvoir existant sur son fonds, et d'un passage pour y aller.

Tous les principes ci-dessus s'appliquent aux eaux pluviales ou vicinales. Celui qui les reçoit le premier est considéré comme en ayant la source, et peut en disposer à volonté. Le supérieur à qui la disposition des lieux permettrait de les prendre le pourrait, quand même il n'en aurait jamais usé, sans donner lieu à aucune action.

Mais la commune aurait le droit, dans le cas prévu par l'art. 643, d'empêcher par la complainte un détournement qui lui serait préjudiciable.

3° Si le propriétaire de la source rendait les eaux plus nuisibles qu'elles ne le sont naturellement, par exemple en les retenant momentanément pour augmenter leur volume et leur impétuosité, en y mêlant des matières avec lesquelles elles deviendraient malsaines ou impropres aux usages ordinaires, l'action possessoire serait bien fondée, indépendamment des poursuites devant les tribunaux de police simple ou correctionnelle, par application de la loi du 6 octobre 1791, du Code pénal et de la loi du 21 avril 1810, en ce qui concerne les patouillets.

Les bocards et patouillets servant à laver le minerai qu'on emploie dans les forges, ne peuvent, aux termes de l'art. 73

de la loi du 21 avril 1810, être établis sans autorisation spéciale, parce que les opérations qu'on y pratique rendent les eaux malsaines par les matières qui s'y mêlent. L'autorisation de la forge ne comprend pas implicitement celle des patouillets et bocards; l'art. 80 dit seulement que l'on pourra être autorisé à en établir sur le terrain d'autrui. (Arrêts de la cour de cassation des 20 juin 1828 et 26 mai 1831.)

Par conséquent, soit qu'il n'y ait pas eu autorisation, soit qu'il y en ait eu, et qu'on ne s'y fût pas conformé, ou qu'on s'y fût strictement renfermé, s'il n'y a pas un an que les eaux sont gâtées, l'action possessoire est recevable; mais après l'année, l'action en police correctionnelle serait seule admise, aux termes des art. 93 et 96 de la loi d'avril.

On trouve au *Journal des audiences* de 1829, pag. 118, part. 1re, un arrêt de la chambre criminelle de la cour de cassation du 23 janvier 1829, rendu dans une espèce où divers prés et vignes de la commune de Nantilly avaient été inondés et endommagés par des eaux boueuses provenant du lavage des mines, opéré au moyen des patouillets des sieurs Ardaillon et Bessy, et ce, parce que leurs bassins et récipiens étaient remplis et comblés, au mépris des clauses et conditions de leur autorisation. La cour a décidé que ce fait constituait la contravention prévue et punie par les art. 93 et 96 ci-dessus.

Nous avons eu connaissance de trois arrêts rendus par la cour de Besançon, le 13 mars 1833, contre les sieur Bretillot, Amet et Courcelle, dans l'espèce suivante :

Une forge existait de tems immémorial. Les propriétaires avaient établi des patouillets pour laver la mine. Il y a trente-cinq ans, ils y avaient fait de grands changemens. Enfin, depuis la loi du 21 avril, ils avaient demandé la permission de les conserver ; mais il n'avait jamais été statué sur cette demande. A la fin de 1832, trois communes voisines se plaignirent que, depuis très-long tems, les eaux qui leur venaient des forges et patouillets nuisaient à la santé des hommes et des bestiaux, ainsi qu'aux propriétés. Les sieurs Bretillot et consorts furent condamnés à l'amende par application, tant de la loi du 21 avril que de celle du 6 octobre 1791, qui défend de transmettre les eaux d'une manière nuisible.

Il y a eu pourvoi en cassation ; mais on s'en est désisté, et l'on a bien fait, car, au lieu de l'amende de 20 francs prononcée en appel, la cour de cassation aurait sans doute décidé qu'on devait appliquer celle beaucoup plus forte des art. 78, 93 et 96 de la loi d'avril ; elle aurait cassé au préjudice des demandeurs, comme elle le fit par l'arrêt du 23 janvier 1829 contre le sieur Ardaillon.

Après avoir traité des droits et devoirs du propriétaire de la source vis-à-vis des inférieurs, il faut nous occuper de ceux relatifs à ces derniers les uns vis-à-vis des autres.

Deux cas peuvent se présenter :

Ou l'héritage borde d'un côté seulement le cours d'eau, ne forme qu'une des rives,

Ou il est traversé par ce même cours d'eau.

Dans le premier cas, le propriétaire n'a pas un droit aussi étendu que dans le second. Il peut seulement *se servir de l'eau à son passage*.

Par conséquent il ne peut en détourner le volume en totalité ; il peut seulement y faire des saignées ou prises d'eau pour l'irrigation de ses fonds ou pour tout autre usage admis dans le pays, à moins que l'administration n'ait autorisé un détournement intégral successif.

Si les riverains faisaient abus de ce droit de prise d'eau en en détournant trop ou en la retenant au delà du tems raisonnablement permis, la répression de ce fait ne pourrait en général appartenir qu'aux tribunaux civils, parce qu'il y aurait lieu à la fixation des droits de chaque propriétaire, à la décision d'une question pétitoire.

On ne devrait former d'action en complainte qu'autant que le mode de jouissance serait bien fixé par une possession annale, et que le fait récent tendrait à le changer. Le juge de paix pourrait alors consulter le règlement administratif, en supposant qu'il en existât un, pour éclairer le possessoire.

Il y aurait encore lieu à la complainte dans le cas où le riverain, après s'être servi des eaux pour l'irrigation, les laisserait couler sur un héritage non riverain. Le propriétaire de celui-ci n'y ayant aucun droit, et n'ayant pu en acquérir même par une jouissance immémoriale au détriment des riverains inférieurs, puisqu'il n'aurait fait aucuns travaux apparens sur les fonds de ceux-ci, ils seraient fondés dans leur action soit contre lui, soit contre le riverain qui lui donnerait les eaux. Ce dernier est tenu de rendre ce qui reste de l'eau à son cours ordinaire, après s'en être servi, lorsqu'il possède les deux rives. A plus forte raison y est-il obligé quand il n'en possède qu'une. Il faut donc, ou qu'il s'entende avec les riverains inférieurs pour leur donner les eaux d'égout, ou que, si cela ne se peut, comme lorsque ceux-ci sont des usiniers, il fasse un fossé de réversion à la rivière. Telle est aussi l'opinion de M. Henrion, page 281, et la décision de trois arrêts des 8 avril, 28 juin et 18 juillet 1826, des cours de Bordeaux, Angers et Bourges, rapportés au *Journal du Palais*, années 1826 et 1827.

Mais celui dont l'eau traverse l'héritage peut en user dans l'intervalle qu'elle y parcourt, à la charge de la rendre, à la sortie de son fonds, à son cours ordinaire. Il peut donc la détourner en totalité dans l'étendue de son héritage, sans pouvoir être pour ce fait, comme pour celui d'une trop longue retenue des eaux ou d'une trop grande consommation, assujetti à une action en complainte, mais seulement à l'action pétitoire.

Il n'y aurait lieu à la complainte qu'autant que l'auteur du détournement ne rendrait pas l'eau à la sortie de son fonds à son cours ordinaire, ou que la consommation et la durée de la retenue seraient plus grandes que pendant l'année antérieure ; ou encore qu'il ferait participer à l'irrigation des fonds qui n'en auraient jamais joui.

Il est sensible que les inférieurs tiennent de la loi le droit d'empêcher ceux qui les précèdent, mais qui ne sont pas propriétaires de la source, de les priver des eaux. Il n'est pas nécessaire, comme à l'égard de ceux-ci, qu'ils aient exécuté des travaux apparens sur ces fonds supérieurs.

A tout ce que nous avons dit dans notre *Régime des eaux* pour établir cette proposition, nous ajouterons la citation d'un arrêt de la cour de cassation du 27 mars 1832 (*Journal du Palais*, t. 2, 1832, p. 357). On y lit que le jugement dénoncé, en décidant à l'égard de la partie des eaux découlant du lit naturel de la Credogne, que la possession de l'eau courante qui borde une propriété ou la traverse, résulte au profit du propriétaire du fonds inférieur, de cela seul que l'eau, en suivant son cours naturel, arrive à sa propriété, et de l'obligation qui est imposée par la loi au propriétaire du fonds supérieur de la rendre à son cours naturel à la sortie de sa propriété, alors même qu'il peut en user lorsqu'elle la traverse, loin d'avoir violé les art. 544, 642 et 644 du Code civil, n'a fait que se conformer aux règles qu'ils tracent et aux principes en matière de possession.

A cela près, les inférieurs ont entre eux les mêmes droits, les mêmes devoirs, les mêmes actions que les propriétaires inférieurs à l'égard de ceux de la source *et vice versâ*.

Un arrêt récent de la cour de cassation (8 mai 1832, Sirey, 1832, p. 398) a de nouveau consacré ce principe dans une espèce où un inférieur avait barré le ruisseau par une vanne qui faisait refluer les eaux et causait l'amoncèlement des vases. L'arrêt a en outre décidé que les tribunaux avaient été compétens pour prescrire le curage, parce qu'il ne s'agissait que d'une mesure d'intérêt privé, et pour accorder une indemnité à compter du jour où le dommage avait commencé, et non de celui de la mise en demeure de le réparer.

Ils pourraient aussi se plaindre de ce que les eaux ne leur arrivent que malsaines et corrompues.

Un propriétaire de prairie pourrait se plaindre de ce que le propriétaire d'un moulin fait refluer les eaux sur son fonds, ou celui-ci de ce que le premier dérive plus d'eau que par le passé.

Deux propriétaires de moulins pourraient, dans le même cas, intenter action en complainte vis-à-vis l'un de l'autre, en se fondant sur l'état de choses annal antérieur à l'innovation : l'action serait admissible lors même qu'il y aurait autorisation administrative, car l'administration ne peut attenter au droit d'autrui ni autoriser un dommage, et à plus forte raison s'il n'y en avait pas, ainsi que l'a décidé pour ce dernier cas un arrêt de la cour de cassation du

5 mars 1833, qui a annulé un arrêt de Toulouse, lequel avait décidé que la contestation portant sur la fixation de la hauteur des eaux était de la compétence administrative.

Les propriétaires riverains peuvent s'opposer à ce que les meûniers chargés de faire le curage à une certaine distance en amont de leurs moulins, passent sur leurs héritages pour cette opération, et déposent les terres ou bourbes sur leurs bords. Ces meûniers, dont les usines et barrages sont censés causer les amoncèlemens de terres et de vases, ne peuvent aggraver la servitude en y ajoutant celle de passage et de dépôt de ces matières. Ils doivent curer par l'intérieur de la rivière, à l'aide de bateaux ou de voitures qui serviront au transport des matières extraites. Ils ne pourraient point invoquer, par analogie, l'art. 682, fait seulement pour le cas où le propriétaire a besoin d'exploiter ses fonds enclavés et sans issue sur la voie publique ; car les servitudes sont de droit étroit et ne peuvent être étendues. L'opinion contraire de M. le président Henrion n'a évidemment aucune base dans la loi.

Mais lorsque les eaux séjournent sur une terre qu'elles transforment en marais, il ne peut y avoir lieu à l'action possessoire devant le juge de paix contre le concessionnaire du desséchement qui fait, sur des terrains compris dans le périmètre de la concession, des fosses et autres travaux pour faire écouler les eaux. (Loi du 16 septembre 1807, et arrêt de la cour de cassation du 4 juillet 1832.)

Quoique chaque propriétaire puisse disposer à son gré des eaux pluviales ou vicinales au préjudice de ceux qui viennent après lui, il n'en peut être ainsi quand le cours de ces eaux existe d'une manière certaine et régulière. Ceux qui ne les reçoivent qu'en seconde ligne, et les suivans, ne peuvent en disposer au détriment des propriétaires inférieurs.

Nous avons dit dans notre *Régime des eaux*, 2ᵉ vol., p. 198, que les riverains sont propriétaires de la pente des eaux coulant le long ou au travers de leurs héritages ; que les voisins d'amont ou d'aval n'ont pas le droit d'y porter atteinte en baissant leur niveau, en les rendant plus rapides ; à moins que ces innovations ne causent aucun préjudice et que l'administration ait autorisé par ce motif un autre propriétaire à établir une usine importante. Par une conséquence de ces principes, il faudrait admettre en faveur du possesseur annal l'action possessoire contre celui dont les travaux feraient baisser le niveau des eaux dans l'étendue du fonds du premier ; ce serait en effet une véritable entreprise sur leur cours.

Cependant un arrêt de la chambre des requêtes de la cour de cassation du 14 février 1833, rendu sur le pourvoi du sieur Martin contre le sieur Adeline, a décidé que la pente des cours d'eaux non navigables ni flottables doit être rangée dans la classe des choses qui, suivant l'art. 714 du Code civil, n'appartiennent privativement à personne, dont l'usage est commun à tous, et réglé par des lois de police ; que l'administration a droit d'en disposer, puisqu'elle est chargée d'autoriser les établissemens d'usines et de fixer la hauteur des eaux ; qu'il ne peut être dérogé à ce principe qu'autant qu'il y a une concession spéciale ou une possession ancienne. Cependant l'arrêt admet une action en indemnité pour dommages, malgré l'autorisation administrative, et reconnaît qu'on peut se pourvoir devant l'administration pour faire révoquer cette autorisation.

Mais si l'ancienne possession est respectée, si le dommage doit être réparé, la jouissance annale doit autoriser la complainte, sauf au juge à déclarer qu'il n'y a pas trouble dans le cas où il n'y a pas préjudice.

Nous ne pouvons admettre qu'une eau coulant le long ou au travers d'héritages particuliers soit considérée comme étant commune à tous et n'appartenant à personne. Toutes les lois reconnaissent que les riverains y ont un droit privé. Les art. 641 et suivans, quoique placés au titre des servitudes, n'en sont pas moins très-positifs à cet égard. On ne pourrait nous opposer que l'art. 640 défend seulement à l'inférieur d'élever une digue pour empêcher l'écoulement de l'eau et non d'en baisser le niveau, car il ne s'occupe que de régler la servitude, tandis que les dispositions suivantes fixent les droits. Tout ce qu'on peut dire, c'est que ces droits sont sujets à un règlement, à une conciliation, aux termes de l'art. 645; que le plaignant ne doit pas être écouté s'il n'éprouve un préjudice de quelque importance, et si les eaux sont d'une grande utilité à l'établissement d'une usine, parce qu'alors la réclamation est fondée plutôt sur l'envie de nuire que sur un intérêt légitime.

Occupons-nous maintenant des eaux prises pour l'usage des fonds qui ne touchent pas à leurs cours. Nous en dirons peu de chose, en ayant traité avec étendue dans notre *Régime des eaux*.

La loi ne donne pas aux propriétaires de ces fonds le droit de se servir des eaux. Ils ne peuvent donc l'acquérir que par titre ou par prescription. Ce droit s'appelle aqueduc.

Ce droit, fondé sur la possession seulement, autorise l'action pétitoire lorsque cette possession a duré trente ans, et l'action possessoire lorsqu'elle a duré un an.

L'art. 701 du Code civil, qui autorise en certains cas le propriétaire du fonds assujetti à changer l'endroit par où s'exerce la servitude, est applicable, sans aucun doute, à l'aqueduc; mais ce droit ne peut être apprécié que sur action pétitoire, jamais sur la complainte : le juge de paix, sans descendre dans l'appréciation des circonstances, devrait maintenir l'état des choses tel qu'il aurait subsisté pendant un an avant l'innovation. Ces principes ont été confirmés par un arrêt de la cour de cassation du 6 avril 1831. (Sirey, 1831, tom. 1er, pag. 413.)

Le propriétaire de l'aqueduc ne peut pas, comme celui dont le fonds est traversé par une eau courante, dans le cas prévu par la seconde disposition de l'art. 644, changer la direction de l'eau, à la charge de la rendre à la sortie de son fonds à son cours ordinaire : il travaillerait dans un fonds qui n'est pas sa propriété. Tout changement de cette nature autoriserait donc l'action en complainte.

Cet art. 644 est inapplicable aux riverains de l'aqueduc. Ceux-ci ne peuvent y rien entreprendre, soit en faisant des coupures ou y construisant, soit en y jetant des objets nuisibles sans s'exposer à une action possessoire dans l'année du trouble.

Mais cette année passée, l'action ne serait plus reçue; il faudrait agir au pétitoire. La complainte appartiendrait, au contraire, à l'auteur de l'entreprise, s'il venait à être troublé par le possesseur de l'aqueduc ; car on peut acquérir par titre ou par prescription un droit de prise d'eau sur un canal artificiel ; celui qui en aurait joui pendant une année par des actes ayant tous les caractères d'une possession non équivoque, serait présumé propriétaire et devrait être maintenu provisoirement dans sa possession. C'est aussi ce qui résulte d'un arrêt de la cour de cassation du 27 mars 1832, dont nous avons déjà, dans cet article, reproduit un passage.

Au surplus, les faits susceptibles de constituer une possession valable pour faire acquérir ou conserver l'aqueduc, varient à l'infini, ainsi que nous l'avons expliqué dans notre *Régime des eaux*. Nous nous bornerons à faire remarquer ici qu'un arrêt de la cour de cassation du 6 décembre 1832, et un autre de la cour de Toulouse du 30 janvier 1833, ont décidé que le continuel écoulement d'un certain volume d'eau conservait la possession du canal d'un moulin, même des francs bords et des arbres.

Nous avons indiqué, pag. 137 ci-dessus, plusieurs questions que nous allons résoudre.

L'alluvion formée par un accroissement ou un relais insensible donne lieu à la complainte, comme la chose principale dont elle dépend, lors même qu'elle aurait été seule l'objet du trouble ou de l'atteinte qu'on veut faire réprimer; car ne sachant pas quand elle s'est formée, il faut nécessairement se reporter à la possession annale de la chose principale à laquelle elle participe.

Il en est différemment de l'adjonction subite d'une partie reconnaissable d'un champ à un autre champ, et du délaissement de l'ancien lit d'une rivière qui s'est formée un nouveau cours.

Tant qu'il ne s'est pas écoulé une année depuis l'adjonction ou le changement de cours, le propriétaire du champ agrandi ou celui auquel la loi donne l'ancien lit (qu'il soit voisin de ce lit ou qu'il en soit éloigné, que le nouveau cours soit établi sur un fonds qui lui appartienne ou sur l'héritage d'autrui), ne peuvent intenter la complainte, puisqu'ils n'ont pas de possession annale; dans le premier cas, une action purement mobilière de la compétence des tribunaux de première instance appartient à celui auquel la portion de champ a été enlevée ; dans le second , la voie pétitoire est la seule praticable.

§ II.

Des choses non désignées par le Code de procédure , et pouvant être l'objet des actions possessoires.

Nous venons de terminer la série des choses nominativement désignées dans la loi de 90 et le Code de procédure , comme pouvant donner lieu à la complainte ; nous allons nous occuper d'autres objets dont ils ne parlent pas.

ART. Iᵉʳ. Des chemins.

Il y a , comme on sait , plusieurs sortes de chemins. Dans la première classe , il faut ranger les grands chemins , c'est-à-dire les routes royales , départementales et de halage.

La seconde comprend les chemins vicinaux ou communaux.

La troisième , ceux particuliers ou de desserte.

Il en existe une quatrième sorte , appelée chemins de fer.

Cet article sera donc divisé en quatre numéros.

N° I. Chemins royaux , départementaux et de halage.

Ces chemins donnent lieu à des débats de natures très-différentes et qu'il ne faut pas confondre ; les uns sont relatifs à l'utilité publique , à la fixation d'étendue , de consistance , les autres à la propriété et possession ; ils peuvent porter sur le sol , les arbres et fossés.

Le sol appartenant à l'état , et étant imprescriptible tant qu'il reste consacré à l'usage public , ainsi que l'a décidé un arrêt du conseil du 22 octobre 1830, en réprimant une anticipation commise par le sieur Bosse, bien que celui-ci articulât qu'il possédait le terrain en litige depuis un tems plus que suffisant pour prescrire, ne peut être entre l'état et les particuliers le sujet d'aucune action pétitoire ou possessoire ; mais, pour qu'il en soit ainsi, il faut que les limites de la route soient bien établies, soit par l'évidence matérielle des lieux, soit par d'anciens plans ou états dressés par l'administration.

A défaut de l'évidence des localités ou de l'existence de plans, d'états, l'administration a le pouvoir de déterminer ces limites lorsqu'elles sont contestées, car il faut bien que ce débat reçoive une décision. Les tribunaux sont incompétens pour résoudre une contestation qui s'élève à l'occasion de l'utilité publique. L'autorité administrative est donc la seule à laquelle elle puisse être déférée ; c'est ce que décide nettement un arrêt du conseil du 28 août 1827. Landais, piqueur des ponts-et-chaussées, avait abattu des arbres et clôtures dépendant d'un pré appartenant au sieur Constant, et bordant la route départementale de Bordeaux à Verdon. Le tribunal correctionnel l'avait condamné, pour ce fait, à l'emprisonnement, à l'amende et en des dommages-intérêts, bien qu'il eût prétendu que le terrain sur lequel existaient les arbres et clôtures était compris dans les limites de la route, et qu'il avait agi d'après les ordres de ses supérieurs. Le préfet a élevé le conflit, qui a été approuvé en ces termes :

« Attendu qu'avant de statuer, le tribunal devait surseoir jusqu'à ce qu'il eût été prononcé sur la question préjudicielle de savoir si le terrain litigieux était ou non dans les limites de la route départementale, question qui était de la compétence de l'administration. »

Même décision le 3o juillet 1828.

(Voyez le *Recueil des arrêts du conseil* de M. Deloche.)

Mais, d'un autre côté, il ne faut pas que l'administration abuse de ce pouvoir pour dépouiller les citoyens de leur propriété, en étendant à son gré les limites de la route. Sa décision sur la largeur de la voie publique ne peut être qu'une déclaration d'utilité qui oblige les riverains à faire l'abandon de leur propriété; leur droit se change en une indemnité. (Arrêt du conseil du 3 février 1832.)

Or, pour obtenir cette indemnité, il faut faire juger la question de propriété qui est dans les attributions des tribunaux, et comme la possession annale est un acheminement à la propriété qu'elle fait présumer, l'action possessoire pourrait être intentée par un particulier contre l'état pour faire reconnaître cette possession, mais non pour s'y faire réintégrer matériellement lorsqu'il y a un acte récent de l'autorité qui décide que ce terrain fait partie de la route. C'est ce qui résulte d'un arrêt du conseil du 28 novembre 1829, rendu sur le pourvoi du sieur de Mouriac.

Si l'état se présentant devant le juge de paix produisait des actes desquels il résulterait qu'antérieurement à la possession annale du particulier le terrain était compris dans la route, et comme tel consacré à l'usage public, ce magistrat devrait repousser ou accueillir la complainte parce que la possession serait précaire en général si elle portait sur les limites, et utile si elle portait sur la largeur entière.

L'état, de son côté, pourrait aussi intenter complainte à raison de l'usurpation qu'un voisin se serait permise. Nous ne voyons pas comment le juge serait fondé à se déclarer incompétent, puisque, dans les chemins, il faut distinguer deux choses, la propriété et l'usage public; qu'il peut convenir à l'état menacé d'une action pétitoire de faire d'abord constater sa possession par ce magistrat, et de s'y faire maintenir. Nous convenons que cette action sera très-rare, parce que l'administration a, dans ses formes peu coûteuses et dans l'adoption de ses mesures fort promptes, tous les moyens de se défendre et de maintenir au public l'usage de ses chemins; mais ce ne serait pas une raison pour écarter son action en complainte, si elle la préférait.

A plus forte raison l'action possessoire serait-elle reçue entre particuliers; car, en général, le voisin qui aurait troublé le possesseur annal ne serait pas admis à prétendre qu'il s'agit d'une portion de la route. Il ne peut exciper du droit de l'état.

Quant aux chemins de halage, lorsqu'ils sont établis sur des grandes routes royales ou départementales, les mêmes règles de compétence leur sont évidemment applicables.

Il faut en dire autant du cas où il s'agit de savoir s'ils existent sur des propriétés privées; en général, ils sont établis sur des propriétés de cette nature, qui sont censées s'étendre jusqu'au flot, à moins de preuve contraire, qui est à la charge de l'état.

Nous trouvons au recueil de M. Sirey, an 1832, 2ᵉ p., pag. 140, un arrêt du 2 juillet 1831, qui décide entre le domaine et les sieurs Bontemps et Labbé une question de propriété de chemin de halage et d'alluvion. Il se prononce en faveur de l'état.

Par conséquent, lorsqu'un particulier veut user du chemin de halage dans son intérêt privé, étranger à la navigation, le propriétaire sur le fonds duquel il est établi peut intenter contre lui l'action pétitoire ou possessoire.

Toutes ces raisons s'appliqueraient aussi aux contestations

qui s'élèveraient à l'égard des fossés qui bordent les chemins.

Ces fossés sont généralement considérés comme la propriété de l'état, jusqu'à preuve contraire, qui peut être faite par le mode que nous avons indiqué dans notre *Traité des chemins*, auquel nous renvoyons. Aucune distance n'est prescrite ni à l'état ni aux particuliers qui veulent creuser des fossés le long des chemins, si ce n'est pour ceux de halage. Les fossés ne peuvent être établis qu'à six pieds de ces chemins.

Quant aux autres, nous croyons que l'administration pourrait, dans l'intérêt de la voie publique, prescrire la distance qu'il lui paraîtrait nécessaire de garder entre le fossé à établir par le particulier et le chemin ; mais, comme ce serait une servitude pour l'intérêt général, il devrait y avoir lieu à indemnité ;

Et si l'administration creusait son fossé contre le fonds voisin, le dommage qui en résulterait pour le riverain pourrait aussi entraîner une indemnité.

Il n'y aurait lieu de part ni d'autre à une action possessoire, la propriété ni la possession n'étant pas contestées. Il ne s'agirait que d'une demande en règlement d'indemnité qui, suivant les circonstances, serait du ressort des tribunaux civils ou de l'administration.

Les arbres donnent lieu à quelques difficultés. Le décret du 16 décembre 1811, qui a force de loi (arrêt du conseil du 1er février 1833), oblige les riverains qui plantent sur leurs propriétés à observer une distance d'un mètre au moins entre leurs arbres et le bord extérieur des fossés. Les termes du décret annoncent que l'administration peut prescrire une plus grande distance si l'intérêt public l'exige ;

mais aucune loi, aucun règlement n'obligent l'état qui plante sur le sol de la route à observer une distance quelconque, et il est évident que l'art. 671 ne peut être invoqué par les riverains. L'administration a la faculté, lorsque le peu de largeur des chemins et l'utilité générale l'exigent, de planter à la limite des héritages privés, à la charge toutefois d'allouer une indemnité pour le dommage.

Les arbres plantés sur le fonds des riverains par les anciens seigneurs ou par l'état sont la propriété des premiers, soit par suite de l'abolition de la féodalité, soit par application du droit commun : *ædificium solo cedit*. Si les anciens seigneurs ou l'état les troublaient dans leur possession, ils auraient droit d'intenter la complainte pour s'y faire maintenir, même contre tout tiers acquéreur.

Il en serait de même en cas de trouble dans la possession d'arbres plantés sur le sol de la route par les particuliers ou acquis par eux ; car la loi du 12 mai 1825 reconnaît que ces arbres peuvent appartenir à des particuliers, et défère aux tribunaux le jugement des contestations dont ils deviennent l'objet, ce qui comprend le possessoire comme le pétitoire. L'art. 3 du Code de procédure, qui attribue aux juges de paix la connaissance des actions possessoires pour usurpations d'arbres, reçoit une application directe et naturelle à ce cas.

L'état qui serait en possession des arbres, ou qui aurait à se plaindre d'une plantation trop rapprochée de la voie publique, pourrait aussi intenter la complainte, dont cependant, comme nous l'avons déjà dit, il n'aura guère intérêt à user.

La distance à laquelle les arbres doivent être plantés du chemin de halage est de six pieds. Il y a contravention pu-

nissable lorsque la plantation est faite à une moindre distance, et à plus forte raison quand elle l'est sur le chemin
même. (Arrêt du conseil du 25 janvier 1833.)

A l'égard des chemins qui traversent les forêts et qui servent au passage des diligences, ils doivent avoir soixante-
douze pieds de largeur. Les plantations doivent être de
chaque côté à soixante pieds de distance des chemins, ce
qui produit une largeur totale de 192 pieds. Les bois et
broussailles qui se trouvent dans cet espace de soixante pieds
doivent être essartés ou coupés. C'est ce qui résulte des art.
1 et 3 du titre 28 de l'ordonnance de 1669 et d'un avis de
divers comités réunis du conseil d'état du 18 novembre 1824.
Nous savons qu'en 1828 il a été fait application de ce principe à une forêt du duc d'Orléans.

Les haies, le long des chemins de halage, doivent,
comme les fossés et les arbres, être établies à six pieds de
distance; mais rien n'est prescrit ni aux riverains ni à l'é-
tat, quant aux haies bordant les autres routes, lorsqu'elles
ne renferment pas d'arbres proprement dits. L'art. 671 du
Code civil est évidemment inapplicable. Si l'état veut forcer le riverain à observer une distance ou établir lui-même
une haie sans en observer aucune, il doit indemniser, comme
nous l'avons précédemment établi; mais ni de part ni d'autre il n'y a lieu à action possessoire. Tout se réduit à une
liquidation d'indemnité.

Il n'est pas aussi aisé de se prononcer pour ce qui concerne la *propriété* des *haies*; car l'article 670 du Code civil,
sur la mitoyenneté, ne s'applique qu'à celles existant entre
héritages, c'est-à-dire entre fonds ordinaires possédés au
même titre, également susceptibles d'être clos. Les chemins, au contraire, doivent toujours être ouverts.

D'anciens réglemens prescrivaient de terminer les chemins par des haies; mais ce n'était pas toujours l'état qui les plantait; les riverains en faisaient quelquefois la dépense.

Assez ordinairement, la vue des localités, aidée de la possession, suffit pour décider à qui de l'état ou des particuliers elles appartiennent, ou si elles sont mitoyennes. Mais lorsque ce moyen manque, et que les riverains n'ont pas la preuve qu'ils ont planté, peut-on s'en rapporter à la seule possession?

Si d'anciens plans ou actes administratifs comprennent la haie dans le chemin, la possession doit être en général réputée inefficace d'après les principes exposés p. 162 et 218, applicables à plus forte raison aux chemins. Les juges du pétitoire et du possessoire devraient presque toujours repousser l'action du particulier; mais s'il y avait incertitude sur les limites, l'étendue de la voie publique, la possession serait le seul moyen de juger la question, sauf toute déclaration d'utilité de la part de l'administration. Il faut appliquer ici ce que nous avons dit pour le sol de la route, en ajoutant que, puisque la loi de 1825 renvoie aux tribunaux les questions de propriété des arbres, celles relatives aux haies leur appartiennent également.

Aucun règlement ni acte législatif n'obligent les riverains qui veulent bâtir des murs ou des maisons le long des routes à observer une distance quelconque; l'arrêt du conseil de 1765 les soumet seulement à obtenir une autorisation, lorsqu'ils établissent leurs constructions sur la limite de la voie publique; mais ils en sont affranchis dès qu'ils bâtissent un peu en deçà, quelque modique que soit l'espace par eux laissé. (Arrêt du conseil du 2 avril 1828, Marteau.)

Ce que nous avons dit dans ce numéro est commun aux rues, places publiques, qui sont la continuation des routes, et à toutes les rues et places de la capitale.

N° II. Chemins vicinaux ou communaux.

Les chemins communaux sont tous ceux qui appartiennent aux communes ; les chemins vicinaux sont ceux d'entre eux qui sont ou peuvent être, en cas de contestations, déclarés utiles aux communications des voisins, et comme tels, inscrits sur les tableaux administratifs.

Un chemin peut être vicinal quoique non inscrit au tableau ; seulement, lorsque sa vicinalité est contestée, il y a nécessité de recourir à l'administration, dont la déclaration a un effet rétroactif pourvu qu'elle ait soin de dire à quelle époque le chemin a commencé de servir au public. Lorsqu'il est inscrit, la preuve est toute faite.

Les chemins des communes non vicinaux, qu'ils existent à titre de propriété ou de servitude, sont soumis aux mêmes règles que ceux des particuliers ; cela est vrai lors même qu'une commune a réclamé un chemin comme vicinal, soutenu qu'il devait être classé comme tel, inscrit sur le tableau, et qu'elle a succombé dans cette prétention ; elle n'en a pas moins la faculté de se pourvoir devant les tribunaux, pour faire décider qu'elle y a droit de propriété ou de servitude. (Arrêt du conseil du 28 octobre 1829.) Nous n'avons donc nul besoin de nous en occuper ici.

Quant aux chemins vicinaux, il faut, comme pour les grandes routes, distinguer les différentes contestations qui peuvent s'élever à leur occasion.

Les unes sont relatives au sol, les autres aux fossés, arbres ou haies.

Le sol tout entier, ou une partie prise sur la largeur, nous paraissent pouvoir être acquis par possession. Sans doute, pour que le juge du possessoire accueille la complainte du riverain troublé par la commune, il faudra que les faits soient bien précis et ne puissent offrir la moindre équivoque; ce juge aurait la plus grande latitude dans l'appréciation de la jouissance, qu'il pourrait facilement réputer précaire; c'est dans ce sens que doit être entendu un arrêt de la cour d'Agen du 16 février 1832. (*Journal du Palais*, tom. 3, 1832, p. 658.) Mais en principe, l'action possessoire ou pétitoire ne peut être déniée, soit que le tableau trace la direction, les limites, et détermine la largeur de manière à ne pouvoir s'y méprendre, soit qu'il y ait incertitude sur ces points divers, ou qu'il s'agisse d'une portion de l'ancien chemin excédant six mètres. Aux autorités citées dans notre *Traité des chemins* pour établir ces principes, nous pouvons ajouter quatre arrêts de la cour de cassation des 15 novembre 1831, 5 novembre et 31 juillet 1832, et 26 février 1833. On lit dans le premier que les communes sont, à l'égard des chemins vicinaux, dans les termes du droit commun pour en revendiquer la propriété devant les tribunaux.

La commune aura aussi la ressource de l'action possessoire lorsqu'elle ne préférera pas recourir au préfet ou au conseil de préfecture pour se faire maintenir en jouissance. Les mêmes règles sont applicables aux rues et places de l'intérieur des villes, bourgs ou villages qui ne font pas la continuation des routes.

A plus forte raison l'action possessoire serait-elle reçue entre particuliers, sans qu'ils puissent s'opposer qu'il s'agit de portion d'un chemin vicinal. Il en serait ainsi lors même que le demandeur, tout en avouant que le chemin est public et ne lui appartient pas, se plaindrait seulement d'un fait qui l'empêche personnellement d'en user : comme si quelqu'un était venu creuser un fossé, bâtir un mur ou faire un dépôt de matériaux devant sa porte.

Nous lisons au *Journal du Palais*, t. 3, 1831, p. 130, un arrêt de Bordeaux, du 11 janvier 1831, conforme à ces principes. Il décide que tout habitant d'une commune peut réclamer en son nom personnel contre l'entreprise d'un autre habitant qui barre un chemin vicinal, et que l'action est de la compétence des tribunaux. Mais pour qu'il en soit ainsi, il faut que la vicinalité ou la propriété de la commune soit reconnue ; car le fond du droit ne peut être soutenu par un habitant. Du reste, dans les contestations sur la possession d'un chemin vicinal en tout ou partie, les juges de paix doivent se borner à une déclaration de droits ; si le demandeur veut aller plus loin, et obtenir l'envoi en possession réelle, en se fondant sur ce que ce chemin n'est pas vicinal, le juge de paix doit surseoir et renvoyer à l'administration la question préjudicielle. (Arrêts de la cour de cassation des 11 juin 1827 et 11 mai 1831.)

Les dispositions du Code civil sur la mitoyenneté des fossés et des haies, sur la distance à observer dans la plantation de ces haies et des arbres, ne peuvent s'appliquer aux chemins vicinaux. La possession des uns et des autres doit, à défaut de titre précis de propriété, servir au juge de motif de décision. Les règles par nous précédemment exposées sur la compétence des diverses autorités pour les routes, s'appliquent également ici.

Le riverain peut planter ses arbres et sa haie sur le bord du chemin, à moins que l'administration, dans un but

d'intérêt général, n'ait prescrit d'observer des distances.
Cette administration ne pourrait se dispenser d'observer
celles qui seraient jugées nécessaires, à moins d'utilité publique contraire, auquel cas elle devrait une indemnité.

Les arbres que des particuliers prouveraient avoir planté
sur les chemins vicinaux, leur appartiendraient. Les actions pétitoire et possessoire dont ils pourraient être l'objet
seraient de la compétence des tribunaux, soit qu'elles
eussent lieu entre la commune et les particuliers, ou entre
ceux-ci seulement. (Arrêts du conseil des 28 août 1827,
14 mai 1828, 15 septembre 1831.)

N° III. Chemins privés ou de desserte.

Ces chemins peuvent appartenir aux communes ou aux
particuliers, soit à titre de propriété exclusive ou indivise
du sol, soit à titre de servitude sur ce même sol.

Dans ce second cas, les chemins ou passages sont régis
par les principes sur les servitudes. Nous renvoyons les
explications dont ils peuvent être l'objet à l'article dans lequel nous traiterons des actions possessoires relatives aux
servitudes en général.

Quant aux chemins existant à titre de propriété, ils sont
soumis aux principes qui régissent les autres héritages consacrés à des usages différens. Souvent la possession, comme
propriétaire, est difficile à établir, parce que les titres
du demandeur et du défendeur sont muets sur ce point.
Lorsque celui qui se prétend troublé n'a d'autre acte de
jouissance à opposer que le fait de passage, le défendeur
peut soutenir que ce n'est là que l'exercice d'une servitude
discontinue, qui ne peut constituer une possession valable;
mais si, d'un autre côté, les localités attestent que le dé-

mandeur a dû laisser une partie de terrain pour ne servir que de passage, de moyen d'exploitation nécessaire, qu'il ait fait tous les actes dont ce terrain est susceptible d'après sa nature, que nul autre ne s'en prétende propriétaire, la défense du perturbateur ne saurait être admise. Il n'en est pas de ce cas comme de celui ou le demandeur avoue la propriété de son adversaire et se borne à réclamer une servitude ; alors un titre est nécessaire, comme nous le verrons bientôt. La cour de cassation a consacré ces principes par arrêt du 26 août 1829, sur le pourvoi du marquis de Radepont : celui-ci demandait à être maintenu dans la possession d'un chemin privé conduisant à son habitation ; sa possession se réduisait au passage. Il ne réclamait pas une servitude ; il se disait propriétaire du sol sur lequel il avait passé. Le tribunal des Andelys avait repoussé sa demande, parce que sa possession n'était que l'exercice d'une servitude discontinue ; mais son jugement fut cassé par le motif que le demandeur s'était prétendu propriétaire du sol.

Il ne faudrait pas néanmoins donner trop de latitude à ce principe. Si les circonstances de localités ou autres démontraient que l'articulation de propriété n'était qu'un moyen imaginé pour éluder l'application de la règle qui prohibe l'action possessoire pour servitude discontinue, le juge ne devrait pas s'y arrêter, mais il devrait avoir soin de faire la déclaration expresse de son opinion.

A plus forte raison celui qui, réclamant un chemin comme propriétaire du sol, produirait un titre par lequel sa propriété serait constatée, devrait-il être maintenu par le juge de paix dans sa possession, dont il établirait ainsi le caractère et la légitimité.

N° IV. Chemins de fer.

Les chemins de fer, d'une invention assez récente, sont très en usage aux Etats-Unis et en Angleterre. Le plus moderne et le plus perfectionné de ces chemins, dans la Grande-Bretagne, est celui de Manchester à Liverpool, sur lequel on fait quinze lieues à l'heure dans des chars ou wagons, à l'aide de machines à vapeur dites locomotives, sans que cette excessive célérité fasse éprouver aux voyageurs aucune incommodité.

Il existe aussi des chemins de fer en Allemagne.

L'établissement de ces moyens de communication ne date, en France, que de 1823 ; c'est sous le règne de S. M. Louis XVIII, prince sage et éclairé, qu'ils ont été introduits chez nous, par ordonnance de concession du 26 février de cette année.

Un autre a été autorisé en 1826.

Un troisième l'a été plus tard.

Ils sont tous situés à Saint-Etienne (Loire) ou dans les environs ; d'autres vont être établis.

Les chemins de fer se perfectionnent tous les jours ; il est à désirer que le gouvernement et les grands capitalistes secondent cette institution vraiment admirable, qui peut procurer tant d'avantages à notre pays : nous ne saurions faire des vœux trop ardens pour qu'elle acquière le développement et le degré d'amélioration dont elle est susceptible. Nous payons ici un tribut d'éloges et de reconnaissance bien méritée à ceux de nos compatriotes auxquels nous devons les voies qui existent déjà, pour les généreux efforts, la persévérance et le talent avec lesquels ils ont conduit leurs belles entreprises, et pour les sacrifices qu'ils ont faits. Nous voyons avec peine que l'autorité met des entraves au développement de ces communications, et prétend y exercer une surveillance, une police très-gênantes; les entrepreneurs s'en plaignent amèrement et se découragent. Espérons qu'on les favorisera davantage, et qu'on leur laissera plus de liberté.

Il ne faut pas croire qu'il entre beaucoup de fer dans l'établissement de ces chemins; au contraire, on n'y voit que deux baguettes appelées *rails*, dans lesquelles s'engrènent les roues des chars destinés à les desservir.

L'introduction des chemins de fer en France étant, comme nous venons de le dire, une nouveauté, la catégorie dans laquelle ils doivent être classés, la compétence des autorités en cas de dégradation, anticipation, ne sont pas encore fixées par les lois ou la jurisprudence.

Doivent-ils être classés au nombre des routes royales, départementales, des voies vicinales ou particulières; les préfets, les conseils de préfecture ont-ils des attributions quelconques à l'égard des diverses contestations qui peuvent naître à leur sujet?

Quand ces chemins sont établis sur partie des routes royales, départementales ou vicinales, ils n'existent qu'à titre de servitudes, d'accessoires de ces voies diverses; ils sont identifiés avec elles, et sont soumis aux mêmes règles de police et de compétence. Ce que nous avons dit ci-dessus, n^{os} I et II, s'y applique complètement.

Mais il n'en est pas de même lorsque, ainsi qu'il arrive ordinairement, ils sont établis par des compagnies sur des terrains qu'elles ont achetés, et dont elles sont, par conséquent, propriétaires. Nous avons en effet, dans notre *Traité des chemins*, donné les définitions des chemins royaux, départementaux ou vicinaux : aucune d'elles ne peut s'appliquer à ceux-ci.

Ces chemins sont alors la propriété privée de ces compagnies. L'usage seul a un caractère imparfait de publicité, car personne ne peut, à la rigueur, y passer à pied, à cheval ou avec ses voitures. Tout le monde est forcé d'employer les voitures de ces compagnies pour le transport des hommes et des effets ou marchandises, sans pouvoir en avoir à soi. Un arrêt de la cour de Lyon du 15 février 1833, rendu entre l'administration des contributions indirectes et la compagnie Séguin et Biot, contient quelques notions que nous croyons utile de reproduire.

L'administration voulait assujettir la compagnie à la déclaration et au paiement des droits imposés aux entrepreneurs de voitures publiques; la compagnie prétendait en être affranchie parce que le chemin de fer était sa propriété privée, et n'était consacré qu'à un usage fort restreint.

L'arrêt, en infirmant le jugement, condamne la compagnie. On lit dans ses motifs : « qu'il n'est pas exact d'assimiler, d'une manière absolue, le chemin de fer à une propriété particulière; qu'en effet le signe caractéristique du domaine privé, c'est le droit d'user et d'abuser de la chose possédée à ce titre; il ajoute que, cependant, le chemin dont il s'agit est réservé à une destination qui ne pourrait être changée, quelle que fût à cet égard la volonté des propriétaires; qu'ainsi on est fondé à considérer, sous ce rapport, le chemin de fer comme propriété publique, comme étant un sol consacré pour toujours à un but d'utilité générale; que tout voyageur pouvant, à son gré et moyennant une rétribution, parcourir le chemin de fer, sinon à pied ou à cheval, du moins en se plaçant dans la voiture des entrepreneurs, on ne peut dès lors contester que cette voie ouverte à tous ne soit publique. »

Nous trouvons de nouvelles lumières dans la discussion qui eut lieu à la chambre des députés, à l'occasion de la loi du 26 avril 1833, relative à un chemin de fer à établir de Montrond à Roanne ; la commission de la chambre des députés, se fondant sur l'exemple de l'Angleterre, avait proposé un amendement tendant à en permettre l'usage à des tiers avec leurs voitures particulières, pourvu qu'elles fussent construites sur le modèle des entrepreneurs. Mais M. Legrand, directeur-général des ponts-et-chaussées, très-distingué par sa haute capacité comme ingénieur et comme jurisconsulte, s'y opposa par le motif tiré de la propriété privée ; il écarta les clauses des bills de concession en Angleterre, en faisant remarquer qu'ils n'y étaient pas exécutés, qu'ils y étaient même inconnus, ainsi qu'on pouvait le voir par une lettre du savant ingénieur anglais Brunel, du 19 février 1833, qui répondait ainsi à plusieurs questions :

1° Les chemins de fer doivent-ils être publics comme les canaux ? *R.* Non ; 2° quelle est la disposition de la loi à cet égard ? *R.* Aucune, du moment que la chose n'est pas publique.

L'amendement de la commission fut rejeté.

M. Jousselin ayant présenté l'amendement suivant : « L'administration fera les règlemens nécessaires pour assurer la police et la sûreté de la voie publique, »

M. Legrand s'y opposa d'abord, parce que les chemins de fer sont des propriétés particulières ; il insista pour qu'au moins on substituât aux mots *voie publique*, ceux *chemins de fer* ; mais il y consentit ensuite sur l'observation qui fut faite qu'une partie du chemin serait établie sur une route départementale, et qu'à raison de l'emploi des machines à vapeur, la surveillance et l'action administrative seraient indispensables.

Cela posé, point de doute que l'administration n'ait le pouvoir de déterminer, par la concession, les conditions auxquelles elle est subordonnée, et ensuite de faire des réglemens pour la sûreté des voyageurs. Ce sont là des mesures dont l'infraction peut être punie par le tribunal de police simple, sans préjudice de la révocation de la concession par l'administration, qui, en cas de difficulté, a le droit d'interpréter et d'appliquer la concession.

Quant aux contestations entre les entrepreneurs et les voyageurs, elles sont de la compétence des tribunaux.

Les contestations relatives à la propriété, à la possession, aux dégradations et empiétemens de ces chemins, sont également de la compétence des tribunaux, à l'exclusion des préfets et des conseils de préfecture.

Les règles que les riverains doivent observer sur la distance des plantations d'arbres et de haies, sur leur propriété et celle des fossés entre héritages de même nature, s'appliquent aux propriétaires de ces chemins et des fonds qui les bordent, à l'exclusion de celles relatives aux routes et chemins vicinaux.

Dans tout cet article sur les chemins, nous n'avons pas parlé des chemins couverts des places de guerre, parce qu'il faut leur appliquer les principes développés pag. 183, relativement à ces places dont ils sont les accessoires. On peut d'ailleurs consulter l'ouvrage que M. Delalleau vient de publier sur les *Servitudes militaires*.

ART. II. Des marais.

Un particulier peut dessécher ses marais ou étangs sans autorisation.

Les marais, soit quant à l'écoulement de leurs eaux ou au desséchement, soit quant au terrain, sont en général dans la même catégorie, donnent lieu aux mêmes actions, et devant les mêmes juges que les autres propriétés. (Arrêt du conseil du 21 mars 1821.)

Il en est différemment, et il existe des règles spéciales soit sur la compétence, soit quant au fond, pour les marais dont le desséchement a été prescrit par l'état. Ce desséchement s'effectue par des opérations qui rentrent dans la classe des travaux publics. La loi du 28 pluviose an 8 a posé le principe général que les conseils de préfecture connaissent des réclamations des particuliers qui se plaignent de torts et dommages à eux causés par des entrepreneurs de travaux publics, et de celles relatives aux indemnités à raison de terrains pris ou fouillés pour l'exécution de ces travaux.

Mais, comme l'a décidé un arrêt du conseil du 2 avril 1828, des commissions spéciales ont été appelées par la loi du 16 septembre 1807 à remplacer en partie les conseils de préfecture. Cette loi partage la connaissance des contestations qui peuvent s'élever, entre les commissions spéciales, les conseils de préfecture et les tribunaux, sans préjudice de l'attribution particulière aux préfets des mesures provisoires pour procurer l'écoulement des eaux. (Arrêt du conseil du 2 septembre 1829.)

Les oppositions aux ouvrages de desséchemens, les réclamations d'indemnité à raison du dommage causé par les entrepreneurs ou leurs travaux à des propriétés comprises ou non dans la concession, sont de la compétence des commissions spéciales. (Arrêts du conseil des 4 mars 1819, 23 août 1826, 22 mars 1827, 20 février et 26 octobre 1828.)

Mais les questions de savoir si un terrain est ou non compris dans la concession, ou si l'indemnité due aux dessécheurs par les propriétaires doit être réglée d'après les anciens actes de concession ou d'après la loi de 1807, questions qui ne peuvent être résolues que par l'interprétation des ordonnances de concessions, sont de la compétence du conseil-d'état. (Arrêts du conseil des 23 août 1826, 13 juin et 24 octobre 1827.)

Ainsi, le trouble apporté par les concessionnaires ou par suite de leurs travaux aux héritages compris ou non dans la concession, ne donne pas lieu à une action possessoire devant le juge de paix : il faut s'adresser à la commission. Un arrêt de la cour de cassation du 4 juillet 1832 l'a décidé ainsi dans l'espèce d'un terrain compris dans la concession. La décision eût été la même s'il n'y avait pas été compris.

Cependant, si devant la commission les concessionnaires contestaient la propriété et la possession, il y aurait dès ce jour trouble autorisant la complainte. Le possesseur pourrait faire prononcer la maintenue par le juge de paix pour être réputé propriétaire. C'est une conséquence de la règle qui laisse aux tribunaux le jugement des questions de propriété.

Lorsqu'il s'agit d'atteintes portées aux fonds et aux travaux de desséchement soit pendant les opérations, soit après leur achèvement, c'est aux conseils de préfecture qu'il appartient de prononcer. (Art. 27 de la loi du 16 avril 1807, arrêts du conseil des 14 août 1822, 2 sept. 1829, et autres ci-dessus cités.)

Mais après le desséchement opéré, et le partage fait entre

les concessionnaires et les propriétaires, les biens rentrent, à l'exception des ouvrages nécessaires à la maintenue de ce desséchement, dans la classe des propriétés ordinaires. (Arrêt du conseil du 19 novembre 1825.) Les anticipations ou dégradations donnent donc lieu à l'action possessoire.

Toutes les questions de propriété qui s'élèvent même pendant le cours des travaux doivent être jugées par les tribunaux. (Art. 47 de la loi de 1807, et arrêts du conseil déjà cités.)

Pour tout ce qui concerne les marais salans ou salines, voyez notre *Régime des eaux* et le Supplément (3ᵉ vol.); voyez aussi un arrêt de la chambre des requêtes du 11 juin 1828, qui décide que l'action possessoire est admise dans cette matière comme dans toutes les autres, et qu'il suffit qu'il y ait eu changement à la prise d'eau pour qu'elle doive être accueillie.

Art. III. Mines.

Les masses de substances minérales ou fossiles, renfermées dans le sein de la terre, ou existantes à sa surface, sont classées, relativement aux règles de l'exploitation de chacune d'elles, sous les trois qualifications de mines, minières et carrières. (Art. 1ᵉʳ de la loi du 21 avril 1810.)

L'art. 2 indique différentes substances qu'il range dans la classe des mines; mais cette désignation n'est point limitative, ainsi que l'a décidé un arrêt de la cour de cassation du 8 septembre 1832, lequel considère comme mine, dans le sens de cette loi, les masses de sel gemme. C'est ce qui résulte encore de la loi du 6 avril 1825, de l'ordonnance royale du 21 août 1825, et d'un arrêt du conseil du 3 décembre 1828.

Personne, pas même le propriétaire du sol, ne peut exploiter une mine qu'en vertu d'un acte de concession délibéré en conseil-d'état, à peine d'amende et d'emprisonnement. (Art. 5, 28, 93 et 96 de la loi du 21 avril 1810, et arrêt de la cour de cassation du 8 septembre 1832.)

Le propriétaire peut seulement faire des recherches pour découvrir la mine. (Art. 12.)

Un étranger peut, en cas de refus du propriétaire, être autorisé par le gouvernement à faire des recherches dans les lieux non clos. (Art. 10 et 11.)

Par conséquent, le propriétaire ou possesseur du terrain ne peut entraver ses travaux ni l'attaquer par action possessoire lorsqu'il est pourvu de cette autorisation. Mais les plaintes que le premier peut avoir à former, la liquidation, les indemnités qu'il est en droit de réclamer, sont de la compétence des conseils de préfecture. (Art. 46.)

Ces conseils sont également compétens pour prononcer sur l'indemnité due par le nouveau concessionnaire à l'ancien qui a été déchu. (Arrêt du conseil du 27 avril 1825.)

C'est aux tribunaux à connaître d'une action intentée à l'occasion de travaux exécutés trop près ou sous les maisons, encles, avant ou après les concessions, ou entre divers concessionnaires de mines pour dommage résultant des travaux respectifs. (Art. 11, 15, 45 et 56 de la loi d'avril, arrêts de cassation des 21 avril 1823, 23 janvier 1827, et arrêt du conseil du 5 avril 1826.)

Cependant l'autorité judiciaire est incompétente lorsqu'une décision ministérielle a autorisé les travaux, et que l'on demande la destruction de ce qui a été fait en vertu de cette décision. (Arrêt de la chambre des requêtes du 5 juin 1828.)

L'état concède la mine à celui qui lui paraît offrir le plus de garantie, propriétaire du sol ou autre (article 16); car, quoique la propriété mérite le plus grand respect, et qu'aux termes des art. 537 et 544 du Code civil chacun puisse disposer à son gré des choses qui lui appartiennent, il est cependant des modifications à l'exercice de ce droit, fondées sur l'intérêt général et prévues par les lois ci-dessus citées elles-mêmes; les mines que tout le monde ne sait pas exploiter, et dont les produits sont si précieux pour le public, rentraient nécessairement dans cette exception. Aussi l'art. 552, tout en décidant que la propriété du sol emporte celle du dessous, que par conséquent le propriétaire peut faire toutes les fouilles qu'il juge à propos, ajoute : « sauf les modifications résultant des lois et règlemens relatifs aux mines, et des lois et règlemens de police. »

Du moment où une mine est concédée, même au propriétaire du sol, cette propriété est distinguée de celle du sol et considérée comme propriété nouvelle sur laquelle de nouvelles hypothèques peuvent être assises. (Art. 19.)

La concession donne la propriété perpétuelle de la mine, laquelle est transmissible comme tous autres biens; on ne peut en être exproprié que dans les cas et selon les formes prescrites pour les autres propriétés, conformément aux Codes civil et de procédure. (Art. 7.)

Les mines sont immeubles.

Sont aussi immeubles les bâtimens, machines, puits, galeries et autres travaux établis à demeure, conformément à l'art. 524 du Code civil;

Sont immeubles par destination les chevaux, agrès, outils et ustensiles servant à l'exploitation; mais on ne considère comme chevaux destinés à l'exploitation que ceux qui

sont exclusivement attachés aux travaux intérieurs des mines ; à plus forte raison en serait-il ainsi des esclaves dans
les colonies, et, par voie de conséquence, ils cesseraient
d'être immeubles dès qu'ils seraient détachés de ce service.
(Argument des arrêts de la cour de cassation des 5 août
1829 et 3 août 1831.) Les matières extraites, les appro-
visionnemens et autres objets mobiliers sont meubles. (Articles 8 et 9.)

Le propriétaire du sol ne pourrait attaquer au possessoire le concessionnaire de la mine; car celui-ci ne faisant
qu'exécuter sa concession, ne peut troubler personne par
l'exercice d'un droit légitime.

Il en serait autrement s'il étendait son exploitation à
d'autres terrains que ceux compris dans la concession;

Mais s'il prétendait que ces terrains y sont compris, et
qu'il y eût doute réel, par conséquent nécessité d'interpréter l'acte d'autorisation et les procès-verbaux et plans
dressés en exécution des art. 29 et 30, il faudrait s'adresser
au conseil-d'état, qui seul aurait le droit d'en fixer le sens. Il
en serait de même en cas de contestations sur le taux de la
redevance, qui doit être déterminé par la concession.

Toute question de propriété du sol renfermant la mine est
du ressort des tribunaux. (Arrêts du conseil des 13 mai
1818 et 3 décembre 1823.)

Il résulte évidemment des art. 15, 48 et 56 de la loi
d'avril, que les contestations élevées à raison des travaux
postérieurs à la concession des mines, et relatifs à leur exploitation, doivent être portées devant les tribunaux. (Arrêt de
cassation déjà cité du 21 avril 1823.)

Un arrêt du conseil du 3 avril 1831 a même décidé
qu'une demande formée par des concessionnaires de mines

contre des concessionnaires de chemins de fer, en paiement d'indemnités qu'ils prétendent leur être dues pour une portion de leur périmètre, dont ils ont été privés par suite de l'exécution du chemin de fer au travers dudit périmètre, est du ressort des tribunaux, parce que les autorisations administratives ne sont point attaquées.

Le juge de paix serait compétent pour statuer sur l'action possessoire du concessionnaire contre tous ceux qui le troubleraient dans la possession de la mine et des objets immeubles par destination, à moins qu'il n'y eût lieu à interpréter la concession.

Art. iv. Ateliers insalubres.

Les ateliers de cette nature ne peuvent être établis qu'avec autorisation. Lorsqu'ils l'ont été sans cette formalité, les voisins qui en éprouvent du dommage peuvent en provoquer la destruction administrativement ou judiciairement, et réclamer devant les tribunaux une indemnité. Ils ont aussi le droit de se pourvoir en simple police. Si, après l'autorisation, ils éprouvent un préjudice, ils ne peuvent pas demander aux tribunaux la destruction de l'établissement, mais seulement des dommages-intérêts.

Quant à l'autorité judiciaire à laquelle ils doivent s'adresser, c'est ou le juge de paix quand l'action est fondée sur un dommage aux champs, etc. (arrêts de la cour de cassation des 19 juillet 1826 et 2 janvier 1833), lors encore que l'indemnité n'excède pas 100 fr., ou le tribunal civil lorsqu'il ne s'agit pas de préjudice aux champs, et que la somme réclamée s'élève au dessus de 100 fr.

En général, il n'y aura pas lieu à l'action possessoire, parce qu'il n'y aura pas trouble matériel à la chose, et que la possession ne sera pas contestée; il suffira presque toujours de former une demande en indemnité.

Cependant, si le concessionnaire bâtissait sur le fonds voisin, portait atteinte à des droits acquis, dirigeait dans un cours d'eau, dans une cour ou dans une maison les résidus de sa fabrique, celui dont la possession serait ainsi troublée aurait une action possessoire pour s'y faire maintenir ou réintégrer, sauf pourtant au juge à ne rien prescrire de contraire à l'acte d'autorisation.

On peut voir ce que nous disons dans notre *Régime des eaux*, et dans le troisième volume ou Supplément récemment publié, sur les actions qui appartiennent aux voisins d'un établissement insalubre, même après l'autorisation administrative.

ART. V. Droits de superficie.

Nous avons déjà dit quelques mots des droits de superficie, en traitant de l'usurpation des arbres et des haies. Nous allons envisager ici ces droits d'une manière plus générale.

Il existe au *Digeste* un titre *de Superficiebus*; c'est le titre 18, livre 43.

On entend par superficie ce qui est adhérent à la surface du sol comme les maisons, bâtimens et clôtures, ainsi que les arbres et plantes de toutes espèces (loi 13, *in pr. ff. de serv. præd. rust.*, lib. 8, tit. 3); par conséquent le droit de superficie consiste à pouvoir réclamer ces objets en tout ou partie, à titre de propriétaire.

Le sol et la superficie peuvent être acquis même par prescription, et appartenir à des personnes distinctes.

M. Proudhon, *Traité de l'usufruit*, tom. 8, pag. 547,

fait observer avec raison que la superficie n'est pas un droit
incorporel comme celui d'usage ; qu'elle est un immeuble
réel et physique, une vraie propriété foncière pour le superficiaire comme tout autre héritage ; il assimile le sol et la
superficie à une maison composée de plusieurs étages qui
peuvent appartenir à divers propriétaires et être possédés ou
prescrits séparément ; il admet les mêmes règles pour les
premiers objets ; il ajoute que le superficiaire a l'action en
revendication, et par conséquent l'usage de tous les interdits et actions possessoires pour la conservation de son immeuble.

Ainsi, celui qui a fait faire des plantations, des semences, des constructions sur un terrain qui ne lui appartient
pas, et qui les a possédées pendant un an, a l'action possessoire non-seulement contre des tiers, mais même contre
le propriétaire de ce terrain qui le troublerait. Celui-ci ne
pourrait la combattre en prétendant qu'il a le droit d'en
demander la destruction (art. 555 du Code civil) ; car, d'une
part, on peut acquérir par titre ou par prescription la superficie d'un immeuble, et de l'autre, cette exception,
fondée sur la propriété, ne pourrait être opposée qu'autant
que le défendeur prendrait la voie pétitoire.

Mais si le superficiaire était un antichrésiste, un séquestre, un fermier auquel le contrat ne donne pas le droit de
faire des contructions, ou ne le lui donne qu'à la charge
de les laisser au propriétaire à l'expiration de la convention, nous ne croyons pas qu'il eût l'action possessoire même
contre les tiers, à cause de la précarité de son titre, qui
ferait présumer qu'il n'a bâti que par tolérance.

Il existe encore aujourd'hui un genre particulier de superficie dans la partie de la ci-devant province de Breta-

gne, qui se compose des départemens des Côtes du Nord, du Morbihan et du Finistère ; c'est le droit qui résulte des baux à convenant ou à domaines congéables.

Ces baux sont ceux par lesquels un propriétaire concède, moyennant une rente annuelle et pour un tems limité, la jouissance de son fonds à un colon auquel il vend en même tems les édifices et superfices appelés aussi *droits réparatoires* qui existent sur ce fonds, mais sous la condition expresse que ce colon ne pourra être expulsé sans qu'on lui ait remboursé, à dire d'experts, les édifices et superfices qui existeront à l'époque de sa sortie et suivant la valeur qu'ils auront alors.

Le propriétaire qui fait la concession s'appelle foncier, et le fermier domanier ou colon.

L'art. 9 de la loi du 6 août 1791, qui maintient les baux à domaine congéable, rappelle le principe que les édifices et superfices vendus au domanier sont meubles à l'égard du propriétaire foncier, mais immeubles à l'égard des tiers.

Un arrêt de la cour de cassation du 25 novembre 1829, en rejetant le pourvoi formé contre un arrrêt de la cour de Rennes, a décidé que la faculté de congément de la part du bailleur n'était pas de *l'essence* du bail à convenant, qu'il pouvait y renoncer sans dénaturer son bail.

Un autre arrêt de la cour de cassation, en date du 7 décembre 1829, portant rejet d'un pourvoi formé contre un arrêt de Rennes, a encore jugé que la loi du 6 août 1791, art. 11 et 13, accordant au domanier la faculté d'exiger du foncier le paiement des édifices et superfices à la cessation du bail, et renvoyant pour les baux futurs aux conventions qui seraient faites, doit être entendue en ce sens que les domaniers de baux futurs auront aussi la même faculté si, dans leur bail, il n'y a stipulation contraire; le silence ne suffirait pas pour que le domanier fût privé de cette faculté.

Cela posé, il nous paraît certain que le colon, maître absolu de ses droits, peut intenter contre les tiers l'action possessoire, réintégrande ou complainte, sans avoir besoin ni du consentement, ni de l'assistance du foncier, toutes les fois que le fait qui y donne lieu porte atteinte à sa jouissance des édifices ou superfices et accessoires, par exemple lorsque ces tiers usurpent ses bâtimens, ses arbres, veulent exercer des servitudes, ou lui refusent l'exercice de celles auxquelles il a droit. C'est aussi contre lui que l'action possessoire des tiers doit être dirigée; mais les décisions qui interviennent n'ont l'autorité de la chose jugée que relativement au droit du superficiaire, et nullement quant au droit du propriétaire foncier, à moins que celui-ci n'ait été également appelé devant le juge ou n'y soit intervenu. Nous puisons un argument favorable à notre opinion dans un arrêt de la cour de cassation du 19 novembre 1828, que nous avons déjà cité plusieurs fois.

Nous croyons même que le domanier peut intenter l'action possessoire contre le foncier qui aurait usurpé ses droits, nonobstant le principe que les édifices et superfices sont meubles respectivement à ce dernier; car ce principe ne reçoit d'application que dans le cas où ce foncier exerce des droits attachés à la foncialité et non dans ceux où il cherche à usurper la propriété du colon.

Art. vi. Nue propriété et usufruit, usage et habitation.

Lorsque la nue propriété et l'usufruit d'un immeuble, au lieu d'être réunis sur la même tête, sont divisés et possédés séparément, chaque ayant droit peut intenter l'action possessoire.

Cette solution est évidente à l'égard du nu propriétaire. Elle n'était, dans l'ancien droit, l'objet d'aucune difficulté. Les auteurs ne faisaient pas de différence entre celui qui avait la *pleine* propriété et celui qui n'avait que la *nue* propriété.

Mazuer, l'un d'eux, *Pratique*, chap. 11, n° 54, s'exprime ainsi : « Celui à qui la nue propriété appartient doit être ouï, en cas de nouvelleté ; s'il requiert être maintenu en la possession ou quasi possession de sa propriété, afin que la réelle possession lui appartienne et qu'il en puisse jouir et user, l'usufruit étant expiré. Autrement il pourrait perdre sa possession à l'occasion de ce tiers possesseur, et, en ce cas, la possession civile, jointe à la propriété, produit des effets corporels. »

« Le viager, dit Loisel, liv. 4, tom. 3, reg. 3, conserve la possession du propriétaire. »

Tous les auteurs modernes, MM. Henrion, Merlin, Favard, Proudhon, Duranton, Carré, Aulanier, émettent la même opinion sous l'empire des lois nouvelles. Le motif qu'ils en donnent, et que Mazuer avait indiqué, est que le nu propriétaire a intérêt d'agir quand l'usufruitier néglige de le faire pour éviter la perte de la possession et même de la propriété par la prescription que pourrait opposer le tiers qui aurait réellement joui de la chose.

D'un autre coté, si l'intérêt est évident, le droit ne l'est pas moins. Le nu propriétaire, sans percevoir les fruits de la chose, la possède cependant par l'entremise de l'usufruitier, ainsi que l'a décidé l'art. 2236, dont la rédaction, nous en convenons, n'est pas parfaite, mais dont on ne saurait contester le sens. Ajoutons que l'art. 614 obligeant l'usufruitier à dénoncer au propriétaire les usurpations des tiers, suppose nécessairement que celui-ci a droit d'intenter l'action possessoire, sans quoi cette disposition n'aurait aucun but.

L'arrêt de la cour de cassation du 6 mars 1822, cité par quelques auteurs qui le combattent comme contraire à ces principes, nous paraît pouvoir s'expliquer par les circonstances de l'affaire sur laquelle il est intervenu. A la cessation d'un usufruit, le nu propriétaire intenta action possessoire à un autre usufruitier qui prétendait avoir remplacé le précédent dont les droits n'étaient éteints que depuis un mois. Le défendeur opposa le défaut de possession annale, non du tréfonds, mais de la jouissance. On peut concevoir que dans un tel débat, pour cette jouissance, la cour ait cru devoir s'arrêter au défaut de possession matérielle de la part du nu propriétaire; par conséquent, ce qui est dit dans l'arrêt, que l'usufruitier ne possède pas pour et au nom du propriétaire, mais pour lui-même et en son nom personnel; que celui-ci ne peut joindre à sa possession celle de l'usufruitier, ne doit s'entendre que dans un sens restreint à l'espèce dans laquelle il a été rendu. Nous sommes d'autant plus portés à le décider ainsi, que la même cour a posé en principe, par arrêt du 7 octobre 1813, que l'usufruitier est essentiellement le mandataire du propriétaire, et que ce qu'on peut faire par son mandataire, on peut, à plus forte raison, le faire soi-même.

Le droit de l'usufruitier, d'intenter l'action possessoire, était également proclamé par les anciens auteurs. Nous ne connaissons parmi eux que Rodier qui ait enseigné une doctrine contraire, mais elle devait avoir peu de poids, car, outre que l'opinion de cet auteur était isolée, elle était fondée sur l'assimilation erronée de l'usufruitier au fermier et au séquestre, qui n'ont qu'une possession précaire ou naturelle et qui ne possèdent pas en leur nom.

Bourjon, *Droit commun de la France*, tom. 2, chap. de la *Complainte*, sect. 3, s'exprime bien différemment ; voici ses termes :

« L'usufruitier, troublé dans son usufruit, a la voie de la complainte ouverte, parce que son droit est un droit réel qui lui ouvre toutes les actions nécessaires pour le maintenir dans sa jouissance. Il doit donc avoir ce droit et cette action de même que le propriétaire, comme suite de sa qualité et de son droit. »

Jousse, Rousseaud La Combe, en citant Brodeau, *sur Paris* ; Cujas, dans ses *Observations*, livre 9, chapitre 32 ; Pothier, *Traité de la possession* ; Ferrière, *Dictionnaire de droit et de pratique* ; les auteurs du *Nouveau Denizard* ; Pigeau, *Procédure du Châtelet*, partagent l'opinion de Bourjon.

Les auteurs modernes ne sont pas moins formels ; MM. Merlin, Favard, Henrion, Toullier, Duranton, Proudhon, Poncet, Carré, Guichard, Longchamps, Aulanier, Brossard et plusieurs autres, s'en expliquent dans le même sens.

MM. Dufour et Barbedette sont les seuls qui enseignent une doctrine contraire, mais leur opinion ne peut prévaloir sur celle des auteurs que nous venons de citer. La raison sur laquelle ils la fondent est peu propre à la justifier ; ils disent que l'usufruit est une servitude discontinue et apparente ou continue non apparente ; mais, au contraire, tous les auteurs le considèrent comme une partie de la propriété, *pars dominii*, et l'arrêt du 6 mars 1822 dit aussi que l'usufruitier jouit en vertu de la disposition expresse de la loi qui considère l'usufruit comme une partie de la propriété.

L'art. 2236 ne répute l'usufruitier détenteur précaire que relativement au nu propriétaire ; son unique but est de l'empêcher de prescrire la nue propriété, tant que le titre n'est pas interverti ; mais il est sans application aux relations de l'usufruitier avec les tiers. Cet usufruitier peut intenter contre ceux-ci les actions possessoires, puisque, d'une part, le fait qui y donne lieu porte préjudice à la possession, et que de l'autre, aux termes des art. 578, 567 et 598, il jouit de la chose, de toutes les servitudes, droits et avantages y attachés comme le propriétaire lui-même, qu'il doit la conserver à celui-ci, et qu'enfin l'art. 613 le charge des frais des procès relatifs à la jouissance. De ce que l'art. 614 l'oblige à dénoncer l'usurpation au propriétaire, il ne faudrait pas conclure que celui-ci eût seul droit d'action. Il en résulte seulement qu'elle appartient à l'un comme à l'autre, et que le législateur a voulu mettre le propriétaire à même de l'exercer, si le détenteur ne jugeait pas à propos de l'intenter lui-même.

Nous ne pensons pas néanmoins que le nu propriétaire pût contraindre l'usufruitier à intenter l'action possessoire ou à y défendre. Outre que la loi ne renferme aucune disposition qui autorise une pareille contrainte, elle serait contraire au droit commun, d'après lequel personne ne peut être forcé à agir. Il y aurait seulement lieu à la répétition des frais et faux frais.

De même que la possession de l'usufruitier profite au propriétaire, de même le premier ajoute à sa possession celle de ce dernier, lorsqu'elle lui est nécessaire pour compléter l'année antérieure au trouble, puisqu'il lui succède dans une partie de la propriété.

Pothier distingue le cas où le perturbateur en veut aux fruits, de celui où il élève des prétentions à la nue propriété, et son opinion paraît avoir entraîné les auteurs du Code civil; mais elle a peu d'application au possessoire : cela est évident quant au trouble de fait, qui constitue toujours une atteinte à la jouissance. Pour ce qui est du trouble civil ou de droit qui consisterait à prétendre à la nue propriété sans contester les droits de l'usufruitier, comme il ne comporte ni empêchement réel ni demande d'être mis en possession, il se résout généralement en une action pétitoire qui ne peut être agitée avec l'usufruitier.

Il est pourtant un cas où le nu propriétaire peut avoir une possession propre et indépendante de celle de l'usufruitier; celui-ci, en effet, est soumis à des restrictions dans l'exercice de ses droits. Il doit conserver la substance de la chose, y faire les réparations d'entretien, les grosses restant à la charge du nu propriétaire; il est tenu d'observer l'ordre des coupes pour les bois, taillis ou de futaie, de n'user des pépinières, des mines et carrières qu'avec modération. Le nu propriétaire qui aura exécuté les réparations ou fait condamner l'usufruitier qui abusait de son droit, aura une possesion de la nue propriété. Il aura intérêt à la conserver, et par conséquent il pourra intenter, contre un tiers qui se prétendrait aussi nu propriétaire et viendrait le troubler, une action possessoire pour y être maintenu; par la même raison celui-ci pourrait intenter cette action, si la possession était de son côté.

La discussion qui précède nous conduit naturellement à

apprécier l'effet des jugemens qui interviennent sur les actions relatives à la nue propriété ou à la jouissance.

S'il n'y a, au pétitoire ou au possessoire, de débat que sur la nue propriété, sans contestation sur l'usufruit, l'usufruitier ne doit pas être mis en cause, et le jugement qui intervient n'a aucun effet à son égard, puisque la chose jugée ne s'étend pas à l'usufruit.

S'il n'y a contestation que sur l'usufruit, sur la jouissance, la nue propriété étant reconnue à celui qui a concédé le premier droit, l'usufruitier seul doit défendre, et le jugement qui intervient n'a point autorité de chose jugée vis-à-vis du propriétaire, qui ne peut être mis en cause que dans le cas où chaque prétendant à l'usufruit tiendrait ses droits de lui, et invoquerait sa possession.

Si, au contraire, le débat roulait sur la possession en général, sans restriction ni distinction, il intéresserait également le propriétaire et l'usufruitier; un seul ou les deux en même tems pourraient figurer au procès ou y intervenir, et dans tous les cas, le jugement pourrait être opposé aux deux ou leur profiter, sauf les cas de fraude ou collusion qui font exception à toutes les règles, sauf aussi règlement des frais, dont chacun devrait supporter la moitié.

Lorsque l'usufruitier n'a pas dénoncé au propriétaire l'atteinte d'un tiers, qu'elle soit restreinte à la nue propriété ou qu'elle ne comporte pas cette distinction, ou que, dans ce second cas, il n'a pas agi dans les délais, il est, aux termes de l'art. 614, responsable de sa négligence; lorsqu'il a prévenu, sa responsabilité cesse, et le propriétaire qui n'a point agi ne peut exercer contre lui aucun recours, car il tient de la loi le droit de poursuivre le perturbateur. Le propriétaire et l'usufruitier sont également en faute; ils ne peuvent exercer aucun recours l'un contre l'autre.

Observons, d'ailleurs, que malgré les termes des articles 600 et 601, l'usufruitier peut intenter les actions possessoires avant d'avoir fait dresser un état des immeubles et donné caution. Il est réellement en possession du jour où l'usufruit est ouvert, puisque les fruits lui appartiennent. (Art. 604.) Le mode de jouissance seul est restreint jusqu'à l'accomplissement de ces formalités, qui ont pour but non de l'en priver, mais d'assurer la conservation de la chose.

L'usufruitier nous paraît fondé à exercer l'action possessoire contre le propriétaire qui le trouble dans sa jouissance; vainement opposerait-on que la loi le considère comme *possesseur précaire* au moins à l'égard de ce dernier; car nous avons déjà dit qu'il n'en était ainsi que pour l'acquisition de la nue propriété; mais il en est différemment pour l'usufruit, qui est une partie de la propriété, et qui, comme toute autre, peut s'acquérir par prescription, suivant ce qu'enseignaient dans l'ancien droit Lacombe au mot *complainte* et au mot *usufruit*, Cujas, Fachinée, etc., dont l'opinion est reproduite et approuvée par Duranton, tome 4, n° 502; Proudhon, tome 2, n° 751; Toullier, tome 3, n° 393; Dalloz, *Rép. V° Usufruit*, pag. 788. L'opinion contraire est soutenue par les auteurs de la *Thémis*, tome 6, pag. 332; mais les raisons sur lesquels ils se fondent ne peuvent prévaloir sur un si grand nombre d'autorités et sur la décision positive d'un arrêt de la cour de cassation du 17 juillet 1816; aussi les auteurs ci-dessus cités accordent-ils la complainte à l'usufruitier contre le nu propriétaire.

On ne voit guère de cas où le propriétaire puisse intenter la même action contre l'usufruitier. Les demandes que le premier est dans le cas de former ne semblent relatives qu'à l'abus que celui-ci pourrait se permettre dans l'exercice de ses droits, et la contestation devrait être décidée par l'interprétation des conventions ou l'application des principes qui constituent le fond.

Cependant l'usufruit pouvant s'acquérir par prescription, le mode de son exercice le peut également, et l'on conçoit qu'il est des cas où le propriétaire ait intérêt à se faire maintenir dans sa possession pour faire restreindre celle de son adversaire dans ses limites. La contestation sur l'interprétation du contrat ou sur l'acquisition par prescription à défaut de convention, peut être longue, et il importe au propriétaire de résister en attendant aux entreprises de l'usufruitier ou de celui qui se prétend tel.

Les droits d'usage et d'habitation sont de la même nature que celui d'usufruit. Ils ne diffèrent de ce dernier qu'en ce qu'ils sont plus restreints. Ils peuvent être l'objet de l'action possessoire et sont régis par les mêmes principes. Les auteurs par nous cités plus haut ne laissent là-dessus aucun doute.

Quant aux droits d'usages dans les forêts, nous nous en occuperons à l'article où il sera question des servitudes.

Art. VII. De l'emphytéose.

Le Code civil garde le silence sur l'emphytéose ; les caractères, même dans l'ancienne jurisprudence, n'en étaient pas bien fixés.

Les auteurs du *Nouveau Denizart* la définissent un contrat par lequel le propriétaire d'un héritage en cède à quelqu'un la jouissance pour un tems et même à perpétuité, à la charge de bâtir ou améliorer, et d'une prestation ou redevance annuelle que le bailleur se réserve pour marque de son domaine direct.

Il ne faut pas la confondre avec le bail à longues années ou à rente, car, suivant Loyseau, elle produit une obligation réelle qui suit le fonds en quelques mains qu'il passe, tandis que celle résultant du bail est personnelle.

Il est généralement reconnu que l'emphytéote a titre et possession valable pour intenter l'action possessoire. Cette doctrine a même été consacrée par un arrêt formel de la cour de cassation du 26 juin 1822.

Le sieur Bournizien Dubourg, emphytéote pour quatre-vingt dix-neuf ans d'un moulin à farine, intenta complainte à M. Despagnac. Elle fut accueillie ; mais, sur l'appel, le tribunal de Corbeil infirma, attendu que le demandeur n'était que fermier, par conséquent possesseur précaire.

L'arrêt de cassation porte, entre autres motifs, ceux qui suivent :

« Attendu que le contrat d'emphytéose a sa nature et produit des effets qui lui sont propres ;

» Que ces effets sont de diviser la propriété du domaine donné à emphytéose en deux parties, l'une formée du domaine utile dont la rente que se retient le bailleur est représentative, l'autre appelée domaine utile, qui se compose de la jouissance des fruits qu'il produit ;

» Que le preneur possède le domaine utile qui lui est transmis par l'effet de ce partage, comme propriétaire pouvant pendant la durée du bail en disposer par vente, donation, échange ou autrement, avec la charge, toutefois, des droits du bailleur ; pouvant, pendant le même tems, exercer l'action *in rem* pour se faire maintenir contre tous ceux qui l'y troublent et contre le bailleur lui-même, suivant les lois 1 et 3, *ff. si ager vectigalis*; que ces dispositions des lois romaines ont été admises en France tant en pays de droit écrit qu'en pays coutumier, et que le Code civil, qui n'a pas traité du bail emphytéotique, ne les a ni changées ni modifiées. »

Quoique la cour se soit fondée sur les anciens principes, parce qu'il s'agissait d'un contrat passé avant le Code civil, elle eût décidé de même en cas d'une emphytéose stipulée sous son empire, puisqu'elle déclare que le Code ne les a pas modifiés.

Nous croyons que ce n'est pas seulement contre les tiers, mais encore contre le propriétaire lui-même que le possesseur peut intenter l'action possessoire. Outre que l'arrêt ci-dessus le décide ainsi, il nous paraît que le droit d'emphytéose peut, comme celui d'usufruit, être acquis par la prescription. Il faut donc appliquer ici ce que nous avons dit en traitant de l'usufruit.

Art. VIII. Biens des communes et de l'état, des établissemens publics; des champs de foire, halles et marchés.

Nous avons dit précédemment que les biens de l'état, des communes et des établissemens publics qui en dépendent, étant dans le commerce, pouvaient être prescrits, et par conséquent l'objet des actions pétitoire ou possessoire, soit de la part de l'état et des communes, soit contre eux. Cela est évident pour l'action pétitoire; tous les jours les communes et l'état revendiquent des propriétés devant les tribunaux, ou y sont traduits. La loi du 9 ventose an 12 et l'ordonnance du 23 juin 1819, relatives aux biens communaux, n'attribuent juridiction aux conseils de préfecture que lorsque la qualité communale de l'immeuble n'est pas contestée. Il en est de même, à plus forte raison, de l'action possessoire, ainsi que cela résulte d'une jurisprudence constante.

Un arrêt de la cour de cassation du 15 prairial an 12, a décidé que le juge de paix avait pu connaître d'une action possessoire relative à une source naissant dans un terrain communal, soit qu'elle fût dirigée contre la commune elle-même, soit qu'elle le fût contre celui à qui elle avait cédé son droit aux eaux; même décision par arrêt du 1er avril 1806, dans une espèce où la commune soutenait que, s'agissant d'un terrain à elle appartenant, il n'y avait lieu ni à prescription ni à complainte; décisions semblables du conseil d'état, les 24 mai 1808 et 10 février 1810, au sujet d'une fontaine et d'un terrain prétendus communaux. Enfin, un arrêt de la chambre des requêtes du 19 janvier 1831 a rejeté le pourvoi d'une commune, fondé à tort sur ce que, d'après les loi et ordonnance de l'an 12 et de 1819, les contestations relatives aux biens communaux sont de la compétence de l'administration.

On peut voir sur tout ce qui concerne les biens communaux, un très-bon ouvrage de M. Latruffe Montmeylian, avocat aux conseils et à la cour de cassation.

Nous n'avons excepté de l'action possessoire que les chemins, rues et places publiques, tant qu'ils demeuraient affectés à l'usage général. Peut-être voudrait-on étendre cette exception aux champs de foires, halles et marchés, en les assimilant aux rues et places publiques; mais ce serait sans raison, car ils n'ont qu'une destination restreinte et spéciale; ils ne participent pas à leur imprescriptibilité. C'est aussi ce que la cour de cassation a jugé le 1er août 1809.

La dame Vicquelin était en possession de la halle et du marché de Routot. Troublée par le maire, elle forme une action possessoire. La commune la soutient non recevable, attendu qu'il s'agit d'une chose essentiellement publique ou communale de sa nature. La maintenue est accordée par le juge de paix. Jugement confirmatif du tribunal de Ponteaudemer. Sur le pourvoi, arrêt de rejet en ces termes :

« Attendu qu'un terrain peut servir à la tenue des foires et marchés d'une commune, sans cesser d'être un bien patrimonial, une propriété privée, et sans avoir le caractère d'imprescriptibilité qui appartient aux propriétés publiques; que, de là, il suit que le juge de paix de Routot et le tribunal de Ponteaudemer ont pu considérer le terrain contentieux comme susceptible de prescription et pouvant conséquemment être l'objet d'une action possessoire, sans qu'il y ait dans leurs jugemens ni violation de l'art. 2226 du Code civil, ni fausse application de l'art. 2227 du même Code. »

Aʀᴛ. ɪx. Biens indivis.

Les biens indivis ou communs entre plusieurs propriétaires, tels que murs, fossés, haies, champs, maisons, etc., donnent lieu à la complainte des uns contre les autres en cas de trouble ou usurpation ayant pour but l'attribution d'une possession exclusive. Le communier est bien fondé à demander que la jouissance reste commune comme elle l'a été dans l'année antérieure au trouble, car il fait seulement maintenir ou rétablir l'état naturel des choses jusqu'au jugement de la propriété ou du partage, ce qui est de l'essence de la complainte. Ces principes, contestés par quelques auteurs et par quelques tribunaux, sont aujourd'hui bien fixés par de nombreux arrêts de la cour de cassation. Nous citerons particulièrement ceux des 10 novembre 1812 entre Eléleim et divers habitans du village de la Vergue, 29 novembre 1814, Joly; 8 décembre 1824, entre Athénas, Heureux et Cormerais; 27 juin 1827, entre les hospices d'Arles et le sieur Nay; 19 novembre 1828, entre les sieurs Domingon et Charmensat; même jour, entre Moutier et Viel; 15 avril 1830, Clément.

Nous donnerons de plus grands développemens à cet égard, en nous occupant des personnes qui peuvent ou contre lesquelles on peut intenter l'action possessoire.

ART. X. Biens d'origine nationale et autres vendus par l'administration.

Quoique nos lois, et notamment celle du 28 pluviose an 8, confèrent aux conseils de préfecture le jugement des contestations relatives aux domaines nationaux vendus par l'état, il est incontestable que l'action possessoire à laquelle ils donnent lieu soit entre l'état et des particuliers, soit entre particuliers seulement, est de la compétence des juges de paix; car les tribunaux administratifs ne sont chargés que de juger le fond, par interprétation des ventes nationales, déclarative de ce qui s'y trouve compris, tandis que le juge de paix prononce sur la possession tout-à-fait indépendante de la question de propriété qui demeure entière. De nombreux arrêts du conseil et de la cour de cassation ont proclamé ces principes. Nous citerons parmi les premiers ceux des 25 mars 1806, 16 août 1808, 26 juillet 1826, 24 janvier et 19 décembre 1827, et parmi les seconds ceux des 28 août 1810 et 16 janvier 1832.

Les mêmes principes s'appliquent à la vente administrative de biens communaux. Bien que la question de savoir quels sont les objets compris dans l'ordonnance autorisant la vente puisse, dans certains cas, être réservée à l'administration, la question de possession annale n'en est pas moins de la compétence du juge de paix, qui doit seulement surseoir à y statuer, s'il pense que l'interprétation est utile à la décision de la complainte. (Arrêts du conseil du 4 juillet 1827 et de la cour de cassation du 11 mai 1831.)

ART. XI. Des servitudes.

Déjà, nous avons compris diverses servitudes au nombre des choses qui peuvent être la matière des actions possessoires. L'étendue que nous avons alors donnée à nos développemens nous permettra d'être ici fort laconiques.

N° I. Notions générales.

La servitude est une charge imposée en faveur d'un héritage sur un autre appartenant à un propriétaire différent; car *nemini res sua servit.*

La grande et première division des servitudes, tirée de la cause qui les produit, est en naturelles, légales et conventionnelles. (Art. 639 du Code civil.)

Les servitudes naturelles dérivent de la situation des lieux. Ce sont l'obligation de recevoir les eaux qui découlent du fonds supérieur sans le fait de l'homme, les droits de bornage et de clôture.

Les servitudes légales résultent des dispositions de la loi; les unes ont l'utilité publique ou communale pour objet. Nous en avons suffisamment traité en parlant des chemins de halage, des routes et des voies vicinales; les autres concernent l'intérêt particulier; ce sont le mur et le fossé mitoyens, la distance des plantations, l'extension des branches et racines, la distance ou les précautions à observer pour certaines constructions, telles que puits, fosse d'aisances, forge, étable, etc. Les restrictions relatives aux jours, à l'égout des toits, et enfin le passage en cas d'enclave.

Les servitudes conventionnelles sont établies par le fait de l'homme; elles résultent des conventions expresses ou présumées, c'est-à-dire de la prescription.

Une seconde division des servitudes est en continues et discontinues.

Les continues sont celles dont l'usage est ou peut être continuel sans avoir besoin du fait actuel de l'homme; les discontinues celles qui ont besoin de ce fait pour être exercées.

La troisième division est en servitudes apparentes et non apparentes.

Des servitudes peuvent être tout à la fois discontinues et apparentes ou non apparentes. Celle de passage peut s'annoncer par une porte, et malgré l'existence permanente de ce signe, elle n'en est pas moins discontinue. La distinction des servitudes continues et discontinues, apparentes et non apparentes, est sans objet, quant à celles qui résultent de la situation des lieux ou de la loi; elle n'a d'utilité que pour les servitudes conventionnelles qui sont susceptibles d'acquisition et d'extinction par prescription. Aussi cette même distinction est-elle placée dans le Code au chapitre des servitudes établies par le fait de l'homme.

Les seules servitudes qui puissent s'acquérir par la prescription, c'est-à-dire par une possession de trente ans, sont celles qui réunissent le double caractère de l'apparence et de la continuité.

Quant aux autres, c'est-à-dire les continues non apparentes et les discontinues apparentes ou non apparentes, la possession même immémoriale est inefficace; un titre est indispensable; cette disposition n'atteint pas, bien entendu, les servitudes déjà acquises par la possession avant l'émission du Code civil; mais celles-ci ne peuvent donner lieu à la complainte qu'après le jugement de l'action pétitoire. Le jugement est un titre qui vient appuyer la possession.

N° II. Des servitudes naturelles et légales.

De ce que l'inférieur est tenu de supporter les eaux descendant du fonds supérieur, il suit qu'il n'aurait pas l'action possessoire en cas d'écoulement récent d'une source qui n'aurait pas une année d'existence.

Il n'aurait pas non plus action en cas d'éboulement d'un terrain supérieur sur le sien, eût-il été amené par des travaux que la propriété autorise, si la cause première devait en être attribuée à un vice occulte du terrain que l'on n'a pu connaître. (Arrêt de la cour de cassation du 29 novembre 1832.)

Un voisin n'aurait pas davantage action pour empêcher le propriétaire contigu de se clore, quoique cette innovation lui fît perdre l'avantage de la vaine pâture, ou tout autre qui ne serait fondé ni sur un titre ni sur la loi.

Si un voisin établissait des jours et fenêtres dans un mur mitoyen, ou s'il les établissait dans un mur non mitoyen, mais soit sans observer les distances, soit sans prendre les précautions déterminées par les art. 676, 677, 678 et 679 du Code civil, il y aurait lieu contre lui à l'action possessoire pour faire réprimer son usurpation, pourvu qu'elle n'eût pas un an d'existence; car, après l'année, l'action apparticndrait à l'auteur des ouvrages pour s'y faire maintenir en cas de trouble, parce que la servitude de vue étant continue et apparente, est prescriptible.

Toutefois, si le trouble consistait en une construction qui masquerait les jours, celui qui les aurait pratiqués même depuis un an serait sans action, parce que son voisin n'aurait fait que construire sur lui-même. Ce ne serait que l'exercice du droit de propriété. Il n'y, aurait d'exception et lieu à la complainte qu'autant que le droit de vue serait fondé sur un titre ou sur les art. 692 et 694 du Code civil. (Arrêts de la cour de cassation des 10 janvier 1810, 23 avril 1817 et 24 juin 1823.)

La complainte serait recevable contre celui qui ouvrirait des jours dans son mur, après que le voisin aurait expressément déclaré vouloir acquérir la mitoyenneté, et pendant qu'on procéderait aux expertises et estimations des indemnités qu'il aurait à payer.

Ce que nous venons de dire ne s'applique point aux rues, places, routes ou chemins publics sur lesquels on peut percer des jours ou des portes, et diriger l'égout de ses toits à sa volonté. Ces diverses servitudes subsistent même après aliénation de ces choses en faveur de particuliers qui restent chargés de les supporter. (Arrêt du conseil du 25 avril 1833.)

Le principe relatif à l'ouverture des fenêtres ou jours hors des cas et sans les conditions déterminées par la loi, s'applique également aux établissemens exécutés en contravention aux diverses dispositions de l'art. 674 et à l'art. 681.

Le droit de profiter des eaux d'une source dans le cas prévu par l'art. 643 du Code civil, est une servitude légale. Le trouble apporté à son exercice donne lieu à la complainte. Le juge de paix a le pouvoir de rechercher la nécessité qui, d'après la loi, est la cause du droit des habitans.

Le droit de passage est une servitude discontinue qui ne peut donner lieu à l'action possessoire, à moins qu'il ne soit appuyé sur un titre.

Mais il en est différemment du passage accordé en cas d'enclave par l'article 682, parce qu'alors le titre du réclamant est la loi elle-même, ce qui s'applique à toutes les servitudes naturelles ou légales. (Arrêts de la cour de cassation des 26 janvier 1825, 9 mai 1831.)

Cette solution, sur laquelle la jurisprudence a été longtems incertaine, ne saurait plus être aujourd'hui l'objet du moindre doute. Si deux arrêts de la cour de cassation des 7 février 1811 et 8 juillet 1812 ont d'abord refusé l'action possessoire pour trouble dans l'exercice d'un passage en cas d'enclave, deux autres arrêts des 10 juillet 1821 et 22 août 1827 avaient déjà, à l'occasion d'une question analogue, posé un principe différent, et depuis sept arrêts des 8 janvier, 7 mai 1829, 16 mars 1830, 21 mars et 9 mai 1831, 27 juin, 19 novembre 1832, l'ont de nouveau consacré. Ainsi, les doutes élevés par M. Vazeille, des *Prescriptions*, tom. 1, n°s 409 et 410, ne sont pas fondés.

Les lois des 16 septembre 1807 et 21 avril 1810, articles 11 et 80, accordent aussi des passages pour le desséchement des marais, l'exploitation des mines. Ils doivent être autorisés par les ordonnances de concession qui précisent l'étendue de la servitude et servent de base à l'action possessoire.

Dans certaines coutumes qui, comme celles de Paris, de Poitou et de Normandie, prohibaient toute servitude sans titre, on ne pouvait même, en cas d'enclave, invoquer la prescription. Le droit ne pourrait donc être acquis que par une possession de trente ans entièrement écoulés sous le Code civil. (Arrêts de cassation des 7 février 1813, 11 mai 1830 et 27 juin 1832.) Cette possession serait valable lors même que le passage aurait eu lieu sur diverses parties du fonds et sur celles qui étaient en friche. (Arrêt du 20 mars 1830.)

L'action possessoire est fondée lors même que le passage est réclamé sur un bien dépendant du domaine de la couronne, que nos lois déclarent imprescriptible (arrêt du 7 mai 1829), ou sur un bien d'église. (Arrêt du 8 janvier 1829.)

Le juge de paix est compétent pour vérifier le fait d'enclave ainsi que l'enseigne M. Longchamps, des *Justices de paix*, pag. 34, et que l'ont décidé plusieurs des arrêts cités ci-dessus.

Ce droit de vérification doit être exercé avec quelque latitude. Ainsi, la jurisprudence ayant admis que les tribunaux ont le pouvoir de juger dans quels cas une extrême difficulté, des dépenses trop considérables ou le mauvais état de la voie publique doivent équivaloir à un défaut d'issue (voyez *Traité des chemins* et arrêts de la cour de cassation des 31 mai 1825, 23 août 1827), le juge de paix pourrait apprécier ces diverses circonstances, pourvu qu'il se bornât à les appliquer au jugement du possessoire.

Le possesseur du passage que l'on voudrait contraindre à l'exercer par une autre partie du fonds ou sur un héritage différent, aurait droit d'intenter complainte pour empêcher ce changement jusqu'à ce que le juge du pétitoire eût prononcé en vertu des art. 683 et 684 du Code civil.

Le propriétaire du fonds servant aurait aussi le droit d'intenter complainte contre le possesseur du droit de passage qui abandonnerait la voie habituelle pour en prendre une plus dommageable. (Arrêt de la cour de cassation du 24 juin 1828.)

Le propriétaire du fonds assujetti ne perdant pas le droit d'en user, d'y passer, il n'y a pas lieu en général à intenter contre lui une action possessoire à raison de ce passage.

Il y a incontestablement lieu à l'action possessoire en cas de trouble dans la possession des sentiers d'exploitation qui traversent un certain nombre d'héritages ; car ils sont considérés comme une propriété commune entre les divers détenteurs de ces fonds, aux dépens desquels ils sont censés avoir été formés (arrêt de la cour de cassation du 29 novembre 1814), à moins que les titres produits ne détruisent cette présomption ; dans ce dernier cas le passage ne serait réputé qu'une servitude et ne pourrait donner lieu à l'action possessoire. (Arrêt de la cour de cassation du 20 mai 1828.)

Mais, hors ce cas, celui qui réclamerait le passage à titre de co-propriété et non de servitude devrait être reçu à intenter complainte ; cette solution, appuyée sur la raison et la jurisprudence, était généralement admise dans l'ancien droit, qui considérait les sentiers d'exploitation de terres, de vignobles ou de prairies comme étant communs à tous ceux qui possèdent ces divers héritages. (Voyez Lalaure, *des Servitudes*.)

Plusieurs coutumes accordaient au propriétaire d'un mur ou d'un bâtiment le droit de faire passer des ouvriers sur le terrain de son voisin, de déposer des matériaux, d'y placer des échelles, d'y établir des échafauds pour faire à son mur ou à son bâtiment les réparations nécessaires. C'était ce qu'on appelait tour d'échelle. Dans une autre partie de la France, qui admettait la prescription en matières de servitudes, celle-ci pouvait être réclamée en vertu de la possession, et dans la dernière partie qui l'excluait, il fallait absolument un titre.

Il est évident que le Code civil ne range pas le tour d'échelle au nombre des servitudes légales; il est également certain que dans les pays où l'acquisition en était autrefois permise par possession, il faut que cette acquisition fût accomplie avant le Code.

Cependant la première décision a été controversée entre MM. Guichard et Aulanier; le premier tient pour l'abolition du tour d'échelle comme servitude légale; le second pense au contraire qu'elle forme un droit acquis pour ceux dont les constructions existaient avant le Code civil.

Nous croyons inutile de suivre ces auteurs dans leurs raisonnemens opposés, car la question qui les divise a été nettement tranchée par deux arrêts de la cour de cassation, qui paraissent avoir échappé à leurs recherches. Nous les avons déjà cités. Ils sont des 31 octobre 1810 et 21 avril 1813. M. Merlin les reproduit, V° *Voisinage*, avec des conclusions fort étendues prononcées lors du dernier. Il prouve que toutes les servitudes dérivant des anciens usages ou des dispositions expresses des coutumes, sont abolies par l'art. 7 de la loi du 30 ventose an 12, lequel déclare qu'à compter du jour où ont été exécutoires les lois dont se compose le Code civil, les lois romaines, les ordonnances, *les coutumes générales ou locales*... avaient cessé d'avoir force de loi générale ou particulière dans les matières qui sont l'objet desdites lois; qu'il en est ainsi lors même qu'on en aurait joui de tems immémorial avant le Code civil, parce que cette possession résultant d'une coutume, celui contre lequel on l'invoque ayant été forcé de la souffrir, il n'en pouvait résulter aucune acquisition de droit ; que l'art. 691 du Code civil ne maintient que les servitudes acquises par la seule possession sans le secours de la coutume, parce qu'elle est fondée sur le consentement présumé du voisin. Les deux arrêts cités ont pleinement consacré cette opinion.

Ces principes reçoivent exception au cas de réparations à faire à un mur mitoyen ; chacun des propriétaires étant tenu d'y contribuer également, doit, par une conséquence nécessaire, fournir le passage sans lequel l'obligation ne pourrait s'accomplir.

Quant au tour d'échelle qui consiste en un terrain délaissé par le propriétaire au-delà de son mur ou bâtiment, il subsiste toujours puisqu'il est établi à titre de propriété et non de servitude.

N° III. Des servitudes établies par le fait de l'homme.

Nous avons déjà dit que les servitudes continues et apparentes pouvant s'acquérir par la prescription, la possession annale autorisait la complainte à leur égard. Ainsi cette action appartient au possesseur d'une fenêtre, d'un aqueduc, d'un égoût, lorsqu'il est troublé.

Mais la possession ne pouvant plus faire acquérir les autres servitudes, ne peut, par conséquent, en ce qui les concerne, servir de fondement à la complainte. Vainement un particulier aura-t-il de tems immémorial exercé le puisage ou lavage même à l'aide d'établissemens fixes et apparens (arrêt de cassation du 4 octobre 1807), fait pacager ses bestiaux (arrêt de la même cour du 22 novembre 1830) ou passé sur le fonds d'autrui, même au moyen d'une porte qu'il y aura ouverte, il n'aura par là acquis aucun droit. Cette décision s'applique aussi à une commune lorsqu'elle a d'autres chemins dans le voisinage. (Arrêt du 30 novembre 1830.)

Il en est autrement lorsque le demandeur, outre la possession annale qu'il allègue, produit un titre pour prouver que sa possession résulte d'un droit légitime et n'est pas l'effet de la tolérance ou de la familiarité. Le juge de paix non-seulement peut, mais doit l'apprécier sous ce seul rapport, quand même il serait contesté, pourvu qu'il se borne à maintenir dans la possession sans rien décider sur le fond du droit. Nous pensons qu'il aurait le même pouvoir dans le cas où le titre serait combattu par un autre ou attaqué de nullité pour vice de forme; il aurait la faculté de l'écarter si cette nullité était constante à ses yeux et résultait de faits certains, mais non lorsqu'elle ne peut être la conséquence que d'une action en rescision ou d'une instruction plus ou moins longue. Il ne pourrait pas davantage prendre pour base de sa décision un acte authentique contre lequel on se serait inscrit en faux ou celui sous seing-privé dont les signatures seraient contestées.

Il devrait n'user du pouvoir d'appliquer les titres qu'avec une grande réserve. Tous ces principes nous paraissent résulter de la jurisprudence constante de la cour de cassation. Nous citerons les arrêts des 2 et 24 juillet 1810, 6 juillet 1812, 2 mars, 17 mai 1820, 26 janvier, 19 avril, 9 novembre, 21 décembre 1825, 4 février 1829, 21 mars, 9 décembre 1831.

Mais nous ne pensons pas qu'il puisse prendre en considération ni rechercher une possession trentenaire ou immémoriale dans les pays où, avant le Code civil, les servitudes discontinues s'acquéraient de cette manière ; car, d'une part, le Code veut qu'elles fussent déjà *acquises* avant sa promulgation, et de l'autre il n'appartient pas aux juges de paix de donner un titre aux parties ; il peut seulement appliquer celui dont l'existence lui est établie par la production qu'elles en font. Aussi, en pareil cas, la cour de cassation a-t-elle décidé, le 3 octobre 1814, que la voie pétitoire est la seule praticable.

Remarquons que, lorsque sur une complainte, le défendeur allègue qu'il a la possession annale de couper des litières, de fagoter et de faire paître sur le terrain en litige, que même ses auteurs ont cultivé ce terrain pendant nombre d'années sans trouble ni opposition, si le tribunal juge qu'en fait le demandeur ne justifiant pas suffisamment de sa possession annale, il y a lieu à admettre le défendeur à la preuve de ses faits de possession, il n'y a point là de contravention aux dispositions de l'art. 691 du Code civil. (Arrêt de la cour de cassation du 21 février 1827.)

Lorsque le demandeur n'offre pas de justifier sa possession exclusive, et que d'ailleurs son adversaire prouve qu'il a eu aussi la possession de l'objet litigieux, le juge peut prononcer en faveur de ce dernier, sans être obligé d'ordonner que le demandeur fera preuve de la possession exclusive alléguée. (Arrêt de la cour de cassation du 3a août 1831.)

Aux termes de l'art. 692, la destination du père de famille vaut titre à l'égard des servitudes continues et apparentes. Cette décision n'a d'importance qu'au pétitoire, parce qu'elle dispense de la prescription ; mais elle n'en a point au possessoire, puisque la possession annale est toujours exigée pour la complainte, et que les servitudes dont il s'agit sont prescriptibles.

Mais l'art. 694 portant que si le propriétaire de deux héritages entre lesquels il existe un signe apparent de servitude, dispose de l'un de ces héritages sans que le contrat contienne aucune convention relative à la servitude, elle continue de subsister activement ou passivement en faveur du fonds aliéné ou sur le fonds aliéné, est-il corrélatif à l'art. 692, fait pour le même cas, ou bien s'applique-t-il sans distinction à toutes les servitudes *continues* et *discontinues* toutes les fois qu'il existe un signe *apparent* entre les deux immeubles? Nous pensons que l'article précité ne s'applique pas aux servitudes discontinues, parce que l'art. 691 porte que ces servitudes ne peuvent s'établir que par titre; que l'art. 694 a été ainsi interprété par l'orateur du tribunat, dans son rapport reproduit par M. Locré, qui l'approuve, tom. 8, pag. 395. C'est aussi dans ce sens que s'est prononcée la majorité des auteurs et des arrêts. Nous citerons notamment MM. Delvincourt, Toullier et Favard, et un arrêt de la cour de Lyon du 11 juin 1831. (Sirey, 1832, 2ᵉ part., pag. 125.) Par conséquent, l'existence d'un signe apparent n'autorise pas l'action possessoire.

Nous ne considérons le pacage sur le fonds d'autrui que comme une servitude discontinue, sans distinguer entre la grasse et la vaine pâture, conformément à l'art. 688, dont les termes sont généraux. Il ne peut donc s'établir par la possession, et n'est pas susceptible de l'action possessoire quand il n'est pas appuyé sur un titre.

Nous rangeons aussi le droit de secondes herbes dans la catégorie des servitudes discontinues. La cour de cassation a eu deux fois à prononcer sur ce point; dans la première espèce, elle évita de le faire en décidant que le jugement qui avait reconnu qu'une plantation exécutée sur un pré grevé

de cette servitude ne constituait pas un trouble à la possession, avait jugé en fait, et ne pouvait être cassé. (Arrêt
du 19 juillet 1825.) L'arrêt rendu dans la seconde espèce,
le 7 mars 1826, énonce positivement que le droit de secondes herbes, exercé sans titre, est une servitude discontinue.

Les usages dans les bois et forêts se divisent en grands
et petits. Les premiers consistent dans le droit de faire paître les bestiaux, de se faire délivrer du bois de chauffage ou
de construction. Les autres consistent principalement dans
le droit d'enlever les bois morts et morts bois.

Les auteurs ne sont pas d'accord sur la nature du droit
d'usage; les uns le considèrent comme une co-propriété; les
autres, parmi lesquels on compte MM. Henrion (chap. 43,
§ 8), Merlin (*Questions de droit*, V° *Pâture*) et Favard de
Langlade, *Rép.*, V° *Usages (Droits d')*, comme une servitude discontinue. Nous n'avons pas l'intention de nous
livrer à la discussion de ces opinions diverses, parce que
nous devons nous borner autant que possible à traiter des
actions possessoires. Nous dirons seulement que nous adoptons la dernière; que, par conséquent, le trouble à un
usage ne peut donner lieu à la complainte qu'autant que le
droit est établi par un titre. Cette solution est commune aux
bois de l'état et des particuliers.

La jurisprudence de la cour de cassation nous semble
conforme à notre sentiment. Un premier arrêt du 6 mars
1817 décide qu'un droit d'usage dans les bois peut être
considéré comme servitude.

Nous lisons dans un autre arrêt du 23 mai 1832 que les
droits d'usage dans les forêts sont des servitudes discontinues; qu'en Alsace ces servitudes pouvaient s'acquérir par

la prescription avant le Code civil ; que l'art. 691 a maintenu les droits d'usage acquis de cette manière dans cette province avant ce Code. Deux autres arrêts de la même cour des 6 février et 3 avril 1833 donnent aussi aux droits d'usages dans les bois et forêts de l'état, des communes ou des particuliers, la qualification de servitudes.

Cependant un autre arrêt de la même cour, du 6 août 1832, fait résulter de la loi du 10 juin 1793 une exception toute spéciale ; il a jugé qu'une commune en possession d'un pacage sur un terrain situé dans le territoire d'une commune voisine, doit, aux termes de cette loi, section 4, art. 2, être maintenue dans sa possession, parce que l'article 691, sur l'impossibilité d'établir les servitudes discontinues autrement que par titres, n'a porté aucune atteinte à la législation communale résultant de cette loi de 1793.

Jusqu'ici nous n'avons considéré que le tiers troublé dans l'exercice d'un droit de servitude par le propriétaire sur le fonds duquel il prétend pouvoir l'exercer ; mais nous devons nous occuper aussi de ce propriétaire qui soutiendrait n'être assujetti à aucune charge.

Celui ci aurait sans contredit, en général, l'action possessoire appelée négatoire pour se faire maintenir dans la possession libre et franche de son héritage, nonobstant un arrêt de la cour de cassation du 2 février 1820, rendu entre Mairet et la veuve Tarnier, dont nous avons combattu la décision dans notre *Traité des chemins*, et que M. Merlin a également combattu dans ses *Questions de droit*, V° *Servitude*.

Nous disons *en général*, car en effet il y aurait exception pour les servitudes légales ou naturelles qu'il serait obligé de souffrir lors même qu'elles n'auraient pas été possédées pendant un an, parce que l'exercice d'un droit légitime ne trouble personne.

Mais comme la prescription peut servir à fixer le mode d'exercice même de ces servitudes, par exemple pour les eaux que le fonds inférieur est tenu de supporter, et pour le passage en cas d'enclave, il y aurait lieu, après une année de possession, à une action possessoire, s'il était fait quelque innovation à cet état de choses. (Voy. p. 258, 315 et 319.)

L'action possessoire du propriétaire de l'héritage ne serait plus recevable lors même qu'une servitude discontinue, le passage, le puisage ou le pacage, aurait eu lieu pendant plus d'un an avant la demande; il serait obligé de se pourvoir au pétitoire, parce qu'il aurait laissé passer l'année du trouble dans laquelle l'art. 23 du Code de procédure veut absolument qu'il agisse. Cette solution caractérise la différence qu'il y a entre la demande et la défense. Le fait qui est insuffisant pour constituer une possession, peut cependant être un trouble.

Lors même qu'il s'agit de servitudes continues et apparentes ou de servitudes discontinues mais fondées en titres, le propriétaire est admis, après un an de non exercice, à intenter l'action possessoire, parce que les servitudes qui résultent du fait de l'homme peuvent s'éteindre par la prescription, c'est-à-dire par le non usage, pendant trente ans. (Art. 706 du Code civil.)

Trois arrêts de la cour de cassation ont fait l'application de ces principes aux usages dans les bois et forêts.

Ils ont décidé que l'usage, comme toute autre servitude, était prescrit après trente ans de la date du titre qui l'avait établi, que c'était à l'usager de prouver qu'il avait joui de son droit pendant ce tems ou au moins pendant celui suffi-

sant pour interrompre la prescription ; que le fait de jouissance ou d'interruption ne pouvait résulter que de délivrance de bois régulièrement opérée et non de coupe ou
exploitation arbitraire qui ne constituait qu'un délit.

D'après le premier de ces principes, dès que l'acte constitutif d'un droit de servitude a trente ans de date, la prescription est acquise, à moins que le créancier ne prouve sa
possession ou qu'elle ne soit avouée par son adversaire ; mais
la preuve du non usage n'est pas à la charge de celui-ci.

CHAPITRE III.

De divers objets qui, dans l'ancien droit, étaient considérés comme
immeubles ou droits réels donnant lieu à l'action possessoire, et qui
ne pourraient plus en être l'objet aujourd'hui.

---

§ Ier.

Notions générales.

Nous nous sommes proposé, dans la seconde partie de
cet ouvrage, de faire connaître les diverses choses qui peuvent être l'objet des actions possessoires. C'est pour atteindre plus efficacement ce but qu'après en avoir déjà,
dans les deux chapitres précédens, passé un assez grand
nombre en revue, nous avons cru devoir consacrer un chapitre particulier à certaines d'entre elles qui, dans l'ancienne
législation, étaient considérées comme droits réels immobiliers. La comparaison et le rapprochement des unes et des
autres feront mieux comprendre encore le sens et l'application des principes que nous avons posés.

« Par le mot droit réel, dit Rodier, sur l'art. 1ᵉʳ, tit. 18 de l'ordonnance de 1669, quest. 2, on entend un droit attaché à une chose, comme une rente foncière...., un droit de cens, de champart, de dîme, de péage, etc. Les droits de patronage, les droits honorifiques des patrons et des seigneurs sont pareillement regardés comme des droits réels à raison desquels on peut intenter l'action possessoire, suivant Mareschal et Simon, au *Traité des droits honorifiques*, tom. 1ᵉʳ, pag. 157, 195, 518. On compte surtout parmi les droits honorifiques la litre, ou ceinture funèbre, le banc, la sépulture ou le sépulcre, l'offrande, l'eau bénite, le pain bénit, la paix à baiser, le rang aux processions.

» Il fut jugé, par arrêt du parlement de Toulouse du 27 septembre 1743, que le baron de Lanta avait pu former complainte à raison des droits de justice contre le sieur Molinier, qui prétendait avoir une vingt-quatrième portion de la justice dans le lieu de Sainte-Foi, dépendant de la baronnie de Lanta.

» Les particuliers peuvent même intenter cette action pour les sépultures dont ils sont en possession, et les marguilliers pour les bancs. (Voyez le *Traité des droits honorifiques*, pag. 232 et 253.)

» Je ne doute pas, malgré ce que dit Lange en sa *Pratique*, liv. 3, chap. 5, qu'on ne fût reçu à exercer l'action de complainte et réintégrande à raison des fonctions, droits et émolumens d'un office, surtout d'un office héréditaire et patrimonial ; et tel est l'avis de Loiseau, *Traité des offices*, liv. 3, ch. 4, nº 25.

» On pourrait encore demander par voie de réintégrande d'être remis en possession de son état de légitimité. »

Nous renvoyons aussi à ce que dit Pothier, *Traité de la*

possession, depuis le n° 88 jusqu'au n° 94, relativement aux droits de complant et de banalités, à la corvée, à la dîme......

L'action possessoire était également admise à raison de trouble dans la jouissance des bénéfices. L'ordonnance de 1667 renferme un titre entier (le 15°) consacré aux *procédures sur le possessoire des bénéfices*.

Pothier, *de la Possession*, n° 134 et suivans, traite cette matière avec étendue.

M. Henrion de Pansey est d'avis que la complainte peut encore avoir lieu aujourd'hui :

1° En faveur des créanciers de rentes foncières, lorsqu'ils sont troublés dans leur jouissance soit par le débiteur de la rente, soit par un tiers qui prétend avoir droit de la percevoir : mais il pose un principe différent relativement aux rentes constituées, même avec hypothèque spéciale. Il cite Faber, Mazuer, Brodeau sur l'art. 98 de la *Coutume de Paris*, n° 3, de Laurière sur l'art. 96, Imbert, Coquille.

2° Pour droit de champart, c'est-à-dire pour le droit de percevoir certaine partie des fruits d'un fonds. Il pense que si le propriétaire d'un héritage grevé du droit de champart refuse d'en continuer le paiement, celui qui l'a perçu pendant les années précédentes peut, par voie de complainte possessoire, demander à être maintenu dans sa possession. Il cite deux arrêts du parlement de Paris des 5 mars 1718 et 27 janvier 1737.

3° Pour droits de péage. « Si une communauté ou des particuliers, dit-il, étaient en possession de la franchise d'un droit de péage qui serait établi sur un pont, un chemin ou un bac, et que le propriétaire du droit voulût les y assujettir, ils pourraient intenter la complainte a l'effet d'être maintenus possessoirement dans cette franchise.

« De même si, après avoir payé le droit pendant plus d'une année, cette communauté ou les particuliers déclaraient qu'ils entendent s'y refuser, le propriétaire du droit aurait la même action pour les contraindre à en continuer le paiement. » L'auteur cite Boutiller et Dumoulin.

4° Et pour services éventuels. L'auteur appelle ainsi l'obligation où seraient un ou plusieurs particuliers de faire telles ou telles réparations à des maisons, moulins ou autres usines, d'en réparer les écluses, d'en curer les biez, d'entretenir des fossés. Si ces particuliers, sommés de remplir leurs obligations, s'y refusent, il y a lieu contre eux a la complainte possessoire.

Nous avons déjà en plusieurs fois occasion de le dire, M. le président a presque constamment cédé à l'influence des anciens principes, sans tenir compte des changemens que notre nouvelle législation y a apportés.

Il est certain que son opinion et celle de Rodier sont incompatibles avec cette législation.

§ II.

Des bénéfices et dîmes.

On nommait autrefois *bénéfice* le droit attribué à un clerc de jouir durant sa vie des revenus de certains biens consacrés à Dieu, à cause de l'office spirituel dont ce clerc était chargé par l'autorité de l'église. Il n'y a plus aujourd'hui de bénéfices, ils ont été supprimés par la loi du 12 juillet 1790; il ne peut donc plus y avoir de complainte en matière bénéficiale.

Il en est de même des dîmes, dont la suppression a été prononcée par les lois des 4 août 1789 et 14 avril 1790, qui n'exceptent que celles qui peuvent être assimilées aux rentes foncières.

§ III.

Des droits de patronage, rangs aux processions, etc.

Les droits de patronage, les droits honorifiques des patrons, l'offrande, l'eau bénite, le pain bénit, la paix à baiser, le rang aux processions, etc., sont aussi abolis par les lois des 4 août 1789 et autres subséquentes, et il n'est pas besoin d'ajouter que dans les lieux où quelques-uns de ces usages abusifs auraient pu se maintenir, ceux qui seraient en possession annale d'en jouir ne pourraient intenter l'action possessoire, soit parce qu'ils en auraient joui sans aucun titre, soit parce que la chose qui serait l'objet de la possession n'aurait aucun caractère immobilier et ne serait pas prescriptible.

§ IV.

Des droits de justice et des offices.

Les droits de justice sont également abolis.

Les offices ne subsistent plus au même titre qu'autrefois, et n'ont pas un caractère immobilier.

Un magistrat n'aurait donc pas l'action possessoire contre quiconque le troublerait dans l'exercice de ses fonctions. Personne ne peut les exercer sans avoir été nommé par l'autorité. Il ne peut donc y avoir en cette matière de possession valable ni de prescription. Tout se règle par l'acte d'institution du fonctionnaire et par le texte des lois qui déterminent ses attributions. Cette décision est commune aux divers fonctionnaires de l'état dans l'ordre judiciaire, administratif ou militaire.

Il en est de même des offices. Ainsi, pour les charges de notaires, d'avoués, greffiers, commissaires-priseurs et autres, tout se règle aussi par l'ordonnance de nomination et par les lois qui précisent les attributions et les droits de ces divers officiers publics. D'ailleurs, l'objet de la contestation, en supposant même qu'il portât sur la clientelle ou sur les pièces, titres, dossiers, recouvremens, ne se réduirait-il pas à une chose purement mobilière ?

§ V.

De l'état de légitimité.

On ne pourrait davantage intenter l'action possessoire pour être maintenu ou réintégré dans son titre de légitimité, car c'est un droit incorporel et qui ne s'applique pas à un objet immobilier ; il ne peut donner lieu qu'à une question d'état qui comprend le fond du droit dont les tribunaux ordinaires doivent seuls connaître. Mais si, en vertu de ce titre de légitimité dont un particulier est en possession, il possède depuis un an des immeubles sur lesquels un tiers commet des usurpations, il a, sans difficulté, le droit de se faire maintenir ou réintégrer dans la possession de ces biens.

§ VI.

De l'action en revendication d'immeubles.

Quoique l'art. 526 du Code civil déclare immeuble par l'objet auquel elle s'applique l'action tendant à revendiquer un immeuble, et qu'un axiôme du droit romain considère l'action comme la chose même : *qui habet actionem ad rem recuperandam, ipsam rem habere videtur*, nous ne saurions concevoir, comme le dit M. Carré, n° 1423, un seul cas dans lequel une semblable action donnât ouverture à celle possessoire.

M. Carré en donne les raisons suivantes, que nous approuvons :

» Le caractère principal de la possession d'où peut dériver cette action, c'est d'être publique, et certes nulle publicité dans la possession d'une action. Quel serait d'ailleurs le genre de trouble apporté relativement à une action? Ce ne serait pas sans contredit un trouble de fait; ce ne pourrait être tout au plus qu'*un trouble de droit*, résultant par exemple de ce qu'un autre que celui à qui appartiendrait l'action, l'intenterait dans son propre intérêt, et comme si elle lui appartenait à lui-même; mais en cette circonstance, ce serait à celui qui prétendrait que l'action lui appartient réellement à intervenir dans l'instance, pour revendiquer son droit, et, en tout cas, ce droit ne pourrait être compromis s'il n'intervenait pas, puisque, comme propriétaire de l'action, on ne pourrait jamais lui opposer l'autorité de la chose jugée suivant la maxime : *res inter alios judicata tertio non nocet.* »

§ VII.

Des rentes et champarts.

Toutes rentes constituées avec hypothèque ou foncières sont déclarées rachetables et mobilières par les art. 529 et 530 du Code civil; elles ne peuvent donc devenir l'objet de l'action possessoire. En effet, le créancier ne serait troublé que dans le droit d'une prestation pécuniaire ou en denrée qui n'a aucun caractère immobilier.

Le champart (*campi pars*) est une dénomination générale qui signifie le droit d'exiger une certaine quotité des fruits d'un héritage que l'on a donné à cultiver sous cette condition, soit à perpétuité, soit pour un tems. Il s'appelle aussi dans quelques contrées terrage, agrier, tosque ou tâche, quart, cinquain ou vingtain. On le nomme communément complant quand il a pour objet un terrain planté en vignes, ou destiné à l'être.

Les champarts seigneuriaux, ou mélangés de féodalité, ont été supprimés par la loi du 17 juillet 1793. Ceux qui étaient purement fonciers ont été conservés; mais ils sont devenus rachetables en vertu des lois des 4 août 1789 et 18 décembre 1790, toutes les fois que les baux primitifs avaient transmis au preneur la propriété du fonds. Dans les autres cas il n'y a pas lieu au rachat, ainsi que l'a décidé un avis du conseil d'état du 4 thermidor an 8, qui assimile les preneurs à portion de fruits aux fermiers ordinaires.

L'admissibilité de la complainte pour trouble dans la perception d'un champart ou complant a donné lieu, entre les auteurs modernes, à des débats fort animés que nous ne reproduirons pas, parce que la jurisprudence de la cour de cassation est maintenant fixée dans le sens de la négative par quatre arrêts de la chambre civile.

Un premier arrêt, du 16 janvier 1826, rejette le pourvoi formé par le sieur Bauchêne contre un jugement qui refusait d'admettre la complainte pour droit de champart, « attendu, porte-t-il, que le demandeur n'indique aucune loi qui donne la qualité de droit réel à la prestation par lui réclamée à titre de complant ; d'où il suit que le jugement attaqué n'a contrevenu à aucune loi. »

Le 29 juillet 1828, autre arrêt portant rejet du pourvoi formé contre un jugement du tribunal de Bressuire, qui avait repoussé la complainte ; ses motifs sont trop étendus pour trouver place ici.

Le 9 août 1831, arrêt d'autant plus remarquable qu'il casse un jugement par lequel la complainte avait été admise ; il est ainsi conçu :

« La cour, vu les art. 529 et 530 du Code civil, attendu que les rentes et redevances de toute nature ont été déclarées rachetables par les lois de 1790, 1792 et 1793, et par l'art. 530 du Code civil ; que le § 2 de l'art. 529 du même Code les a réputées meubles par la détermination de la loi ; que dans l'espèce il s'agissait d'une redevance purement foncière, établie par suite d'une transmission de propriété, et non d'un simple bail passé à quelque titre que ce soit ; qu'il serait dès-lors constant dans la cause que la redevance dont il s'agit aurait été de la nature du complant dans son origine, et qu'elle aurait eu sous l'ancienne législation le caractère d'un droit immobilier, qu'elle aurait perdu ce caractère par la nouvelle ;

» Qu'ayant pris celui de meuble, le refus de paiement de la part du débiteur ne pouvait être poursuivi que par les voies ordinaires, et non par celle de la complainte possessoire, qui n'est autorisée qu'en cas de trouble apporté à la jouissance d'un droit immobilier. »

Le 11 février 1833, 4e arrêt qui a encore cassé par les mêmes motifs un jugement du tribunal de Fontenay-Lecomte, qui avait admis la complainte pour refus de paiement d'un champart.

Cependant la décision de ces arrêts n'est applicable qu'au cas où le créancier d'une portion de fruits a aliéné la propriété. Lorsqu'au contraire il l'a conservée, le preneur n'est plus qu'un colon, un fermier ordinaire qui ne peut intenter l'action possessoire contre son propriétaire, comme celui-ci ne peut la former contre lui.

§ VIII.

Des droits de péage et droits éventuels.

Les droits de péage ne peuvent donner lieu à l'action possessoire. En effet, l'action qui a pour but de triompher du refus de les acquitter, ou d'être maintenu dans la possession de franchise, ne porte toujours que sur une prestation pécuniaire qui ne présente rien d'immobilier, et qu'on ne peut assimiler même dans le second cas à un service foncier, c'est-à-dire à une servitude imposée sur un fonds en faveur d'un autre fonds ; ce n'est qu'une exemption personnelle.

Les mêmes motifs servent à résoudre dans le même sens la question de recevabilité de la complainte pour droits éventuels.

§ IX.

Des sépultures et tombeaux.

Quant aux sépultures, sépulcres ou tombeaux, il faut distinguer.

D'après les art. 2 et 14 du décret du 23 prairial an 12, chacun peut choisir le lieu destiné à son inhumation, et être enterré dans sa propriété, pourvu qu'elle soit hors et à la distance prescrite de l'enceinte des villes et bourgs, c'est-à-dire à 35 ou 40 mètres au moins.

22

Les bienfaiteurs des hôpitaux peuvent être inhumés dans l'enceinte de ces établissemens, lorsqu'ils en ont exprimé le désir dans leurs actes de donation ou de dernière volonté (art. 13).

Hors ces cas d'exception, les inhumations se font dans les cimetières publics.

Point de doute qu'en cas d'inhumation dans une propriété privée, l'atteinte portée à un tombeau ne donnât lieu à la complainte, de la part du possesseur annal du lieu consacré à la sépulture.

Mais il en serait différemment pour les inhumations dans l'enceinte des hôpitaux ou des cimetières publics, parce que ces propriétés sont imprescriptibles, et seulement grevées d'une servitude de sépulture.

Du reste, la violation des tombeaux ou des sépultures, donne lieu aux peines prononcées par l'art. 360 du Code pénal, indépendamment de celles applicables au vol, soit que l'inhumation ait été faite dans une propriété privée, soit qu'elle ait eu lieu dans les hôpitaux ou cimetières.

La complainte serait également inadmissible dans le cas où, comme cela arrive fréquemment à Paris, un emplacement aurait été acheté dans un cimetière pour la sépulture d'une famille. Ces acquisitions ne sont réellement que des locations de terrain pour un usage déterminé. Le trouble dans la possession du tombeau ne serait qu'une atteinte portée à une chose mobilière.

§ X.

Chasse et pêche.

Le droit de chasse ne nous semble pas susceptible de s'acquérir par la possession, car on ne peut le considérer que comme une sorte de servitude discontinue qui doit absolument être établie par titre ; le titre fût-il même une faculté perpétuelle de chasser sur des héritages déterminés, ne constituerait qu'une concession en faveur de la personne, et ne pourrait en cas d'obstacle apporté à son exercice, soit par le propriétaire du fonds, soit par un tiers, autoriser le concessionnaire à intenter la complainte ; car il n'en résulterait d'autre avantage que celui de pouvoir s'emparer du gibier qui n'est pas le produit de ce fonds, et ne forme jamais qu'un objet mobilier.

Le droit de pêche nous paraît être de la même nature. Nous croyons que personne ne peut l'acquérir par prescription ; pas plus le propriétaire de la rive opposée, qui a droit de pêcher dans le cours d'eau de son côté, en vertu de la mitoyenneté, qu'un étranger non riverain. Il nous semble que l'art. 2 de la loi du 15 avril 1829 sur la pêche fluviale, qui, après avoir posé le principe général que les riverains ont chacun de son côté le droit de pêche jusqu'au milieu du cours de l'eau, ajoute : sans préjudice des droits contraires établis *par possession*, n'a pas entendu que le fait de pêche par un non riverain, même à l'aide de travaux dans la rivière pour le faciliter, fût constitutif de prescription. Il a sans doute eu en vue le cas où le lit des eaux serait prescrit par un non riverain, comme lorsqu'il s'agit d'aqueducs, de canaux d'irrigation ou de moulins.

La complainte serait inadmissible lors même que le droit de pêche, en le supposant susceptible d'aliénation, ce que nous n'examinons pas ici, aurait été cédé par un acte, soit à un étranger, soit au co-propriétaire du cours d'eau ; car cette cession n'attribuerait point de droit foncier ; il n'en résulterait que l'avantage de s'emparer du poisson.

Mais le possesseur d'un héritage, du lit du cours d'eau sur lesquels la chasse ou la pêche auraient lieu, pourrait intenter la complainte dans l'année du trouble, à moins qu'il n'eût accordé la faculté dont l'exercice motiverait son action, parce que alors on la repousserait en produisant l'acte qu'il a consenti.

A plus forte raison la chasse et la pêche par un tiers, au préjudice du propriétaire du fonds, donneraient lieu à l'action possessoire dans les cas où le poisson et le gibier pourraient être considérés comme immeubles, d'après ce que nous avons dit précédemment, pag. 200 et suivantes.

§ XI.

Chapelles, bancs et places dans les églises.

Les chapelles, les bancs, les places dans les églises où le culte divin est célébré publiquement, ne peuvent être l'objet d'une action possessoire, lors même que ces diverses choses auraient été établies aux frais de quelque particulier; car le sol sur lequel elles reposent est imprescriptible. Ce particulier, malgré ses travaux et sa longue possession, ne peut y avoir acquis aucun droit. Tous ces principes ont été proclamés par arrêts de la cour de cassation des 1er décembre 1823 et 19 avril 1825. Il n'y a évidemment lieu qu'à des actions ordinaires en dommages-intérêts, ou à toutes autres établies par le droit commun, ainsi que l'a décidé un arrêt de la même cour du 14 mars 1833, dans une espèce où la fabrique d'une église ayant fait supprimer un de ses bancs, la personne qui prétendait y avoir droit à trois places avait demandé, par action en justice de paix, non la maintenue en possession annale, mais le rétablissement du banc ou une indemnité de 24 fr. pour en tenir lieu.

Remarquons même, relativement aux bancs dans les églises, que la concession qui en est faite n'est que provisoire et précaire, aux termes du décret du 30 décembre 1809; et qu'il a été décidé, par un décret du 18 août 1807, que la connaissance des contestations auxquelles leur jouissance peut donner lieu, appartient à l'autorité administrative.

Il en serait différemment des chapelles établies dans des propriétés particulières; ainsi beaucoup sont fondées par des personnes privées dans leurs maisons ou châteaux : ces propriétés sont alors prescriptibles comme toutes choses appartenant aux particuliers. M. Carré, dans son *Gouvernement des paroisses*, nos 306 et 307, applique même ces principes aux chapelles qui ne sont pas situées sous les voûtes de l'église, mais qui ont leur voûte particulière. Il décide que celles-ci sont susceptibles d'être prescrites, et par suite qu'elles donnent lieu à l'action possessoire.

§ XII.

Des banalités.

La loi du 15 mars 1790 a supprimé les banalités seigneuriales; mais par son art. 24 elle excepte de l'abolition les banalités purement conventionnelles et librement souscrites par une communauté d'habitans au profit d'un particulier non seigneur, ainsi que l'ont jugé des arrêts de la cour de cassation des 7 frimaire an 13 et 5 février 1816; on peut encore citer un avis du conseil-d'état du 3 juillet 1808, et d'autres arrêts de la même cour des 30 décembre 1828 et 31 mai 1830.

Le droit de banalité ne peut évidemment s'acquérir par la simple possession, parce qu'il ne constitue tout au plus qu'une servitude discontinue; c'est ce qu'établit très-bien M. le président Henrion de Pansey, *Traité des biens communaux*, pag. 272 et suivantes. Mais même avec l'appui d'un titre formel, il ne pourrait être l'objet de l'action possessoire, parce qu'il se réduit à une rétribution de nature mobilière; qu'il n'est pas un droit réel assis sur un immeuble pour l'usage et l'utilité d'un autre fonds. Ce que nous avons dit des droits de péage et services éventuels nous dispense d'entrer ici dans de plus longs développemens sur ce point.

À plus forte raison, la décision devrait-elle être la même dans le cas où celui que l'on poursuivrait pour le forcer à moudre au moulin, cuire au four, ou pressurer ses fruits au pressoir, serait depuis un an en possession de franchise de cette charge, par l'usage d'un autre moulin, four ou pressoir; car la libération peut s'acquérir par prescription, c'est-à-dire par une possession de franchise pendant trente ans. Voyez encore sur cela l'ouvrage cité ci-dessus.

Mais que faudrait-il décider dans le cas où, soit une commune, soit un particulier, réclamerait comme un droit la faculté de moudre à un moulin, de se servir d'un pressoir ou d'un four?

Nous ne pensons pas que de pareils droits puissent s'établir par la possession et autrement que par des titres formels; et même lorsqu'ils résultent de ces actes, ils ne nous semblent pas devoir donner lieu à la complainte, parce qu'ils ne sont pas établis en faveur d'un immeuble, qu'ils n'ont d'autre effet que de procurer un avantage personnel, puisqu'on peut aller moudre, cuire ou pressurer des grains ou des fruits sans posséder aucune propriété.

Toutefois le possesseur du four, du moulin, du pressoir, pourrait faire réprimer par l'action possessoire le trouble apporté à la jouissance de ces divers objets, par ceux qui prétendraient avoir le droit d'en user, pourvu qu'il se pourvût dans l'année du trouble, et qu'il n'eût fait aucune concession ; après l'année, ou en cas de concession, la contestation serait de la compétence du tribunal de première instance, auquel il appartiendrait d'interpréter la convention et de réprimer la voie de fait, s'il n'en existait pas.

TROISIÈME PARTIE.

DE LA PROCÉDURE RELATIVE AUX ACTIONS POSSESSOIRES.

Après avoir, dans les deux premières parties, traité des choses qui peuvent donner lieu aux actions possessoires et des divers cas dans lesquels il y a lieu d'intenter ces actions, nous devons terminer notre ouvrage par l'exposition des règles de la procédure à suivre pour obtenir justice.

Cette partie sera subdivisée en trois chapitres.

Dans le premier, nous expliquerons la procédure antérieure à la comparution devant le juge de paix.

Dans le second, celle qui a lieu devant ce juge.

Le troisième sera consacré au jugement et à ses suites.

CHAPITRE PREMIER.

Procédure antérieure à la comparution des parties devant le juge de paix.

§ Iᵉʳ.

Notions générales.

C'est au juge de paix de la situation de l'objet litigieux, ou à tout autre que les parties auraient préféré, de concert, aux termes de l'art. 7 du Code de procédure, que nos lois défèrent le jugement des actions possessoires. Elles n'ont pas la faculté de les porter devant d'autres tribunaux, quand même la nécessité de les intenter ne se manifesterait qu'incidemment à une demande pétitoire portée devant un tribunal de première instance ou une cour royale.

Mais si les parties n'ont pas la faculté de choisir leurs juges hors des justice de paix, lorsqu'il s'agit d'une action possessoire, elles ont incontestablement celle de renoncer à cette action et de se pourvoir sur-le-champ au pétitoire, car nul n'est tenu d'exercer un droit qui lui appartient (arrêt de cassation du 3 octobre 1810); elles perdent alors l'avantage qui aurait pu résulter pour elles d'une sentence de maintenue; par cela seul qu'elles ont commencé par le pétitoire, elles ont renoncé à la complainte, et ne pourraient plus y revenir par la suite, même en se désistant de l'action pétitoire. (Art. 26 du Code de procédure civile.)

Cependant celui qui, ayant intenté une action pétitoire, est troublé pendant le procès dans sa possession, ne peut être déclaré non recevable à agir au possessoire, à raison de ce nouveau trouble; car on n'est pas fondé à lui objecter qu'il a renoncé à se plaindre d'un fait qui n'avait pas eu lieu. A plus forte raison, le défendeur au pétitoire troublé dans sa possession aurait-il droit d'intenter complainte.

Dans les deux cas, l'action serait de la compétence du juge de paix et non du tribunal ou de la cour saisis du fond. L'opinion contraire de M. Henrion est une erreur, ainsi que le prouvent quatre arrêts de la cour de cassation des 19 août 1817, 4 août 1819, 28 janvier 1823, 30 mars 1830.

Le perturbateur ne pourrait priver la partie intéressée de son action possessoire en la gagnant de vitesse, c'est-à-dire en agissant le premier au pétitoire; autrement celui qui se serait mis en possession ne manquerait jamais d'employer immédiatement ce moyen de s'y perpétuer. Poullain Duparc, MM. Carré et Aulanier partagent notre opinion, qui a été consacrée par un arrêt de la chambre civile de la cour de cassation du 8 avril 1823, rendu sur notre plaidoirie.

Nous avons vu, dans la première partie, que notre jurisprudence admet trois sortes d'actions possessoires, la complainte, la réintégrande, la dénonciation de nouvel œuvre.

D'après l'art. 2, titre 18 de l'ordonnance de 1667, la réintégrande pouvait être demandée par action civile ou criminelle au choix de la partie; mais elle ne pourrait plus l'être aujourd'hui que par la voie civile, ainsi que l'établit M. Favard, V° *Complainte*, et que l'a décidé un avis du conseil-d'état du 4 février 1812, approuvé par l'empereur le 8. Les juges criminels ne seraient donc pas compétens pour ordonner la restitution de la chose immobilière usurpée; mais ils pourraient punir les coups, blessures, même les destructions d'arbres, clôtures, les vols, prononcer des dommages-intérêts, si la possession n'était pas contestée de ceux par qui et contre qui les actions possessoires doivent être formées.

Ce n'est pas par la qualification qu'une partie donne à son action, mais bien par son objet réel, qu'on doit décider si elle est une réintégrande ou une complainte; elle pourrait donc avoir effet sous ce second rapport quoique qualifiée mal à propos de réintégrande; c'est ce qu'ont décidé avec raison deux arrêts de la chambre des requêtes des 16 mai 1827 et 16 avril 1833.

Il résulte du dernier arrêt que l'action possessoire est fondée, quoique l'auteur du trouble ne se soit pas mis en possession de l'immeuble et ne la conteste pas au demandeur, qu'ainsi il n'y ait lieu en quelque sorte qu'à une indemnité. Dans l'espèce, des ouvriers, en faisant un chargement, avaient brisé des bornes et une chaîne qu'elles soutenaient, lesquelles servaient à clore la propriété du comte de Montbadon. Cette décision confirme l'opinion par nous émise, pag. 224.

Nous avons dit encore, dans la première partie, que la dénonciation de nouvel œuvre est assimilée à la complainte, et subordonnée aux mêmes conditions qu'elle. Depuis l'impression de cette partie de notre ouvrage, les principes que nous avons développés ont été consacrés sur notre plaidoirie par arrêt de la cour de cassation du 22 mai 1833, rendu dans l'espèce suivante :

Un cours d'eau mitoyen sépare les propriétés de Bayle et Lautier.

Bayle établit un barrage avec vanne sur ce cours d'eau, mais plus bas, à un point où il a les deux rives.

Lautier soutenant que ce barrage fait refluer les eaux sur son fonds, et le trouble par conséquent dans sa possession, intente action en complainte pour y être maintenu et pour faire détruire le barrage.

Bayle prétend que les travaux ayant été exécutés sur son fonds et terminés avant l'action, son adversaire, ne s'étant pas pourvu devant le juge de paix pour les faire suspendre, n'avait plus que l'action pétitoire. Cette défense fut accueillie par ce magistrat qui en effet se déclara incompétent. Sur l'appel, le tribunal d'Orange infirma. Bayle se pourvut en cassation, et reproduisit son système ; son pourvoi fut admis ; mais, après défenses contradictoires, il fut rejeté par la chambre civile : « attendu que, d'après les art. 10, tit. 3 de la loi du 24 août 1790 et 3 du Code de procédure civile, l'action possessoire est de la compétence exclusive du juge de paix; et à l'effet de faire rétablir la possession en l'état où elle était avant le trouble; que le caractère de cette action n'est point dénaturé par la circonstance que les ouvrages qui constituent le trouble ont été faits et terminés sur le fonds du défendeur avant l'action; qu'il suffit au contraire que l'action soit essentiellement possessoire, pour que le juge de paix soit seul compétent pour en connaître; qu'il s'agissait, dans l'espèce, d'une véritable action possessoire, puisque Lautier demandait d'être maintenu et réintégré dans la possession plus qu'annale qu'il disait avoir du fossé mitoyen dont il s'agit, et du libre cours des eaux dans laquelle il prétendait avoir été troublé par Bayle depuis moins d'un an avant l'action; que le jugement attaqué a en effet reconnu que Lautier avait la possession du fossé et du libre cours des eaux, et que Bayle l'a troublé dans cette possession, en faisant refluer et séjourner les eaux dans le fossé au moyen d'une vanne qu'il avait adaptée depuis moins d'un an avant l'action, à une martelière par lui construite précédemment sur son fonds; mais qu'il a reconnu en même tems que la martelière n'est pas, par elle-même, un obstacle à l'écoulement des eaux; qu'il suit de là qu'en maintenant Lautier dans sa possession, et en ordonnant la suppression de la vanne, sans ordonner celle de la martelière, le jugement attaqué n'a fait qu'une saine application des principes relatifs à l'action possessoire. »

§ II.

De ceux par qui et contre qui les actions possessoires doivent être formées.

Un étranger troublé dans la possession d'un immeuble soit par un Français, soit par un autre étranger, pourrait porter son action devant le juge de paix de la situation.

Cette solution serait sans difficulté à l'égard des étrangers avec la nation desquels il existe des traités diplomatiques, comme la Suisse, les Etats-Unis, l'Autriche, la Savoie, de ceux qui sont naturalisés ou qui ont été admis à fixer leur domicile en France (art. 11 et 13 du Code civil); elle devrait être encore la même à l'égard de ceux qui ne sont ni naturalisés, ni domiciliés, parce qu'il s'agit d'immeubles, et que le besoin de les conserver est fondé sur le droit des gens. (Art. 3.) Le juge ne pourrait refuser de statuer.

Mais l'étranger non naturalisé est tenu de fournir la caution *judicatum solvi*, aux termes des art. 16 du Code civil, 166 du Code de procédure, à moins de traités contraires. Le juge de paix est compétent pour en déterminer le *quantum*, parce que le juge de l'action est celui de l'exception. Il devra en général s'abstenir de prendre en considération l'immeuble dont la possession est litigieuse à cause du doute que le débat fait naître.

A plus forte raison un Français pourrait-il assigner en France un étranger même non autorisé à y résider.

L'héritier peut intenter l'action possessoire avant l'expiration des délais pour faire inventaire et délibérer, puisqu'il est saisi de plein droit de la succession par le décès de son auteur; mais bien qu'une pareille action puisse être assimilée à un acte conservatoire, il fera prudemment *d'agir comme habile à se porter héritier*, pour conserver plus sûrement la faculté de renoncer ou de n'accepter que sous bénéfice d'inventaire.

Ces divers principes s'appliquent aussi à l'héritier apparent. Le parent plus proche en degré qui se présente ensuite pour recueillir la succession, est obligé de tenir pour valable tout ce qui a été fait par cet héritier ou contre lui.

Il en est autrement des successeurs irréguliers et des légataires auxquels la loi n'accorde pas la saisine; ce n'est qu'après avoir obtenu délivrance, qu'ils ont qualité pour agir. Toutefois, si les délais étaient sur le point d'expirer, ils pourraient toujours former la demande, dont la poursuite serait suspendue jusqu'à ce que cette délivrance ait été ordonnée.

L'héritier bénéficiaire et le curateur à la succession vacante non-seulement peuvent, mais doivent former l'action possessoire, à peine d'être responsables de leur négligence. (art. 803, 804, 813 et 814 du Code civil.)

L'action possessoire qui intéresse un mineur ou un interdit, doit être soutenue en demandant comme en défendant par le tuteur, sans autorisation préalable du conseil de famille, s'agissant, comme nous l'avons déjà dit, d'un acte conservatoire; c'est ce qui nous conduit à décider qu'elle serait valablement formée par le mineur pubère, sauf au juge à prescrire l'appel en cause du tuteur. Le fils de famille qui aurait des biens particuliers du vivant de ses père et mère, serait valablement représenté par son père.

Quand le mineur est émancipé, tous ces principes lui sont, à plus forte raison, applicables, puisqu'il est en cause avec l'assistance de son curateur. (Art. 482 du Code civil.)

Les majeurs auxquels il a été donné un conseil judiciaire, aux termes des art. 499 et 513 du Code civil, ne pouvant plaider sans l'assistance de ce conseil, l'action doit être formée par eux ou contre eux conjointement comme dans le cas de l'art. 482, dont les termes sont identiques.

Il en est de même et du curateur nommé pour représenter un absent aux termes de l'art. 112 du Code civil, et des personnes envoyées en possession provisoire ou définitive de ses biens, articles 125 et 129. (De Moly, *Traité des absens.*)

Le mandataire, porteur d'une procuration générale pour gérer et administrer, est suffisamment autorisé à intenter l'action, même à y défendre; mais elle doit être signifiée au mandant.

Plusieurs auteurs enseignent que la citation doit être donnée au nom du mandant personnellement, poursuite et diligence du mandataire; ils la considèrent comme nulle lorsqu'elle est donnée à la requête du mandataire lui-même, en énonçant sa qualité. Nous ne pouvons admettre une pareille argutie qui dégénère en véritable chicane, et nous pensons que la procédure est également valable dans les deux cas.

Le mari exerce, sans le concours de sa femme, les actions possessoires relatives à ses immeubles, lorsqu'il y a communauté, et à plus forte raison à ceux dépendant de cette même communauté. Dans le cas de séparation conventionnelle ou judiciaire, c'est à la femme qu'il appartient d'agir, mais il lui faut une autorisation. (Art. 1426 et 1449 du Code civil.) L'autorisation postérieure à l'action la rendrait valable.

Lorsque les époux sont mariés sous le régime dotal, le

mari seul peut intenter l'action possessoire pour les biens dotaux ; mais la femme dûment autorisée peut l'intenter à raison de ses biens paraphernaux. (Art. 1576 du Code civil.)

Les morts civilement sont représentés par leurs héritiers naturels. (Art. 25 du Code civil et 18 du Code pénal.) Cependant le gouvernement peut accorder au déporté l'exercice de quelques-uns des droits civils dans le lieu de sa déportation. Si celui d'administrer ses biens y est compris, il peut exercer l'action possessoire ou y défendre.

Les condamnés aux travaux forcés à tems ou à la réclusion, quoique n'étant pas frappés de mort civile, sont cependant, jusqu'à l'expiration de leur peine, en état d'interdiction légale. Il leur est nommé un curateur pour gérer et administrer leurs biens dans les formes prescrites pour la nomination des tuteurs aux interdits. C'est donc à ce curateur qu'il appartient d'intenter les actions ou d'y défendre.

Mais aucune incapacité ou interdiction ne peut résulter des poursuites antérieures à l'arrêt de condamnation. Par conséquent, malgré leur arrestation et leur mise en accusation, c'est toujours par eux et contre eux que les actions doivent être suivies. Cela résulte positivement des art. 26 du Code civil, 23 et 29 du Code pénal, qui n'établissent d'incapacité que pendant la durée de la peine, et qui ne font courir la peine que du jour de l'exécution de l'arrêt.

Le failli étant dessaisi de l'administration de ses biens, ce n'est ni par lui ni contre lui que l'action possessoire peut être intentée jusqu'à l'homologation du concordat ; il est représenté d'abord par les agens, ensuite par les syndics provisoires, à l'exception des cas d'urgence et d'expiration prochaine de l'année du trouble. En cas de contrat d'union, il est dépouillé de ses biens, et c'est par les syndics définitifs que les actions doivent être suivies dans l'intérêt de la masse des créanciers.

Et lors même qu'il n'y aurait pas faillite, les créanciers hypothécaires ou chirographaires qui redouteraient les suites de la négligence de leur débiteur, quant à l'immeuble qui est leur garantie, seraient suffisamment autorisés par l'article 1166 du Code civil à exercer l'action possessoire à leurs frais.

La saisie immobilière, même après qu'elle a été dénoncée au saisi, n'empêche pas que celui-ci ne soit fondé à exercer l'action possessoire. Pothier, *Traité de la possession*, n° 98, et les auteurs du *Nouveau Denizart*, V° *Complainte*, le décidaient ainsi dans l'ancien droit : il n'y a aucune raison de décider autrement aujourd'hui, car le débiteur reste propriétaire jusqu'à l'expropriation. Il conserve même la faculté d'aliéner valablement en désintéressant les créanciers inscrits. (Art. 693 du Code de procédure civile.)

Le vendeur à réméré n'a pas le droit d'intenter l'action possessoire, car, comme l'observe Pothier, du *Contrat de vente*, n° 387, il n'a plus que le *jus ad rem*. C'est par l'acquéreur et contre lui qu'elle doit être formée, parce qu'il a le *jus in re* (art. 1665, C. civ.). Le jugement rendu avec l'acquéreur est opposable au vendeur qui exerce le rachat ou lui profite, et il en est de même de tous les cas où une vente est résolue, ainsi que le remarque M. Toullier, tome 6, pag. 669, n° 563.

Quant aux actions relatives aux biens dépendant d'une société, il faut distinguer :

S'il s'agit d'une société purement civile, l'action doit être formée par celui des associés qui a été autorisé à gérer, et si aucun n'a reçu cette mission, tous sont censés l'avoir, et par conséquent chacun peut l'intenter. (Art. 1856, 1857, 1858 et 1859 du Code civil.)

On doit suivre les mêmes règles quand la société est défenderesse.

Lorsqu'il s'agit d'une société commerciale, il faut sous-distinguer :

La société est ou en nom collectif,

Ou en commandite,

Ou anonyme,

Ou en participation.

Une société commerciale, même anonyme, peut posséder des biens immeubles, quoique d'après l'art. 529 du Code civil les actions qui appartiennent à des particuliers dans cette société soient de purs meubles. Les actions possessoires dont ils deviennent l'objet sont de la compétence des juges de paix à l'exclusion des tribunaux de commerce, lors même qu'elles porteraient sur les bâtimens où sont établis les ateliers, manufactures, magasins, et qu'elles seraient formées contre un autre négociant, car les juridictions consulaires ne doivent pas connaître des questions de possession ou de propriété d'immeubles.

Cela posé, dans la société en nom collectif ou en commandite, c'est par et contre celui des associés qui a reçu le pouvoir d'administrer, que l'action doit être intentée ; si l'acte de société n'en désigne pas, c'est avec ceux qui figurent dans la raison sociale, ou l'un d'eux, que l'action doit être suivie ; lorsque la société est anonyme, c'est avec les gérans ou administrateurs, et quand elle est en participation avec l'un des sociétaires.

Ce n'est pas seulement de la part des associés contre les

tiers, ou de ceux-ci contre les premiers, que l'action possessoire est recevable ; elle peut encore avoir lieu entre associés lorsque l'un d'eux fait des actes tendant à détruire la possession commune et à en établir une exclusive à son profit. Il faut appliquer ici à plus forte raison les principes par nous précédemment exposés en matière de biens indivis entre co-héritiers et autres communistes, nonobstant l'opinion de Bourjon, que nous n'adoptons pas.

Quant au co'on convenancier, au superficiaire, à l'emphytéote, à l'usufruitier, à celui qui a un droit d'usage et d'habitation, nous renvoyons à ce que nous en avons dit dans le chapitre 2 de la seconde partie.

Ce serait à l'acquéreur de l'immeuble à agir, bien que le trouble ait eu lieu avant son acquisition. Il profiterait de la possession de son vendeur, et continuerait l'instance si elle avait été commencée par celui-ci. (Arrêt de la cour de cassation du 6 frimaire an 14.)

Les actions relatives au domaine de l'état doivent être intentées par ou contre le préfet du département. (Art. 69 du Code de procédure.)

Aux termes de cet article, celles relatives au domaine privé et à la liste civile devaient être suivies par le procureur du roi ; mais la loi du 8 novembre 1814, art. 14, avait dit qu'elles le seraient par le ministre de la maison du roi ou l'intendant par lui commis, auquel les assignations seraient données en la personne des procureurs du roi et procureurs-généraux, qui étaient tenus de plaider et défendre, ce qui n'était pas praticable en justice de paix.

L'art. 27 de la loi du 2 mars 1832 a changé et simplifié la règle. Il est ainsi conçu :

« Les actions concernant la dotation de la couronne seront dirigées par et contre l'administrateur de cette dotation.

» Les actions intéressant le domaine privé seront dirigées par et contre l'administrateur de ce domaine.

» Les unes et les autres seront d'ailleurs instruites et jugées dans les formes ordinaires, sauf la présente dérogation à l'art. 69 du Code de procédure civile. »

Les actions intéressant les hospices, les fabriques et autres établissemens de l'état ou des communes, sont dirigées par et contre leurs administrateurs; celles relatives aux communes mêmes, par ou contre le maire. Elles ne sont recevables qu'autant qu'elles sont précédées d'une autorisation administrative. Cependant, en cas d'urgence, ces administrateurs ne sont pas obligés d'attendre l'autorisation pour faire des actes conservatoires: par conséquent ils peuvent former l'action possessoire, et l'autorisation postérieure valide la procédure. (Arrêt de la cour de cassation du 14 novembre 1832, et plusieurs autres.)

Lorsque la qualité communale d'un terrain est reconnue, et qu'il ne s'agit que d'un débat sur la jouissance, chaque habitant intéressé peut intenter contre celui qui le trouble l'action possessoire, à l'effet de faire cesser l'obstacle. Nous avons établi ce principe dans notre *Traité des Chemins*, pag. 564 et suivantes, et plus haut, pag. 259-281.

La loi des attributions municipales, dont le projet a déjà été discuté à la chambre des députés et à celle des pairs, contient une disposition analogue.

Mais la tolérance qu'aurait l'autorité locale de laisser prendre des pierres dans le lit d'un torrent, ne constituerait pas une possession valable et n'autoriserait pas à intenter l'action possessoire pour se faire maintenir dans cette faculté contre des particuliers qui y mettraient obstacle. (Arrêt de la cour de cassation du 29 août 1831.)

Le fermier, le séquestre, l'antichrésiste ou engagiste ne peuvent intenter la complainte; cependant, si le propriétaire intervenait pour approuver leur action et se l'approprier, le défendeur ne pourrait plus en demander la nullité (arrêt du 6 juillet 1819), mais ils peuvent former action en réintégrande. Tous les auteurs sont de cet avis. On peut voir Rodier et Bornier sur l'ordonnance de 1667, et M. Favard, V° *Complainte*. Un arrêt de la cour de cassation du 10 novembre 1819 l'a ainsi décidé, quant au fermier; un autre de la même cour, du 6 mai 1820, à l'égard de l'antichrésiste.

On ne pourrait citer comme contraire à ces principes un arrêt des requêtes du 5 mars 1828, qui, dans une espèce où il s'agissait d'une action en réintégrande, avait décidé qu'elle n'avait pu être intentée par le fermier, car cette décision n'est que la conséquence du motif qui le précède : « qu'aux termes de l'art. 691 du Code civil, les servitudes discontinues ne peuvent s'établir que par titres ; que les ouvrages dont on se plaignait avaient été exécutés par le défendeur sur son propre terrain ; » l'arrêt en a conclu à tort ou à raison qu'il ne pouvait y avoir lieu qu'à une action pétitoire. Il a enfin décidé que cette action n'appartenait qu'au propriétaire.

On ne pourrait pas citer non plus un autre arrêt de la même cour du 10 mars 1829, car il est constant que le demandeur n'avait pas intenté une action en réintégrande, mais une simple demande en dommages-intérêts excédant la compétence du juge de paix. Il paraît, d'ailleurs, que son

bail était expiré. C'est du moins ce que soutenait le propriétaire qui avait été mis en cause.

Du reste, l'action possessoire peut toujours être formée
contre les fermiers, séquestres, etc., à raison d'un fait qui
leur est personnel ; ils doivent la dénoncer au propriétaire.
(Arrêt du 19 novembre 1828.)

CHAPITRE II.

De la procédure devant le juge de paix.

§ 1er.

Du demandeur.

Au jour indiqué par la citation, le demandeur se présente
devant le juge de paix et prend les conclusions qu'elle contient. Il peut les expliquer, modifier ou régulariser. Mais
il vaut mieux que ces conclusions soient la reproduction de
la citation, qui doit être rédigée avec soin, se borner à ce
qui concerne la possession, et être au surplus conforme à
ce que nous allons dire.

S'il s'agit d'une complainte ou d'une dénonciation de
nouvel œuvre, le poursuivant doit articuler expressément
une possession annale antérieure au trouble, demander à y
être maintenu, avec destruction des travaux s'ils sont terminés, ou simple suspension s'ils ne le sont pas, plus les
dommages-intérêts et dépens. Il doit indiquer le jour précis où le trouble a eu lieu, pour que l'on sache s'il a agi
dans l'année. Ainsi, il ne suffirait pas, pour que l'action fût

réputée possessoire, que le demandeur alléguât, comme on le fait souvent, que le trouble a eu lieu depuis moins d'un an (arrêt de la cour de cassation du 14 février 1832); et si la loi exige que la possession, pour être utile, ait l'appui d'un titre, il doit le produire spontanément.

Lorsqu'il y a lieu à l'action en réintégrande, le demandeur doit alléguer seulement la possession au moment de la voie de fait, conclure à y être réintégré avec rétablissement des lieux dans leur précédent état, dommages-intérêts et dépens.

Si le défendeur seul ne se présente pas, le juge de paix peut donner défaut et adjuger les conclusions du demandeur sans ordonner d'enquête, de visite de lieux, et sans déclarer qu'après avoir vérifié ces conclusions il les a trouvées justes. (Art. 19 du Code de procédure civile.)

L'art. 150 ne s'applique qu'aux contestations portées devant les tribunaux de première instance, qui, à raison de leur importance et de la nature des moyens sur lesquels elles reposent, exigeaient cette disposition spéciale: mais la simplicité et la célérité des actions possessoires, la connaissance que le juge de paix a presque toujours des lieux, des faits et des parties, enfin le silence du défendeur ont porté le législateur à consacrer pour ces actions une règle différente.

Aussi l'art. 19 est-il conçu en termes absolus et ne contient-il pas la restriction de l'art. 150.

Ajoutons que l'art. 24 ne suppose la nécessité d'une enquête que lorsque la possession ou le trouble sont déniés, et que, d'après l'art. 34, lors même que le défendeur se présente, conteste l'un ou l'autre, consent aux preuves et vérifications ou les requiert, c'est pour le juge une faculté et non une obligation absolue de les ordonner.

En effet, le demandeur peut avoir dans des actes relatifs à la jouissance la preuve positive de sa possession. Cette possession peut être purement civile; de même qu'aux termes des art. 2244, 2248, l'interruption civile résulte d'une citation en justice, d'un commandement, d'une saisie ou d'une reconnaissance, de même aussi la possession peut résulter d'actes semblables, puisque ces actes ont pour but de la conserver en empêchant un tiers de l'acquérir.

Au surplus, ce n'est pas seulement dans ces divers cas que le juge peut se dispenser d'ordonner la preuve; il a sur ce point un pouvoir discrétionnaire et indéfini.

Trois arrêts de la cour de cassation des 25 juillet 1826, 28 juin 1830 et 22 mai 1833, ont consacré ces principes dans des espèces où les défendeurs ne s'étaient pas bornés à dénier les faits articulés par leurs adversaires, mais avaient conclu formellement à la preuve des faits qu'ils alléguaient. Le dernier est surtout remarquable en ce qu'il est rendu dans une espèce où, pour ne point admettre la preuve, les juges ne déclaraient même pas qu'elle était inutile, ni dans quels élémens du procès ils avaient puisé leur conviction.

Cet arrêt, dont nous avons déjà parlé, a été rendu sur le pourvoi du sieur Bayle contre Lautier. On se rappelle que le juge de paix s'était déclaré incompétent parce que les travaux avaient été complétement exécutés sur le fonds du défendeur quand l'action possessoire avait été formée.

Sur l'appel du sieur Lautier, Bayle, après avoir conclu à la confirmation, déniait subsidiairement le trouble articulé par le demandeur; il soutenait qu'à la distance où son barrage était placé il était impossible qu'il fît refluer les eaux sur le fonds de celui-ci et lui causât aucun préjudice, aucune incommodité. Il faisait observer que, d'après l'article 640 du Code civil, il n'est interdit à l'inférieur de barrer les eaux qu'autant qu'il en résulte un dommage pour les voisins, mais que le barrage non nuisible est permis. Il conclut expressément à être admis à la preuve des faits qu'il articulait.

Sur ce, jugement ainsi conçu :

« Considérant que les ouvrages établis par Bayle se composent d'une martelière et d'une vanne en bois qui y est adaptée, que le juge de paix pouvait se déclarer incompétent relativement à la martelière, parce qu'elle est sur le terrain de Bayle et qu'elle n'était pas par elle-même un obstacle à l'écoulement des eaux ; qu'il n'en est pas de même de la vanne, qui, étant destinée à procurer la réunion de ces mêmes eaux, change l'état ordinaire du fossé en les y faisant refluer, ce qui justifie l'action introduite devant le premier juge ; qu'à cet égard l'on excipe en vain de ce que l'intimé a construit sur sa propriété, puisqu'une partie de cette construction, étant le moyen employé pour changer un état de choses préexistant dans un objet commun entre les parties, chacune a le droit de réclamer le maintien de la situation primitive ; par ces motifs, le tribunal réforme la sentence dont est appel, évoquant, ordonne que Bayle sera tenu d'enlever et supprimer la vanne, et de rendre libre la circulation des eaux. »

Pourvoi pour violation des art. 24 et 473 du Code de procédure, en ce que le jugement attaqué a prescrit *de plano* la destruction d'une vanne sans avoir préalablement ordonné une enquête, une vérification des lieux pour constater s'il y avait trouble à la possession de Lautier et s'il éprouvait un préjudice, lorsque, comme dans l'espèce, il y avait dénégation de ces faits et offre surabondante de la part du défendeur de prouver qu'ils n'existaient pas. Dans tous les cas, ajoutait le sieur Bayle, le tribunal devait au moins déclarer d'une manière positive que l'instruction sollicitée était inutile, et donner les motifs pour lesquels il la refusait; il n'a pas même expressément déclaré qu'il y eut trouble, dommage. Il a encore violé l'art. 473, qui n'autorise les juges d'appel à évoquer qu'autant que l'affaire est en état.

Sur ce, arrêt de rejet dans lequel on lit le motif suivant:

« Attendu qu'aucune loi n'impose au juge de paix l'obligation d'ordonner l'enquête en matière de complainte, lorsqu'il trouve d'ailleurs sa religion suffisamment instruite; que le tribunal d'appel a reconnu que la cause était en état de recevoir un jugement définitif; que, dès lors, en évoquant le fond et en y statuant définitivement sans ordonner l'enquête demandée, le tribunal, loin de violer l'art. 24, n'a fait qu'une juste application de l'art. 473 du Code de procédure. »

Mais si le juge de paix peut s'abstenir d'ordonner des enquêtes, des visites de lieux lorsque le défendeur dénie les faits ou lorsqu'il fait défaut, il a la faculté dans ce second cas, comme dans le premier, de les prescrire sans que le demandeur soit fondé à prétendre que, par cela seul que son adversaire ne se présente pas, le juge doit le condamner. On ne peut en effet empêcher un juge de s'environner des lumières qui lui sont nécessaires pour prononcer en pleine connaissance de cause. L'ensemble de la législation sur les justices de paix nous paraît laisser aux magistrats le pouvoir discrétionnaire d'ordonner ou de refuser des preuves et vérifications, que les parties y concluent, s'y opposent ou ne les demandent pas.

Nous ferons toutefois remarquer que tous jugemens, même par défaut, devant être motivés d'une manière légale, le juge de paix est tenu de les fonder, sans distinction, sur la possession annale ou instantanée et sur les titres, quand la loi en exige la production; autrement, le défendeur qui aurait fait défaut pourrait, après l'expiration des délais de l'opposition, se pourvoir par appel, ou après l'expiration des délais de l'appel, en cassation, et en faire prononcer la rétractation.

§ II.

Du défendeur.

Lorsque le défendeur se présente, il reconnaît le trouble et la possession ou les méconnaît, ou soutient que le trouble a eu lieu plus d'un an avant l'action, ou il s'en rapporte à la prudence du juge.

Dans le premier cas, celui-ci doit donner acte au demandeur de l'aveu de son adversaire, et lui adjuger ses conclusions, sans pouvoir prescrire aucune preuve ni vérification, si ce n'est pour la liquidation des dommages-intérêts, à moins pourtant que les parties soient aussi d'accord sur ce point.

Dans les trois autres cas, le juge a, comme nous l'avons vu ci-dessus, le pouvoir absolu d'ordonner ou de rejeter toute vérification; mais il ne doit pas abuser de ce pouvoir pour repousser sans motif raisonnable une voie d'instruction qui tendrait à mettre en évidence les droits des parties; car si la loi lui confie une faculté illimitée d'appréciation dont la cour de cassation ne peut reviser l'exercice, le tribunal d'appel n'étant pas enchaîné par la même prohibition, pourrait faire une appréciation différente et prescrire ce qu'il aurait refusé d'ordonner.

Les principes ci-dessus sont également applicables au cas où le défendeur, sans contester le fait matériel de la possession ou du trouble, se borne à prétendre que cette possession est précaire ou entachée d'un des autres vices que nous avons développés dans le dernier chapitre de la première partie, ou que le premier acte de trouble remonte à plus d'une année avant l'action.

Nous avons vu, p. 16 et 21, que dans l'ancienne jurisprudence, qui admettait la dénonciation de nouvel œuvre avec des conditions et des effets particuliers, le juge pouvait, suivant les circonstances, autoriser le défendeur à continuer ou terminer ses travaux lorsqu'il donnait caution; il n'en peut plus être de même aujourd'hui. Cette action étant assimilée à toutes les demandes possessoires ordinaires, le juge, en reconnaissant la possession annale qui fait présumer le droit au fond, ne pourrait se dispenser de réprimer l'atteinte qui y aurait été portée. La solution contraire serait une composition avec le droit de propriété, qui n'est admise que pour cause d'utilité publique.

Nous avons dit, pag. 123, 130, 322, ce que doit faire le juge lorsque le défendeur, pour établir le vice de la possession, conteste le sens du titre produit par le demandeur, l'argue de nullité ou produit lui-même des actes contraires. Nous y renvoyons.

Si le demandeur ne se présente pas, le défendeur requiert congé que le juge lui accorde sans pouvoir s'en dispenser et sans examen; mais ce magistrat ne peut prononcer autre chose ni le défendeur prendre des conclusions qui aient un but différent, puisque son adversaire est absent. Il doit le citer, s'il a quelque demande à former contre lui.

Remarquons, d'ailleurs, que la loi n'exige pas que les actes constitutifs du trouble aient les mêmes caractères que ceux qui doivent établir la possession. Le défendeur, lorsqu'il n'articule pas possession contraire, n'est pas assujetti, pour repousser la complainte, à des obligations aussi rigoureuses que celles imposées au demandeur. Il n'est donc pas nécessaire que le trouble qui fait courir le délai de l'année dans lequel elle doit être formée présente un fait de possession continu et non interrompu, paisible, non équivoque et à titre de propriétaire, ou soit appuyé de la production d'un acte. C'est là, comme nous l'avons dit pag. 327, ce qui caractérise la différence que notre législation a mise entre le demandeur toujours soumis à des preuves positives, et le défendeur, qui en est ordinairement affranchi.

A l'appui de notre opinion, nous pouvons citer un arrêt des requêtes, rendu dans l'espèce suivante :

Glomeau forma contre la veuve Rougeron une demande à fin de maintenue en possession annale et exclusive de la terre de Cambernand, sans aucune charge de servitude de passage, alléguant que la défenderesse n'y avait fait passer ses troupeaux que depuis trois mois. Celle-ci soutint les avoir fait passer de tout tems, et notamment dans l'année qui a précédé le trouble. Les enquêtes ont prouvé ce fait. En conséquence, Glomeau a été déclaré non recevable. Son pourvoi en cassation a été rejeté. A la vérité, quelques-uns des motifs de l'arrêt, qui est du 11 novembre 1829, semblent puisés dans l'espèce particulière, dans les conclusions du demandeur et l'exécution par lui donnée au jugement interlocutoire. Mais le premier motif, en droit, qui est général, consacre expressément notre opinion.

On ne pourrait pas opposer comme contraire un arrêt de la chambre civile du 22 novembre 1830, rendu dans l'espèce d'une demande en maintenue formée à l'occasion d'un parcours ou vaine pâture exercée par les habitans de la commune de Grez sur des terrains appartenant à la commune de Rieux.

Il faut en effet remarquer que les défendeurs ne s'étaient pas bornés à soutenir l'action possessoire des habitans de la commune de Rieux non recevable, parce que le fait de parcours n'était que le renouvellement de l'exercice d'un très-ancien droit, et que, par conséquent, elle n'avait pas été intentée dans l'année, mais qu'ils avaient formé une demande possessoire reconventionnelle afin d'être maintenus dans une possession indivise, ce qui leur avait été accordé.

Les demandeurs originaires s'étant pourvus en cassation se fondèrent sur ce que les défendeurs étant devenus incidemment demandeurs auraient dû appuyer leur prétendue possession d'un titre, puisqu'ils avaient réclamé une *servitude discontinue*.

Ces moyens furent accueillis par l'arrêt ci-dessus daté, qui considère les conclusions incidentes comme une *demande en complainte*; il est ainsi conçu : « Vu les art. 691 et 2232 du Code civil, considérant qu'il résulte des conclusions prises devant le juge de paix que quelques habitans de Grez ont réclamé, par la voie de la complainte, d'être maintenus dans la possession d'un droit de parcours; qu'il résulte du dispositif de la sentence du juge de paix que cette demande a été accueillie, et que, sur l'appel, cette sentence a été confirmée par le jugement attaqué; considérant qu'aux termes des lois ci-dessus citées, un droit de parcours, soit qu'on le considère comme une servitude ou comme un acte de simple faculté et de tolérance, ne peut être acquis par la possession ni par conséquent être revendiqué par l'action possessoire ; qu'ainsi le juge de paix ne pouvait connaître de la demande qui lui a été soumise ; que son incompétence étant absolue n'a pu être couverte par le silence des parties, et par conséquent que le tribunal de Beauvais a violé les art. 691 et 2232 du Code civil. Casse. »

Nous rappelons le principe par nous posé pag. 143 et suivantes, que, dans les cas où la loi n'a pas indiqué les faits ou actes constitutifs de trouble, le juge de paix a toute latitude d'appréciation pour en reconnaître l'existence.

<h2 style="text-align:center">§ III.</h2>

Du cas où le demandeur et le défendeur font défaut.

Lorsque le demandeur ni le défendeur ne se présentent, il est évident que le juge ne peut rendre aucune décision puisqu'il n'en est requis par personne, que la citation est censée lui être inconnue et doit être considérée comme non avenue.

Il en serait ainsi lors même qu'il aurait connaissance de cette citation et qu'elle lui aurait été remise avant l'audience. Il ne suffit pas qu'une assignation ait été donnée, il faut encore que la partie se présente devant le juge pour soutenir la prétention qu'elle renferme.

§ IV.

Cumul du possessoire et du pétitoire.

N° I. Notions générales.

La différence que nous avons signalée entre les actions possessoires et pétitoires, les motifs qui ont fait établir les premières, et le but que le législateur s'est proposé en les instituant, conduisent nécessairement à décider qu'elles ne peuvent être cumulées, que le possessoire doit être décidé et le jugement exécuté avant que le défendeur puisse se pourvoir au pétitoire.

La loi ne pouvait guère tracer la ligne de démarcation entre l'un et l'autre. Il n'est pas toujours facile de suppléer à son silence et d'éviter le cumul qu'elle a prohibé. Nous allons donner des règles qui aideront à résoudre les difficultés qui pourraient se présenter.

Et d'abord ce n'est pas seulement au juge, c'est aussi aux parties que la loi défend le cumul. Cette prohibition s'étend à tous les actes de la procédure. Le demandeur dans son exploit, le défendeur dans ses conclusions, les deux parties dans les divers actes de l'instruction, dans l'enquête, le juge dans tous ceux de son ministère, et principalement dans son jugement, doivent se borner au simple possessoire. C'est ce qui résulte des art. 23, 24, 25, 26 et 27 du Code de procédure.

Nous disons que c'est principalement dans ce jugement que le magistrat doit éviter le cumul à cause de la différence qu'il y a entre lui et les autres actes. Ce vice ne pourrait être corrigé dans la sentence, tandis que s'il existait dans l'instruction, le juge baserait sa décision sur ce qui concernerait la

possession annale , sans égard à ce qui aurait trait au pétitoire. (Arrêt de la cour de cassation du 1er mars 1819, sur
le pourvoi du comte de Béarn.)

En défendant de cumuler les deux actions , les articles précités du Code de procédure entendent que les parties ne peuvent ni saisir un juge de paix de l'une et de l'autre tout à la
fois par une ou plusieurs citations , ni les intenter par deux
assignations séparées , l'une pour le possessoire devant le
juge de paix , l'autre pour le pétitoire devant le tribunal de
première instance.

Le demandeur ne nous paraît donc pas plus recevable que
le défendeur à agir au pétitoire pendant l'instance primitive ;
il doit s'en désister préalablement ou attendre qu'elle soit
jugée. C'est aussi ce qu'a décidé un arrêt de la cour de cassation du 9 mai 1828 dans une espèce où , après s'être
pourvu en maintenue dans la possession d'une vigne , celui
qui s'en prétendait possesseur avait actionné en police correctionnelle à raison d'un nouveau fait d'enlèvement de rai-
sins dans cette même vigne. La cour s'est fondée sur ce qu'il
y avait litispendance antérieure.

Nº II. Des cas où il n'y a pas cumul.

Il n'y a point cumul par cela seul que les intéressés et les
juges se fondent sur l'état des lieux , les dispositions légales
ou des titres qui établissent la propriété ou le droit des premiers , lorsque ces circonstances n'ont servi qu'à éclairer le
possessoire , à déterminer le caractère de la possession , à
décider à qui elle doit profiter , à résoudre les doutes que les
enquêtes auraient pu laisser sur le fait de savoir à qui des
deux parties elle appartient.

Il suffit que le juge ait déclaré que la possession existait

24

ou non; que les actes, les faits dont nous avons parlé n'aient été invoqués qu'accessoirement à cette possession. Il importerait peu d'ailleurs qu'il y eût cumul dans les motifs, si le dispositif qui contient seul la chose jugée se bornait à maintenir ou repousser la possession, sans rien prononcer sur le pétitoire. Ces principes ont été établis par une foule d'arrêts de la cour de cassation, notamment par ceux des 18 mai 1813, 24 juin, 31 juillet 1828, 20 mai 1829, 28 juin 1830, 19 décembre 1831 et 26 juillet 1832.

Dans l'espèce de l'arrêt du 24 juin 1828, le propriétaire voisin d'un fonds enclavé avait traduit le propriétaire de celui-ci en justice de paix par action possessoire, parce qu'il avait passé par un autre endroit que celui ordinaire, et avait abusé de la servitude. Le juge de paix, après avoir reconnu que le trajet qu'il avait fait était plus long, plus dommageable que celui ordinaire, qu'il y avait abus de la servitude, avait maintenu le demandeur en possession de franchise de la partie nouvellement acheminée. Le tribunal d'appel avait infirmé pour cumul du pétitoire et du possessoire ; mais la cour a cassé, attendu que quels que fussent les motifs de la sentence du juge de paix, il n'avait par son dispositif statué qu'au possessoire.

Dans l'espèce de l'arrêt du 28 juin 1830, il s'agissait d'un fossé dont le demandeur prétendait avoir la possession exclusive. Les juges de première instance et d'appel avaient repoussé son action, refusé d'admettre la preuve de la possession parce qu'elle était contraire aux titres de propriété des parties et n'était pas valable. La cour a rejeté, « attendu que s'il est vrai que les motifs du jugement se rapportent non à la possession annale mais au droit de propriété ou de servitude, il est également vrai que le dispositif qui constitue, à proprement parler, l'essence du jugement, n'a jugé que le possessoire, et que ce dispositif se trouve suffisamment motivé parce que le jugement dont s'agit adopte au surplus les motifs de la sentence, dont quelques-uns se réfèrent au possessoire. »

Les époux Rocher intentèrent aux époux Guimard une action possessoire en ces termes : « Attendu que Fourcherand père possédait une moitié du pré qu'il avait acquis en commun avec Amand, son gendre ; que par le partage notarié passé en 1819 entre Anne Fourcherand et ses filles, il a été attribué à la dame Fourcherand quatre ares, trente-quatre centiares à prendre dans l'autre moitié du pré appartenante à la communauté d'entre elle et son mari, que la moitié revenant au sieur Fourcherand lui a été attribuée à la suite d'un partage verbal opéré à peu près à la même époque entre lui et ses deux petites-filles, héritières de leur père ; que le sieur Fourcherand n'a pas cessé de jouir jusqu'à son décès, en 1830, de la portion de pré qui lui appartenait, et que les mariés Guimard, en fauchant récemment cette portion de pré dévolue à la dame Rocher, héritière de son père, ont troublé celle-ci dans sa possession. »

10 septembre 1830, sentence du juge de paix qui, considérant que Guimard... reconnaît que les demandeurs ont joui de l'objet en litige, mais seulement à titre de ferme ; que Guimard a également déclaré être dans l'impossibilité de justifier de l'existence de la ferme dont il excipe ; qu'ainsi cette exception de sa part ne peut être accueillie, maintient les demandeurs dans la possession de la moitié de la pièce de pré dont il s'agit.

Sur l'appel, jugement confirmatif par des motifs analogues à ceux du juge de paix.

Pourvoi en cassation pour violation de l'art. 25 du Code de procédure, en ce que les juges de première instance et d'appel s'étaient fondés, pour accueillir l'action possessoire, sur un prétendu partage verbal, sur les droits de la dame Rocher, comme héritière de son père, conséquemment sur ses titres à la propriété de la moitié du pré dont la possession seule devait être litigieuse devant le juge de paix.

19 décembre 1831, arrêt de rejet en ces termes : « Attendu que quand une action possessoire est portée devant le juge de paix, il peut, pour s'éclairer, examiner si les titres produits par le demandeur font présumer la possession ; que, dans l'espèce, il s'agissait d'une complainte en maintenue de possession d'an et jour ; qu'en déclarant que le juge de paix du canton de Mansle a pu examiner l'acte authentique du 12 décembre 1819, non pour en interpréter les clauses, mais pour le consulter sur la question de possession, *alors que son dispositif est restreint à une simple maintenue de possession*, le tribunal de Ruffec n'a pas violé l'art. 25 du Code de procédure. »

L'arrêt rendu le 26 juillet 1832 rejette le pourvoi du sieur Formon, « attendu que c'est le dispositif seul qui fait le jugement ; que le jugement attaqué prononçant, et rien de plus, la maintenue des défendeurs dans leur possession annale, n'a donc point cumulé le pétitoire et le possessoire. »

La cour de cassation a encore jugé qu'il n'y avait pas cumul :

1° Dans la sentence d'un juge de paix qui, en cas de débats entre divers acquéreurs d'une même chose qui, n'ayant pas de possession annale de leur chef, invoquaient celle de leur vendeur, a examiné les titres respectifs et admis les premiers à en profiter, bien que leurs adversaires fussent déjà entrés en jouissance. (Arrêts des 12 fructidor an 10, 6 frimaire an 14, 15 décembre 1812, 16 janvier 1821.)

2° Dans celle qui apprécie un titre de vente pour statuer sur une demande en garantie formée par l'acquéreur contre son vendeur à l'occasion de la complainte intentée contre le premier. (Arrêt du 11 janvier 1809.)

3° Dans celle qui maintient dans le droit de passer avec chars et bœufs, en se fondant sur la possession et sur un titre constitutif de la servitude. (Arrêt du 24 juillet 1810.)

4° Dans celle qui prend en considération l'art. 558 du Code civil pour décider que celui qui, pendant les basses eaux, a coupé les herbes d'un étang, n'a pu acquérir une possession de nature à autoriser la complainte. (Arrêt du 23 avril 1811.)

5° Dans celle qui maintient un propriétaire d'héritage traversé par un cours d'eau en possession de ne pas souffrir le passage que réclame le propriétaire inférieur, comme une conséquence du droit d'aqueduc par application des articles 696, 697, 698 du Code civil, la défense, quoique portant sur le fond, s'appuyant de l'art. 640 du même Code, et soulevant une question de propriété, ne pouvant changer la compétence. (Arrêts des 23 février 1814, 12 juin 1816, 30 novembre 1818, 9 février, 2 mars 1820, 29 décembre 1828.) Même décision quand les titres sont contestés ou combattus par d'autres. (10 mai 1820.)

6° Dans celle qui accueille la complainte du propriétaire de l'héritage supérieur contre l'inférieur, lequel a établi une digue qui empêche l'écoulement des eaux. (Arrêt du 13 juin 1814.)

7° Dans celle qui accueille l'action possessoire de l'acquéreur de la partie inférieure d'un pré contre le propriétaire de la partie supérieure, en se fondant sur ce que, d'après un acte, la destination du père de famille et les art. 688 et 689 du Code civil, l'écoulement a lieu à titre de servitude continue. (Arrêt du 13 juin 1814.)

8° Dans celle qui prend en considération les dispositions de la loi et du droit commun, lesquelles équivalent à un titre, pour maintenir le demandeur dans sa possession annale. (1er mars 1815, 26 janvier 1825.)

9° Dans celle qui rejette la demande possessoire par des motifs relatifs à la propriété du fonds en même tems qu'à la nature de la possession, lorsque d'ailleurs le demandeur est renvoyé à se pourvoir au pétitoire. (26 janvier et 9 novembre 1825.)

10° Dans celle qui, en reconnaissant une possession, ordonne une plantation de bornes pour éviter un nouveau trouble, tenir lieu de cépées coupées et sous la réserve de l'action pétitoire. (27 avril 1814 et 26 janvier 1825.)

11° Dans celle qui ordonne un arpentage à l'effet de savoir si un fossé qui a donné lieu à la complainte a été creusé sur la propriété du demandeur ou sur un terrain à lui affermé par une commune. (Arrêt du conseil du 11 janvier 1826.)

12° Dans celle par laquelle le juge, pour déterminer qui a la possession, aurait déclaré que l'un ne possédait qu'à titre précaire, tandis que l'autre possédait à titre de maître, parce qu'un tel jugement n'établit aucun préjugé quant à la question de propriété. (Arrêt du 3 décembre 1827.)

N° III. Des cas où il y a cumul

Il y a cumul du possessoire et du pétitoire lorsque le

juge, tout en se bornant à adjuger ou à refuser la possession, ne le fait que par des motifs tirés du pétitoire, parce qu'alors les titres ou les dispositions légales, au lieu d'être invoqués pour déterminer le caractère de la possession et accessoirement, sont non-seulement le motif principal, mais le motif unique du jugement. C'est ce qu'établissent très-bien les deux arrêts suivans de la cour de cassation.

1ᵉʳ arrêt. — Le sieur Davranges avait intenté action possessoire au sieur Balagny à raison de quelques arbres coupés dans un bois. Le défendeur avait soutenu que ces arbres ne faisaient point partie du bois du sieur Davranges, et que celui-ci n'en avait pas la possession. Ce dernier, au lieu de demander à prouver que la possession lui en appartenait, s'était borné à invoquer et produire ses titres de propriété pour démontrer que les arbres faisaient partie de son bois; et les juges avaient accueilli sa demande; par arrêt du 12 avril 1812, la cour a cassé, « attendu qu'en décidant la possession uniquement par le mérite et l'application des titres de propriété, au lieu de renvoyer les parties à procéder au pétitoire, le jugement attaqué avait contrevenu aux articles 23 et 25 du Code de procédure. »

2ᵉ arrêt. — Le sieur Fayol ayant déposé du fumier dans une cour, les héritiers Chabrière lui intentèrent complainte, soutenant que la cour était commune entre eux.

Fayol répondit qu'aux termes de l'art. 23 du Code de procédure, ils devaient prouver une possession annale; il soutint qu'ils n'en avaient aucune, et offrit de prouver que depuis dix et même vingt ans il avait la possession exclusive de la cour. Le juge de paix, « considérant que l'existence d'une porte qui communique immédiatement de la maison des héritiers Chabrière dans la basse-cour justifie suffisamment leur droit de communauté ; que cette communauté se vérifie d'ailleurs par l'existence des fenêtres qui sont dans les murs de l'une et de l'autre maison touchant ladite basse-cour ; que cette communauté résulte encore des titres écrits ; que la légitime possession n'est, en principe, qu'une émanation de la propriété tout au moins présumée de la chose qui en est l'objet, et que, dans l'espèce, rien n'indique de la part du sieur Fayol une propriété exclusive, etc., réintègre les héritiers Chabrière dans la jouissance de la communauté de la basse cour, fait défense au sieur Fayol d'y entretenir à l'avenir des fumiers. « Comme on voit, il n'y a pas un mot dans tout cela qui indique le fait de la possession ou jouissance annale.

Néanmoins ce jugement fut confirmé par le tribunal civil de Valence ; mais la cassation fut prononcée le 6 avril 1824.

Si, comme nous venons de l'établir, il y a cumul lorsque le juge, tout en se bornant à maintenir ou réintégrer dans la possession, ne se fonde que sur les titres, la propriété, il y a plus que cela dans le cas où le dispositif est d'accord avec les motifs et déclare le demandeur propriétaire, car alors la propriété seule est jugée, et la sentence est viciée d'une incompétence manifeste.

Il y aurait cumul dans le cas où, bien que les motifs fussent exclusivement relatifs au possessoire, le dispositif déclarerait le demandeur tout à la fois possesseur et propriétaire ou seulement propriétaire.

Il importe de faire attention à ce que décide un jugement de juge de paix, car si, dans son dispositif, il adjuge la propriété au réclamant, quoique, par excès de pouvoir ou incompétence, il n'en acquiert pas moins autorité de chose jugée sur ce point comme sur les autres, quand on l'exécute ou qu'on laisse passer les délais sans l'attaquer ; les parties sont censées avoir prorogé sa juridiction. (Art. 7, C. proc.)

Il a encore été jugé qu'il y avait cumul :

1° Dans la sentence du juge de paix qui, sur une action en complainte pour trouble dans la possession d'un chemin, admet le défendeur à prouver, tant par titres que par témoins, que le demandeur n'était pas propriétaire du chemin ou passage sur ce point comme sur les autres litigieux, et n'en avait que l'usage commun avec le public ; c'est en effet violer l'art. 24 du Code de procédure, qui veut qu'en matière d'actions possessoires l'enquête qui pourra être ordonnée ne porte pas sur le fond du droit, et les articles 25 et 27 du même Code, qui s'opposent à ce que le possessoire et le pétitoire soient jamais cumulés. (Arrêt du 18 juin 1816.)

2° Dans celle par laquelle le juge de paix ayant à décider auquel de deux acquéreurs d'un même terrain, l'un de la partie saisie après la dénonciation, l'autre par adjudication publique, doit profiter la possession du précédent propriétaire, écarte le premier acte comme nul aux termes de l'article 692 du Code de procédure, et en conséquence lui refuse la possession. (Arrêt du 11 août 1819.) Toutefois, nous ne pouvons adopter la décision de cet arrêt, parce que la vente n'était pas seulement sujette à rescision, mais que l'art. précité la déclare nulle de droit, sans qu'il soit besoin de faire prononcer la nullité. Le juge devait l'écarter, puisque la nullité était évidente.

3° Dans celle qui maintient le complaignant sur sa demande, non-seulement dans sa possession annale, mais même dans sa possession immémoriale de l'objet litigieux. (Arrêts des 12 janvier 1812 et 15 juillet 1829.)

4° Dans la sentence qui refuse d'accueillir la complainte d'un riverain relative à une entreprise sur un cours d'eau, par le motif que les fossés de dérivation ne sont que l'exercice de la faculté accordée par l'art. 644 du Code civil. (20 avril 1824.)

5° Dans celle par laquelle, après avoir reconnu que l'action possessoire pour comblement d'un cours d'eau est fondée, le juge admet l'offre du défendeur d'y substituer un canal artificiel et de l'élargir autant qu'il serait besoin. (Arrêt du 6 avril 1831.)

§ V.

Des moyens de défense fondés sur ce qu'il s'agit de matières ou d'actes administratifs.

Diverses lois, et notamment celle du 16 fructidor an 3, défendent aux tribunaux de connaître des actes de l'administration, de les modifier ou réformer sous quelque prétexte que ce soit. Nous avons déjà eu plusieurs occasions, dans le cours de cet ouvrage, de faire l'application de ces principes. Ce que nous en avons dit, et les développemens étendus auxquels nous nous sommes livrés dans le Supplément à notre *Régime des eaux*, pag. 116 et suivantes, nous dispensent d'entrer ici dans de grands détails.

Il y a des matières qui ne peuvent jamais être enlevées à la juridiction de l'administration, et qui, par conséquent, ne doivent pas donner lieu à l'action possessoire. Les principales sont énumérées dans la loi du 28 pluviose an 8. Le défendeur serait donc fondé à opposer le déclinatoire. Dans le silence des parties, le juge de paix devrait d'office se déclarer incompétent.

Ainsi, par exemple, en matière de travaux publics, l'entrepreneur qui extrairait des pierres et des terres d'une propriété privée, ou la traverserait avec ses chevaux et voitures, celui qui s'en emparerait pour établir une route ou pour tout autre objet d'intérêt général, ne pourrait être traduit devant le juge de paix pour trouble à la possession.

Il en serait autrement si la propriété et la possession étaient contestées au particulier. Mais le trouble n'aurait lieu que par cette contestation même qui ferait courir le délai de l'année pour agir; le juge de paix devrait se borner à proclamer la possession, sans ordonner le rétablissement de l'ancien état des choses; car en prononçant cette seconde disposition, il anéantirait la mesure administrative; il appartiendrait à l'administration, sur le vu du jugement, ou de révoquer sa mesure en renvoyant devant l'autorité judiciaire pour la liquidation des dommages-intérêts, ou de la maintenir en faisant allouer une indemnité tant pour le préjudice éprouvé que pour la valeur de la chose, en observant les formes prescrites par la loi du 7 juillet 1833, sur l'expropriation pour cause d'utilité publique.

Il en serait encore autrement si le défendeur ne prouvait pas qu'il est entrepreneur de travaux, ou si les propriétés sur lesquelles il aurait fait des travaux n'étaient pas comprises dans les actes d'autorisation et de concession; l'action possessoire serait alors bien fondée. Il appartiendrait au juge de déclarer l'insuffisance ou le silence des actes; mais s'il y avait lieu à interprétation, c'est-à-dire, s'ils présentaient du doute, il devrait renvoyer devant l'administration et surseoir à statuer sur l'action possessoire jusqu'à ce qu'elle eût expliqué le sens des actes émanés d'elle. Il faut bien admettre ces principes, sous peine de tomber dans l'absurde; si, pour dessaisir le juge de paix, il suffisait de produire un

acte émané de l'administration, quelque étranger qu'il fût
à l'objet de la contestation, le défendeur ne manquerait jamais d'employer ce moyen, qui dégénérerait en déni de
justice.

Ces règles sont, à plus forte raison, applicables quand
il s'agit de travaux autorisés par l'administration dans un
intérêt privé.

Ainsi, par exemple, l'administration a-t-elle autorisé à
faire des plantations ou constructions sur un terrain qu'elle
considère comme appartenant à la voie publique, à barrer
le lit d'une rivière, à y établir un moulin, à faire des travaux aux rives pour protéger un fonds? le voisin qui prétend
avoir des droits sur le terrain ou qui éprouve des dommages,
peut, malgré l'arrêté administratif, se pourvoir en justice
de paix pour faire constater sa possession. Mais le magistrat
ne peut ordonner la suspension des travaux, empêcher de les
commencer ou les faire détruire, en un mot rien prescrire
qui contrarie cet arrêté, que l'administration a seule dans
tous les cas droit de révoquer, ainsi que l'a décidé la cour de
cassation par arrêt du 13 mars 1810, en cassant un jugement de juge de paix qui avait ordonné l'abaissement d'une
chaussée construite avec l'autorisation du préfet. Il n'y aurait d'exception à cette règle qu'autant que, sur une demande à elle faite, l'administration aurait autorisé le juge,
dans le cas où il reconnaîtrait les droits du réclamant, à
ordonner la destruction ou la discontinuation des travaux,
comme cela est arrivé plusieurs fois. (Voy. arrêts du conseil
des 22 juin 1825, 13 février 1828, 11 février et 26 mars
1829, rapportés au recueil de M. Deloche.)

Cette solution ne contrarie pas le principe consacré par la
loi du 6 octobre 1791, d'après lequel il appartient à l'admi-

nistration de fixer la hauteur des eaux, puisque nous avons bien expliqué que le juge de paix ne fait que déclarer l'état de possession des parties.

À plus forte raison doit-il en être ainsi lorsque les travaux, le barrage, l'usine, n'ont pas été autorisés. Il est même certain dans ce cas que le juge de paix, qui reconnaît la possession et le trouble causé par ces ouvrages, non-seulement peut, mais même doit en ordonner la destruction, puisqu'il n'existe pas d'arrêté administratif, que nous avons dit être le seul obstacle à l'exercice de sa juridiction qui est de droit commun. On ne peut objecter qu'en prononçant ainsi il fixe la hauteur des eaux et juge le fond du droit, car il ne décide rien à cet égard, même indirectement; il ne dit pas que les vannes, le barrage ou déversoir seront établis à telle hauteur ou seront abaissés de tant de pouces, seul cas dans lequel l'objection serait fondée; il se borne à réprimer le fait qui a causé le trouble, sans rien prescrire de définitif. Cette doctrine peut être appuyée d'un arrêt de la cour de cassation du 5 mars 1833, cité plus haut, pag. 266.

Mais le juge de paix ne doit pas accueillir une complainte et ordonner la destruction d'un barrage ou de vannes qu'il déclare non nuisibles, par cela seul qu'un arrêté général pour tout un département défend d'en établir sans autorisation du préfet, et que cette autorisation n'a pas été obtenue. Cette solution est puisée dans un arrêt de la chambre des requêtes du 14 août 1832, portant que, dans l'espèce, la compétence du juge de paix résultait de la nature de l'action en complainte, et que cette compétence est indépendante de l'autorisation accordée ou refusée par l'administration pour l'établissement du travail qui y donnait lieu.

Nous avons dit, pag. 280, que malgré l'inscription d'un

chemin, d'une rue ou place sur le tableau des voies publiques d'une commune, un particulier pouvait en acquérir la possession et intenter en conséquence la complainte, soit contre la commune, soit contre un particulier. Nous avons fait remarquer que cette possession devait ne laisser aucun doute; nous ajouterons ici qu'elle ne pourrait résulter du fait de passage ou de l'usage que le réclamant aurait eu, de même que tous les autres habitans de la commune.

Nous devons ajouter aussi que lorsque le fait d'un particulier qui donne lieu à l'action prive le demandeur de l'usage de la voie publique, comme de sa sortie, de ses jours ou vues, ou lui impose une servitude, par exemple, celle de supporter les eaux qui en découlent, le juge de paix peut et doit ordonner la destruction des travaux, à moins qu'ils n'aient été autorisés par l'administration.

§ VI.

Des demandes en garantie.

Il est possible que le défendeur à la complainte ait droit et intérêt d'appeler un tiers en garantie. Les art. 32 et 33 du Code de procédure, qui s'appliquent à toutes les contestations portées devant les juges de paix et par conséquent aux actions possessoires, autorisent incontestablement celui contre lequel une action pareille est formée à exercer une demande récursoire.

Le mandataire, le fermier, l'acquéreur, l'échangiste, l'antichrésiste, sont-ils traduits en justice de paix par action possessoire à raison de travaux ou faits de prise de possession sur la chose qui leur a été transmise? ils ont le droit d'appeler en cause celui qu'ils représentent ou auquel ils succèdent, parce que celui-ci doit les mettre en possession et faire cesser les obstacles provenant de faits antérieurs au contrat. Le juge de paix est compétent pour statuer sur ce recours.

Il n'y aurait d'exception à ce principe que dans le cas où la garantie serait contestée, parce qu'alors il faudrait interpréter les actes et juger une question qui tiendrait au fond du droit et n'aurait aucun trait à la possession.

Il importe d'ailleurs de remarquer que l'exception de garantie doit être proposée à la première audience; l'art. 32 du Code de procédure porte en effet que si au jour de la première comparution le défendeur demande à mettre garant en cause, le juge accordera délai suffisant en raison de la distance du domicile du garant, et l'article suivant ajoute que si la mise en cause n'a pas été demandée à la première comparution, ou si la citation n'a pas été faite dans le délai fixé, il sera procédé, sans délai, au jugement de l'action principale, sauf à statuer séparément sur l'action en garantie.

Mais l'action en garantie qui ne serait pas jugée accessoirement à l'action possessoire et par la même décision, devrait être renvoyée devant les juges ordinaires, à moins qu'elle se réduisît à des dommages-intérêts n'excédant pas 100 fr., ce qui arrivera rarement.

Quoique l'art. 32 semble n'accorder qu'au *défendeur* le droit d'appel en garantie, il appartient aussi au demandeur qui invoquerait la possession de son prédécesseur, en cas de dénégation de la part de son adversaire; celui-ci, d'ailleurs, en opposant cette exception, deviendrait en quelque sorte demandeur, d'après la maxime *reus, excipiendo, fit actor*. Les dispositions des art. 182 et 185 du Code de pro-

cédure sont applicables aux actions en garantie sur matières possessoires.

Ces divers principes nous semblent résulter de deux
arrêts de la cour de cassation des 11 janvier 1809 et
18 janvier 1832.

1er arrêt. — Le sieur Saint-Arroman avait vendu à
Lassus un cours d'eau. Celui-ci ayant voulu en user, plusieurs riverains lui intentèrent action possessoire. Lassus
appelle en garantie son vendeur. Sentence du juge de paix,
qui ordonne la réintégrande demandée, mais se déclare
incompétent sur le recours en garantie. Sur l'appel, jugement du tribunal de Saint-Gaudens, qui décide que le juge
de paix s'était mal à propos déclaré incompétent, et statuant lui-même sur la demande en garantie, accorde à
Lassus ses conclusions. Pourvoi par Saint-Arroman, et le
11 janvier 1809, arrêt de rejet ainsi motivé :

« Considérant qu'il a été reconnu et déclaré, en fait, par
le jugement dénoncé, que le sieur Saint-Arroman s'était
obligé à garantir le sieur Lassus de la voie de fait qui a
donné lieu à l'action en réintégrande dirigée contre lui, ce
qui a suffi pour autoriser le tribunal de Saint-Gaudens, tant
à infirmer la disposition par laquelle le juge de paix du
canton de Montrejean s'était déclaré incompétent pour prononcer sur la demande en garantie formée par Lassus, qu'à
adjuger de suite cette garantie. »

2e arrêt. — Le sieur Grave, garde champêtre de la
commune d'Heilly, a coupé des aulnes ou aulnais bordant
le pré du sieur Cordier.

Action possessoire de la part de celui-ci contre le premier. Grave allègue qu'il a agi d'après l'ordre du maire,
et demande un délai pour l'appeler en garantie. Jugement

qui accorde le délai. Le maire intervient volontairement, avoue l'ordre par lui donné, nie la possession de Cordier, prétend qu'elle appartient à la commune, et demande un délai pour obtenir l'autorisation de plaider. Ce délai est accordé; mais un long tems se passe sans que cette autorisation soit obtenue. Le juge de paix condamne Grave à 3 fr. pour tenir lieu des arbres, sauf recours contre qui de droit.

Appel par Grave. Depuis, la commune ayant obtenu l'autorisation, déclare intervenir et prendre le fait et cause du garde, qui demanda à être mis hors d'instance.

Jugement du tribunal d'Amiens, qui déclare qu'il n'y a lieu d'admettre l'intervention de la commune par rapport à Cordier; faisant droit sur l'appel, dit qu'il a été bien jugé, et condamne la commune à garantir l'appelant, « attendu que la commune d'Heilly, qui intervient sur l'appel de Grave, doit justifier son intervention et ses droits comme tiers opposant, d'après l'art. 474 du Code de procédure; mais qu'en se reconnaissant bénévolement garante, elle ne peut se prévaloir que de la possession annale; qu'on objecte avec raison qu'elle devait prendre pour trouble l'action exercée contre Grave au vu et su de son maître, et agir en complainte dans l'année de ce trouble; que ce n'est pas après un laps de tems de trois années, et pour la première fois devant le tribunal, que la question possessoire peut être agitée. »

Mais ce jugement a été cassé par arrêt du 18 janvier 1832, parce que, d'après les articles 32 et 33 du Code de procédure, le défendeur avait droit d'appeler garant, et la commune d'intervenir en appel, aux termes de l'art. 466; que le maire ayant, devant le juge de paix, méconnu la possession du demandeur et articulé possession contraire, avait agi en tems utile ; que l'autorisation postérieure et l'intervention en appel faisaient revivre ces défenses ; que les exceptions du maire étant recevables, le tribunal d'appel ne pouvait statuer sur l'action principale sans statuer en même tems sur ces exceptions.

§ VII.

De l'intervention.

Un tiers peut intervenir dans une instance possessoire, sans y avoir été appelé, pour appuyer le demandeur ou le défendeur en prenant son fait et cause. C'est aussi ce qui résulte de l'arrêt du 18 janvier 1832, cité dans le paragraphe précédent.

Rien ne s'opposerait à ce qu'il y intervînt même pour soutenir que la possession n'appartient à aucune des parties, et doit lui être adjugée. L'art. 466 et les autres dispositions du Code de procédure, en matière d'intervention, formant le droit commun, sont par conséquent applicables aux justices de paix comme aux autres juridictions.

Cette doctrine est indiquée par M. Henrion de Pansey, chap. 47, intitulé : *De la règle complainte sur complainte n'a lieu.*

« C'est, dit-il, une des règles de l'ordre judiciaire, que *complainte sur complainte n'a lieu*, de même que *saisie sur saisie ne vaut.*

« Il existe une instance en complainte entre deux particuliers qui se prétendent respectivement en possession du même objet depuis an et jour. Un tiers, qui a la même prétention, intervient au procès et déclare qu'il le prend pour trouble à sa possession ancienne, notamment d'an et jour.

Il le peut, sans doute ; mais formera t-il une seconde complainte ? Non : ce serait complainte sur complainte. Il doit se borner à former opposition à la complainte existante, et cette opposition le conduira au même résultat. » Et sur cela, M. Henrion cite Imbert.

Dans une affaire jugée par la cour de cassation, le 17 mars 1819 (*Journal des Audiences*, 1819, pag. 376), on voit que les parties et les juges qui ont prononcé le jugement attaqué avaient donné un autre sens à la maxime, en décidant que l'acquéreur d'une personne déjà condamnée au possessoire ne peut pas intenter la complainte en vertu de la possession postérieure.

Mais la distinction des auteurs que nous avons cités est subtile et inadmissible ; et d'abord, dans leur système, qu'importerait que le tiers à qui l'on reconnaît le droit d'intervention se bornât à s'opposer à la complainte ou qu'il déclarât la prendre pour trouble et en former une de son chef, puisqu'on avoue que dans les deux cas il obtiendra le même résultat ?

Il y a mieux encore : il serait impossible à l'intervenant d'obtenir la maintenue ou la réintégrande dans sa possession s'il n'y concluait pas formellement ; une simple opposition n'équivaudrait pas à des conclusions de cette nature.

Nous soutenons donc qu'il peut, à son choix, ou intervenir dans l'instance, déclarer qu'il prend le procès ou le fait qui y a donné lieu pour trouble à sa possession, et demander à y être maintenu, aux termes de l'arrêt du 18 janvier 1832, déjà cité, ou intenter une action possessoire séparée à l'un et l'autre, ou seulement à celui qui sera considéré comme l'auteur direct du trouble.

Il n'est d'ailleurs dans la nécessité de prendre l'une ou

l'autre voie que lorsqu'un des particuliers en cause est son représentant, et qu'il s'agit d'un trouble de fait ; car le trouble est alors censé lui être connu, et fait courir contre lui le délai pour agir. (Voyez ci-dessus, page 157.) Mais lorsqu'il en est autrement, et que le trouble ne résulte que d'une assignation, il peut s'abstenir de toute action, parce que, aux termes de l'art. 2244, il n'opère pas contre lui, cette assignation ne lui étant pas signifiée, et que le jugement qui interviendrait ne pourrait lui être opposé.

CHAPITRE III.

Du jugement, de son effet et de ses suites.

§ Ier.

Du jugement.

Nous avons déjà, dans le chapitre précédent, parlé du jugement par défaut ; nous ferons en outre observer ici qu'il peut être frappé d'opposition dans les trois jours de sa signification, et nous allons nous occuper plus particulièrement du jugement contradictoire ou définitif.

Après que les enquêtes ont eu lieu, si le juge de paix en a ordonné, il procède à ce jugement.

Il doit avoir soin de le rendre dans les quatre mois qui suivent la prononciation de son interlocutoire. Plus tard il devrait être annulé par les juges d'appel, ainsi que la procédure qui l'aurait précédé, et qui serait périmée de plein droit, même au préjudice des femmes, des mineurs et interdits; car l'art. 15 est conçu en termes généraux qui n'admettent aucune distinction.

L'action possessoire serait considérée comme non avenue, et ne pourrait être renouvelée qu'autant que le demandeur serait encore dans l'année du trouble.

Le juge se détermine par le résultat des enquêtes.

A cet égard, plusieurs cas peuvent se présenter :

Ou les enquêtes prouvent clairement une possession exclusive en faveur du demandeur, et alors le juge l'y maintient;

Ou elles prouvent qu'il n'a pas la possession exclusive, mais seulement une possession commune; le juge le maintient dans cette possession si le défendeur la lui a contestée intégralement, mais le déboute de sa demande lorsque celui-ci n'a contesté que la possession exclusive, a allégué la jouissance commune, et que le fait qui a donné lieu au procès rentre précisément dans cette jouissance;

Ou les enquêtes, loin d'établir la possession du demandeur, prouvent celle du défendeur, et alors le juge doit débouter le premier de son action;

Ou les enquêtes établissent que l'action possessoire n'a pas été intentée dans l'année du trouble, et alors le juge de paix doit la déclarer non recevable;

Ou enfin les enquêtes n'établissent positivement, soit seules, soit avec le secours des localités et des titres, de possession ou détention en faveur d'aucune des parties, et alors le juge doit les renvoyer à procéder au pétitoire, ce qui est, en d'autres termes, déclarer le demandeur purement et simplement non recevable, puisque, de cette dernière formule, il résulte manifestement que les parties n'ont plus que l'action au fond.

Mais, dans ce dernier cas même, le juge de paix ne peut ordonner ni le séquestre ni la récréance, ainsi que nous l'avons vu dans la première partie. Ce pouvoir n'appartient qu'au tribunal devant lequel l'action pétitoire sera portée.

L'art. 2060 du Code civil autorise le juge de paix à prononcer la contrainte par corps, mais en matière de *réintégrande* seulement, et non pour simple complainte ; l'article 126 du Code de procédure, qui autorise à la prononcer pour dommages-intérêts excédant 300 fr., ne s'applique point aux juges de paix, qui n'ont en ce cas, d'après l'article 17, que la faculté d'ordonner l'exécution provisoire sous caution.

La contrainte par corps ne peut jamais être prononcée contre les septuagénaires, les femmes et les filles (article 2066 du Code civil), quand même le fait aurait été susceptible de poursuite correctionnelle, et par conséquent de cette contrainte, aux termes de l'art. 52 du Code pénal ; car elle ne peut être appliquée que par les tribunaux de justice répressive.

§ II.

De l'appel et du dernier ressort.

Les jugemens qui prononcent sur les actions possessoires ne sont, en général, rendus qu'en premier ressort, et sont conséquemment susceptibles d'appel lors même que le demandeur n'aurait conclu qu'à des dommages-intérêts n'excédant pas 50 fr.

A la vérité la jurisprudence a été long-tems incertaine sur ce point.

Par arrêts des 24 messidor an 11 et 24 prairial an 12, la cour de cassation avait établi le principe que nous venons de rappeler. Depuis, après de longs débats et beaucoup de difficulté, elle a abandonné cette jurisprudence et décidé, par six arrêts des 6 frimaire an 14, 6 octobre 1807, 28 octobre 1808, 13 novembre 1811, 1er juillet 1812 et 13 août 1818, que, dès l'instant que le demandeur en complainte avait fixé à 50 fr. ou à une somme inférieure les dommages-intérêts qu'il réclamait, le juge de paix devait prononcer en dernier ressort. Cette série de décisions n'a pas empêché M. Merlin de donner la préférence à celles de l'an 11 et de l'an 12, et la cour, après avoir de nouveau examiné la question en audience solennelle de toutes ses chambres, présidées par le garde-des-sceaux, est revenue à sa première jurisprudence, par arrêt du 25 mai 1822, rendu sur le pourvoi du sieur Barré; il est ainsi motivé:

« Attendu qu'il est de principe général que les actions ayant pour objet des choses d'une valeur indéterminée doivent subir deux degrés de juridiction; que la loi n'a pas excepté l'action en complainte de l'application de cette règle générale; qu'il suit de là que si l'immeuble ou droit réel dont la possession est litigieuse, et dans lesquels le demandeur en complainte veut se faire maintenir, est d'une valeur indéterminée, le juge de paix ne peut statuer qu'en premier ressort; que, dans l'espèce, indépendamment des dommages-intérêts dont la valeur a été fixée à 48 fr., le juge de paix de Châteauroux a maintenu le sieur Barré dans une possession par lui réclamée, contestée par les défendeurs, et dont la valeur était indéterminée; d'où il suit que le tribunal de Bourges, en recevant l'appel, n'a pas violé l'art. 10, titre 3 de la loi du 24 août 1790, et qu'il en a fait au contraire une juste application. »

Quatre arrêts de la même cour, des 11 avril 1825,

14 février 1826, 31 juillet 1828, 31 août 1831, sont semblables au précédent.

Le même principe s'applique à la réintégrande ; car il s'agit aussi, sur cette action, de la possession d'un immeuble de valeur indéterminée que veut recouvrer une partie, et qu'elle conservera jusqu'à ce qu'un jugement possessoire ou pétitoire la condamne à l'abandonner. L'arrêt du 19 novembre 1819, qui décide le contraire, a été rendu sous l'influence de la jurisprudence que l'arrêt solennel du 25 mai a changée. Aussi un autre arrêt de la cour du 5 mars 1828 a-t-il positivement décidé qu'en matière de réintégrande le jugement n'était rendu qu'à la charge de l'appel.

Il n'y aurait d'exception que si la valeur de la chose en litige était fixée au dessous de 50 fr. en rente ou en prix de bail, si le demandeur avait conclu à ce qu'il fût fait défenses à son adversaire de le troubler à l'avenir dans sa possession, à moins que celui-ci n'aimât mieux payer une somme au dessous de 50 fr., ou encore si sur une demande n'excédant pas 50 fr. le défendeur, avouant la possession, ne contestait que les dommages-intérêts.

Les juges d'appel ont, aux termes de l'art. 473 du Code de procédure, la faculté d'évoquer le fond, pourvu qu'il soit en état et qu'ils y statuent définitivement par un seul et même jugement. Mais il importe qu'ils fassent bien attention à remplir les conditions auxquelles l'exercice de cette faculté est subordonnée ; ils ne doivent pas infirmer par un premier jugement et renvoyer à procéder au fond pour prononcer plus tard leur décision définitive ; ils violeraient la loi. Ils doivent, s'ils ne sont pas suffisamment éclairés, rendre un jugement d'avant faire droit, sans rien juger et en réservant tous les moyens des parties.

Toutefois, ce qui précède ne s'applique qu'au cas où le fond n'a pas été définitivement jugé par le juge de paix; mais s'il l'a été, fût-ce même par jugement par défaut auquel on n'aurait pas formé opposition, l'appel déférant nécessairement au tribunal le fond du procès, il n'y a pas lieu à l'astreindre aux conditions de cet article, puisqu'il n'évoque pas.

Ces points divers résultent d'un grand nombre d'arrêts de la cour de cassation, que l'on trouve dans tous les recueils. On peut voir notamment ceux des 28 avril 1823, 22 décembre 1824, 19 novembre 1828, 21 mai 1833.

Les juges d'appel peuvent ordonner des enquêtes et des vérifications de lieux. Tout ce que nous avons dit de l'instruction devant le juge de paix s'applique à eux.

Le demandeur en complainte pourrait produire en appel un titre dont il n'aurait pas argumenté devant le juge de paix. Ainsi, par exemple, celui qui aurait demandé à être maintenu dans un droit de passage, de puisage, mais qui n'aurait invoqué aucun acte, pourrait, sur l'appel, qu'il fût intimé ou appelant, exhiber un titre susceptible de justifier sa prétention; ce ne serait pas une demande nouvelle, puisque la chose litigieuse, le droit qu'il prétend y exercer, n'auraient point changé. Ce serait tout simplement un moyen nouveau autorisé par l'art. 464 du Code de procédure; à plus forte raison le défendeur aurait-il la même faculté.

Mais si devant le juge de paix il ne s'était agi que d'une action en réintégrande sans production de titre, et si devant le tribunal le demandeur abandonnait la réintégrande, ou plutôt la convertissait en simple complainte et produisait un titre, ses conclusions constitueraient une demande nouvelle différente de la première, soumise à d'autres règles que celle-ci. Les juges devraient la déclarer non recevable.

§ III.

Du recours en cassation.

Il y a lieu au recours en cassation, soit contre les jugemens en dernier ressort des juges de paix, dans les cas fort rares où ils prononcent ainsi, soit contre ceux rendus sur l'appel par les tribunaux de première instance.

Nous ferons toutefois remarquer qu'il existe entre les uns et les autres une grande différence relativement aux moyens de les attaquer.

Les jugemens des tribunaux de première instance peuvent être attaqués pour simple violation de loi, incompétence ou excès de pouvoir, tandis que ceux émanés des juges de paix ne peuvent l'être que pour excès de pouvoir.

Nous n'en dirons pas davantage à cet égard, parce qu'il existe sur les attributions de la cour de cassation un très-bon ouvrage de M. Godard de Saponay, notre collègue, que l'on consultera avec fruit.

§ IV.

Effets du jugement.

Nous avons déjà indiqué, pages 225 et 240, l'effet du jugement de maintenue dans la possession annale ou de réintégrande dans la possession instantanée.

Au second cas, celui qui a succombé peut intenter complainte en prouvant une possession annale antérieure à celle dans laquelle son adversaire a été rétabli, à moins qu'il n'ait laissé passer l'année du trouble.

Au premier cas, celui qui a été maintenu ne peut plus être évincé de la chose que par action pétitoire. Il est réputé propriétaire jusqu'à ce que son adversaire prouve son droit par un titre formel ou par une possession constitutive de prescription antérieure à la sienne.

Il est bien évident que le jugement rendu au possessoire, se bornant à maintenir le demandeur dans sa possession, ne peut, lors même qu'il applique des titres ou une loi constitutifs du droit au fond, avoir, sur ce dernier point, l'autorité de la chose jugée.

Il en serait de même dans le cas où le juge de paix aurait constaté une possession immémoriale, ainsi que l'a décidé la cour de cassation dans l'espèce suivante :

Par acte notarié de 1820, le sieur Pierrot a acquis de la dame Guillaume l'ancien château de Pressigny et ses dépendances, divisé en sept lots. Depuis il a voulu faire clore un petit terrain dit *Butte du château*, contenant 6 ares 52 centiares.

La commune s'est opposée à la clôture, et sur l'action qu'elle a formée au possessoire, elle a été maintenue dans sa possession par deux jugemens qui l'ont considérée comme immémoriale.

Alors Pierrot s'est pourvu au pétitoire.

Le tribunal de Langres a d'abord rejeté sa demande ; mais sur l'appel, la cour de Dijon, par arrêt du 25 mai 1831, l'a admise d'après diverses présomptions ; elle a refusé de considérer le terrain litigieux comme vain et vague dans le sens des lois de 1791 et 1793.

Pourvoi de la commune, fondé sur trois moyens.

1° Violation des articles 1351 du Code civil sur la chose jugée, et 2262, qui admet la prescription par possession de trente ans contre toutes actions tant réelles que personnelles, en ce que, malgré la possession immémoriale reconnue au profit de la commune, par le jugement au possessoire, la cour royale avait attribué la propriété de la butte au sieur Pierrot.

2° Violation de l'article 1353 du Code civil, d'après lequel la longue possession de la commune, reconnue par le jugement du possessoire, formait une présomption de propriété qui ne pouvait être détruite par des présomptions vagues et dénuées de tout commencement de preuve par écrit.

3° Violation de l'article 1er, section 4 de la loi du 10 juin 1793, qui attribue aux communes la propriété des terres vaines et vagues.

Ces moyens n'ont pas prévalu. Le 31 juillet 1832, la chambre des requêtes les a rejetés en ces termes :

« La cour; vu les articles 1351, 2223 et 2262 du Code civil; sur le premier moyen, considérant que la commune de Pressigny n'a pas invoqué devant la cour royale la prescription de trente ans; que les juges ne peuvent suppléer d'office le moyen résultant de la prescription; qu'ainsi l'arrêt n'a pu violer l'art. 2262;

» Sur le deuxième moyen, considérant que les présomptions sont abandonnées par la loi aux lumières et à la prudence des magistrats; que le fait de la possession, lorsqu'elle ne réunit pas la durée et les caractères exigés par la loi pour constituer la prescription, n'est qu'une présomption qui peut être détruite par des preuves contraires; que l'arrêt attaqué a déclaré que le sieur Pierrot fournissait la preuve de ses droits à la propriété du terrain en litige;

« Sur le troisième moyen , considérant que la loi du 10 juin 1793 attribue aux communes la propriété des terres vaines et vagues qui sont dans l'étendue de leur territoire ; que l'arrêt n'a pas méconnu cette règle ; qu'il a seulement décidé , d'après les justifications produites par Pierrot , et d'après l'état des lieux , que le terrain contentieux faisait partie nécessaire du château de Pressigny et de ses moyens de défense ; qu'il constituait une propriété privée conservée par les vestiges de mur qui existent encore et qui ont empêché ce terrain d'être rangé dans la classe des terres vaines et vagues ; que cette décision est exclusivement relative à l'appréciation de faits qui étaient dans le domaine de la cour royale ; qu'elle paraît , en outre, conforme aux faits et au plan produits par la commune , et auquel se réfère le contrat du 4 décembre 1830 , rejette. »

Le principe ci-dessus posé , sur l'effet du jugement possessoire , est général ; il s'applique non-seulement au cas où la loi ne fait résulter la présomption de propriété exclusive ou commune d'aucun signe , d'aucune marque , mais encore à celui où elle consacre une pareille présompt'on.

Il s'applique également aux servitudes continues ou discontinues. Mais la présomption qui résulte de la maintenue dans la possession d'une servitude discontinue , sera facilement détruite au pétitoire , par le propriétaire du fonds , si le titre qu'a dû prendre pour base le juge de la complainte n'a pas de précision suffisante : car en établissant sa pleine propriété , il écarterait les faits de passage , par exemple, quelques fréquens qu'ils eussent été.

Remarquons toutefois que le défendeur au possessoire ne peut, aux termes de l'art. 27 du Code de procédure , se pourvoir au pétitoire , non-seulement qu'après que l'instance sur le premier point est entièrement terminée tant en première instance qu'en appel, ou qu'il a déclaré acquiescer au jugement, mais encore qu'il l'a complètement exécuté, par l'abandon du fonds, la destruction des ouvrages qu'il aurait pu faire, la réparation des dégradations, le paiement des dommages-intérêts et des frais; il ne pourrait se pourvoir quand même il l'aurait exécuté en majeure partie, et qu'il ne devrait plus que quelques dépens. Si néanmoins la partie qui a obtenu les condamnations était en retard de les faire liquider, le juge du pétitoire pourrait fixer, pour cette liquidation, un délai après lequel l'action au pétitoire serait reçue. (Art. 27 du Code de procédure.)

Cette disposition n'est point applicable au *demandeur* qui aurait succombé et aurait éprouvé des condamnations; il pourrait se pourvoir au pétitoire avant d'y avoir satisfait.

Dans le même cas où le demandeur a succombé, son adversaire est réputé propriétaire jusqu'à ce qu'il prouve son droit par la voie pétitoire. Il en serait encore ainsi dans le cas où l'action pétitoire n'aurait pas été précédée de la complainte d'après les deux règles de droit *in dubio melior est causa possidentis, et actore non probante reus absolvitur.*

Toutefois, lorsqu'il n'est intervenu aucun jugement de maintenue, le juge du pétitoire peut ordonner le séquestre de la chose litigieuse, si le détenteur en abuse, y commet des dévastations, ou si l'état de ses affaires fait craindre qu'il ne puisse restituer les fruits qu'il pourrait être par la suite condamné à rendre, ou enfin si aucune des parties n'a réellement la possession.

Nous devons résoudre ici une question indiquée ci-dessus, page 115, où nous avons rapporté deux arrêts de la cour de cassation des 12 juin 1809 et 17 mars 1819, qui ont décidé que la possession dans laquelle on s'était maintenu après un jugement sur complainte qui l'avait adjugée à un autre, ne pouvait autoriser l'action possessoire de la part du détenteur, qui n'était toujours considéré que comme possesseur précaire.

Ces décisions nous paraissent fort justes quand l'action est intentée par le défendeur déjà condamné au possessoire, parce que, d'après l'article 2236, la détention précaire ne peut, quelque tems qu'elle ait duré, conférer aucun droit, aucun titre à celui qui l'invoque, à moins qu'il n'y ait eu interversion, aux termes de l'art. 2238. Mais il en est différemment quand c'est un acquéreur qui invoque une possession à lui propre et postérieure à son acquisition. L'article 2239, dont nous avons développé le sens dans la première partie, s'applique directement ici. Or, c'était précisément l'espèce des deux arrêts que nous venons de citer.

Lorsque c'est le demandeur en complainte qui a succombé, il faut distinguer.

S'il a été jugé que sa possession était précaire, il est évident que ce vice subsistant toujours, une possession postérieure ne peut autoriser la complainte, à moins qu'il n'y ait interversion.

Mais s'il a été débouté de sa complainte par le motif qu'il ne prouvait pas de possession annale, il pourra plus tard la renouveler, parce qu'il peut avoir acquis une possession civile ou qu'il peut être survenu un trouble positif.

Celui qui, après avoir obtenu gain de cause au possessoire, perd son procès au pétitoire, n'est pas obligé de restituer les dépens ni les dommages-intérêts auxquels il a fait condamner son adversaire. Ils ont été occasionés par le fait de celui-ci ; c'est lui qui, en agissant irrégulièrement, au lieu de se pourvoir en justice, a mis le premier dans la nécessité de le poursuivre et de faire réprimer sa voie de fait. Il doit en être puni, et il ne le serait pas ou ne le serait qu'imparfaitement s'il pouvait ensuite recouvrer les dépens et les indemnités, ou du moins celles-ci. Ce serait encourager les voies de fait, puisque les condamnations ne seraient qu'une avance qu'on pourrait toujours recouvrer.

Quant aux fruits, la décision est dans l'application du principe établi par l'art. 549. Le possesseur de bonne foi, obligé d'abandonner la chose qui ne lui appartient pas, conserve les fruits qu'il a perçus, lors même qu'il n'existe aucun jugement qui l'ait préalablement maintenu dans sa possession. A plus forte raison doit-il conserver les fruits quand il en a obtenu un ; mais cette conséquence ne résulte pas nécessairement d'une pareille décision ; car, comme nous l'avons vu dans la première partie, pag. 120, la bonne foi n'est pas nécessaire dans celui qui forme la complainte. Toutefois, pour le contraindre à restituer les fruits, une déclaration formelle de mauvaise foi serait indispensable de la part des juges du pétitoire ; car, aux termes de l'article 2268 du Code civil, la bonne foi est toujours présumée, et c'est à celui qui allègue la mauvaise foi à la prouver. Ces principes ont été consacrés par arrêt de la cour de cassation, rendu le 5 juillet 1826 entre les sieurs Bartholdy et la ville de Colmar, qui a cassé un arrêt de la cour royale de la même ville. On lit dans l'arrêt de cassation les motifs suivans : « Vu l'art. 2268 du Code civil ; considérant que les demandeurs, maintenus par des jugemens rendus au possessoire en l'an 6, contradictoirement entre eux et la ville de Colmar, dans la possession civile de jouir de leurs prés, en ont récolté les premières herbes, en vertu de ces jugemens, pendant vingt-quatre années, sans opposition de la part de la ville, qui pouvait en faire cesser l'exécution dès l'an 7, en formant, si elle s'y croyait fondée, la demande en revendication du droit de profiter de ces mêmes herbes; que ce n'est qu'au mois de juillet 1822 que le maire et les habitans de la ville de Colmar ont intenté leur action au pétitoire, en concluant en même temps à la restitution de la valeur des premières herbes des prés contentieux, à dater de la récolte de l'an 7......... que les jugemens possessoires sont des jugemens de pleine maintenue définitifs sur le fait et les caractères de la possession; leur effet est de déclarer le demandeur en complainte possesseur, de le faire présumer propriétaire tant que le défendeur n'aura pas au pétitoire justifié de sa propriété, et sous aucun rapport ils ne le placent dans une position moins favorable que tout possesseur qui fait les fruits siens, s'il n'est pas prouvé qu'il possède de mauvaise foi; d'où il suit qu'en condamnant les défendeurs..... à restituer les fruits par eux perçus, non pas seulement à compter du jour de la demande au pétitoire qui avait interrompu la prescription, mais à compter de la récolte de l'an 7, la cour royale a violé l'art. 2268 du Code civil, aux termes duquel la bonne foi est toujours présumée, si celui qui allègue la mauvaise foi ne la prouve pas.

FIN.

TABLE

ALPHABÉTIQUE DES MATIÈRES.

G

H

I

J

L

M

N

O

P

R

S

T

U

V